418 394
Sc. α.

S. et artis 1360

C'est par cette traduction que M. de Buffon a commencé à se faire connoître. les expériences de M. Hales sur l'air étoient véritablement curieuses, mais M. de Buffon y ayant ajouté les siennes n'a pas traduit littéralement son auteur et a quelquefois rectifié M. Hales même. Cet ouvrage n'est pas moins relatif à l'Agriculture qu'à la Physique. par rapport à ce qui fait le principal sujet de ce livre qui sont des expériences les plus curieuses sur la seve, la nourriture et l'accroissement des végétaux; dans le goût de celles qu'il avoit faites quelques tems après sous le titre d'hemastatique à l'égard des animaux : nous avons aussi la trad.on de ces d.ers fois le titre d'hemastatique par M. Sauvages (la 3.me Éd.on orig.le de celles est de 1727. la + plus complette. est de Londres 1731. 1. vol. 8.o L'Éd.on originale des expériences hæmatatiq: ou statiq: des animaux est aussi de Londres 1733.

La découverte de la farina fœcundans des Botanistes développée dans cet ouvrage a fait beaucoup d'honneur à M. Hales; principalem.t le parallèle de la façon dont les plantes se fécondent avec celle de la fécondation des animaux.

Voicy l'Épitaphe de M. Hales qui est dans l'Abbaye de Westminster à Londres. Stephano Hales S. T. P. Augusta Georgii 3. Regis optimi Mater &c .... quæ viventem ut sibi in sacris ministraret elegit mortuum pridie non. Jan. 1761. Octogesimum quartum agentem annum hoc marmore ornavit.

On voit par là que M. Hales étoit Aumonier de la Princesse de Galles qui l'aimoit beaucoup et qu'elle luy a fait ériger ce monument.

LA STATIQUE
DES
VEGETAUX,
ET
L'ANALYSE
DE L'AIR.

EXPERIENCES NOUVELLES

Lûes à la Societé Royale de Londres.

Par M. HALES D. D. & Membre de cette Societé.

Ouvrage traduit de l'Anglois, par M. DE BUFFON, *de l'Académie des Sciences.*

A PARIS,

Chez JACQUES VINCENT, rue & vis-à-vis l'Eglise S. Severin, à l'Ange.

M. DCC. XXXV.

PRÉFACE
DU TRADUCTEUR.

LA premiere fois que j'ai lû les Ouvrages de M. Hales, je me suis apperçû qu'ils valoient bien la peine d'être relus. Comme je voulois le faire avec toute l'attention qu'ils méritent, je pensai qu'il ne m'en coûteroit gueres plus de les traduire, & l'envie de faire plaisir au Public, a achevé de m'y déterminer. Ma traduction est litterale, sur-tout celle des endroits où l'Auteur fait le détail de ses Expériences. Je me suis donné un peu plus de liberté dans ceux qui sont moins importans; mais en general, je me suis attaché à bien rendre le sens, & à éclaircir ce qui m'a paru obscur : j'ai même ajoûté aux figures, pour mieux faire entendre quelques endroits intéressans, qui ne m'ont pas paru assez développés dans l'original.

La nouveauté des découvertes & de la plûpart des idées qui composent cet Ouvrage, surprendra sans doute les Physiciens. Je ne connois rien de mieux dans son genre, & le genre par lui-même est excellent; car ce n'est qu'Expérience & Observation : mais ce n'est point à moi à faire l'éloge

PREFACE

de cet ouvrage; le mérite d'un Auteur ne doit pas se mesurer par les louanges du Traducteur, le Public s'en défie, & ce n'est pas sans raison : ainsi je prie M. Hales de ne pas trouver mauvais si je ne m'étens pas sur celles de son Livre : les soins que je me suis donné pour le traduire, témoignent assez le cas que j'en fais ; mais il me semble qu'on ne doit jamais décider du goût du Public par le sien; & que quand on soûmet un Ouvrage à son jugement, c'est être trop hardi que de prétendre lui donner le ton. En faveur des longs éloges que je supprime, je ne demande qu'une grace, c'est de lire ce Livre avec quelque confiance; les Ouvrages fondés sur l'expérience, en méritent plus que les autres; je puis même dire, qu'en fait de Physique, l'on doit rechercher autant les Expériences, que l'on doit craindre les systêmes. J'avoue que rien ne seroit si beau, que d'établir d'abord un seul principe, pour ensuite expliquer l'Univers; & je conviens que si l'on étoit assez heureux pour deviner, toute la peine que l'on se donne à faire des Expériences, seroit bien inutile ; mais les gens sensés voyent assez combien cette idée est vaine & chimérique : le systême de la nature dépend peut-être de plusieurs principes ; ces principes nous sont inconnus, leur combinaison ne l'est pas moins; comment ose-t-on se flater de dévoiler ces mystéres, sans autre guide que son imagination ? Et comment fait-on pour oublier que l'effet est le seul moyen de connoître la cause ? C'est par des Expériences fines, raisonnées & suivies, que l'on force la Nature à découvrir son secret ; toutes les autres méthodes n'ont jamais réussi, & les vrais Physiciens ne peuvent s'empêcher de regarder les anciens systêmes, comme d'anciennes rêveries, & sont réduits à lire la plûpart des nouveaux, comme on lit les Romans : les recueils d'Expériences & d'Observations sont donc les seuls Livres qui puissent augmenter nos connoissances ; il ne s'agit pas, pour être Physicien, de sçavoir ce qui arriveroit dans telle ou telle hypothése, en supposant, par exemple, une matiere subtile, des tourbillons, une attraction, &c. Il s'agit de bien sçavoir ce qui arrive, & de bien connoître ce qui se présente à nos yeux ; la connoissance des effets nous conduira insensiblement à celle des causes, & l'on ne tombera plus dans les absurdités, qui semblent caractériser tous les systêmes : En effet, l'expérience ne les a-t-elle pas détruit successivement ? Ne nous a-t-elle pas montré que ces élemens que l'on croyoit autrefois si simples, sont aussi composés que les autres corps ? Ne nous a-t-elle pas appris ce que l'on doit penser du chaud, du froid, du sec & de l'humide ? de la pesanteur & de la legereté absolue, de l'horreur du vuide, des loix du mouvement autrefois établies, de l'unité des couleurs, du repos & de la sphéricité de la terre, & si je l'ose dire, des tourbillons? Amassons donc toûjours des Expériences, & éloignons-nous, s'il est possible, de tout esprit de systême, du moins jusqu'à ce que nous soyons instruits; nous trouverons assûrément à placer un jour ces materiaux; & quand même nous ne serions pas assez heureux pour en bâtir l'édifice tout entier, ils nous serviront certainement à le fonder, & peut-être à l'avancer au-delà même de nos espérances : c'est cette méthode que mon Auteur a suivie; c'est celle du grand Newton; c'est celle que Messieurs de Vérulam, Galilée, Boyle, Sthall ont recommandée & embrassée; c'est celle que l'Académie des Sciences s'est faite une loy d'adopter, & que ses illustres membres Messieurs Huygens, de Reaumur, Boerrhave, &c. ont si bien fait & font tous les jours si bien valoir; en un mot c'est la voye qui a conduit de tout tems, & qui conduit encore aujourd'hui les grands hommes : l'exemple seul doit suffire pour nous y faire entrer, & doit prévenir le Public en faveur de l'Ouvrage qu'on lui présente aujourd'hui : j'ose même dire, que pour peu que l'on soit connoisseur, l'on verra facilement que l'Angleterre elle-même, produit rarement d'aussi bonnes choses, & que malgré tant de brillantes découvertes que nous devons aux genies supérieurs de cette sçavante Nation, celles-ci ne laisferont pas que de se faire distinguer, & peut-être par des lumieres plus vives que la plûpart de celles qui les ont précédées. Mais il faut tout dire, ces découvertes auroient encore brillé davantage, si M. Hales les eût autrement présentées ; son Livre n'est pas fait pour être lû, mais pour être étudié, c'est un recueil d'une infinité de faits utiles & curieux, dont l'enchaînement ne se voit pas du premier coup d'œil : il a négligé certaines liaisons nécessaires pour certains esprits ; il n'est point entré dans de certains détails ; enfin il n'a fait son Livre que pour les amateurs de la vérité la plus nue, & il suppose dans ses Lecteurs beaucoup de connoissances, & encore plus de pénétration. Le commencement de l'analyse de l'air est le plus bel endroit de son Livre, & l'un de ceux qu'il a le moins développé : j'ai tâché d'y suppléer en ajoûtant à la figure : tout est neuf dans cette partie de son Ouvrage ; c'est une idée feconde, dont découle une infinité de découvertes sur la nature des differens corps qu'il soûmet à un nouveau genre d'épreuve : ce sont des faits surprenans, qu'à peine daigne-t-il annoncer. Auroit-t-on imaginé que l'air pût devenir un corps solide ? Auroit-on crû qu'on pouvoit lui ôter & lui rendre sa vertu de ressort ? Aurions-nous pû penser que certains corps, comme la Pierre de la Vessie & le Tartre ne sont pour plus de deux tiers que de l'air solide & métamorphosé ? M. Hales sçait lui rendre son premier être : il nous apprend jusqu'à quel point la flamme, la respiration des Animaux, & la foudre détruisent le ressort de l'air : il mesure la force de la respiration, & il en imite le mouvement, jusqu'au point de faire respirer & vivre un Chien plus d'une heure après avoir coupé la trachée artére ; il trouve le moyen de purifier l'air, & de le rendre propre à être respiré plus long-tems ; il démontre ses effets sur le feu, sur les Végétaux & sur les Animaux : ce sont-là des échantillons de ses découvertes ; car je ne dirai rien de toutes celles qu'il a fait sur les Plantes, sur la quantité de leur nourriture & de leur transpiration, sur leur accroissement, leur respiration, leurs maladies, sur la force & la quantité de la séve, sur son mouvement, sa raréfaction, sa qualité, &c. je me contenterai d'assurer que les amateurs de l'Agriculture trouveront ici de quoi s'amuser, & les Physiciens de quoi s'instruire.

L'Auteur a donné au Public un second Ouvrage, qui a pour titre : *La Statique des Animaux :* comme il travaille actuellement sur ces matieres, & qu'il doit joindre ses nouvelles découvertes aux anciennes pour ne faire qu'un seul corps, on n'a pas jugé à propos de traduire cet Ouvrage, on s'est contenté de donner la traduction d'un Appendice qu'il y a joint, dans lequel on trouvera quelques morceaux excellens, qui tous ont rapport à la Statique des Végétaux, ou à l'analyse de l'air.

A
SON ALTESSE
ROYALE
GEORGE,
PRINCE DE GALLES.

ONSEIGNEUR,

L'OUVRAGE que je présente à VOTRE ALTESSE ROYALE,

b

EPITRE.

a besoin de Votre Auguste Nom pour être à couvert des traits de l'ignorance ; Elle n'épargne pas les recherches de cette espéce, quoique fondées sur l'expérience qui est le seul moyen de parvenir à la connoissance de la Nature, connoissance digne des plus grands Princes.

Le plus grand & le plus sage des Rois n'a pas dédaigné de faire des recherches sur la nature des Plantes, depuis le Cedre du Liban jusqu'à l'Hysope. Ainsi je présume que VOTRE ALTESSE ROYALE voudra bien agréer celle-ci, & s'en amuser à ses heures de loisir ; j'espere même qu'Elle trouvera du plaisir à voir de plus près le beau spectacle que nous présente la Nature dans son Prin-

EPITRE.

tems. Vous pourrez, MONSEIGNEUR, la suivre dans toutes ses démarches, être témoin de la grande puissance qu'elle exerce; remarquer les tréfors qu'elle conferve; découvrir la force avec laquelle elle porte à ses productions la nourriture qu'elle tire du sein de la terre, & du milieu des airs; connoître enfin les qualités de ce même air que les plantes respirent aussi bien que nous, & qui produit un nombre infini d'effets surprenans dont j'ai rapporté plusieurs exemples.

L'étude de la Nature amuse & agrandit l'esprit, elle nous démontre la sagesse & la puissance du Créateur, & nous convainc en même tems de sa bonté infinie. Je souhaite, MONSEIGNEUR, qu'il

EPITRE.

verse en abondance sur VOTRE ALTESSE ROYALE ses Bénédictions temporelles & spirituelles : ce sont les Vœux ardens & sinceres de celui qui est,

MONSEIGNEUR,

DE VOTRE ALTESSE ROYALE,

Très-humble & très-
obéissant serviteur,
HALES.

PREFACE
DE L'AUTEUR.

L'On a fait en moins d'un siécle de très-grandes & de très-utiles découvertes dans l'œconomie animale : les Plantes ont aussi été bien observées ; & l'on peut dire que rien n'a échapé à la louable curiosité des Physiciens modernes, & qu'ils ont étendu leurs recherches sur tous les objets que nous présente la nature : nous trouvons dans les Transactions Philosophiques, & dans l'Histoire & les Mémoires de l'Académie Royale des Sciences de Paris, plusieurs Expériences & plusieurs Observations curieuses sur les Végétaux ; mais le Docteur Grew, & M. Malpighi ont été les premiers, qui dans le même tems, sans s'être cependant communiqué leur dessein, se sont engagés dans des recherches très-profondes & très-suivies sur la structure des vaisseaux & l'organisation des plantes ; ils nous ont donné des descriptions très-exactes & très-fidelles des parties, à les prendre depuis leur premiere origine dans la semence, jusqu'à leur développement entier, & leur parfait accroissement ; ils ont observé les racines, le tronc, l'écorce, les branches, les boutons, les rejettons, les feuilles, les fleurs & les fruits, & ils ont

PREFACE.

remarqué qu'elles sont toutes formées avec soin, & dans le dessein de les faire concourir à perfectionner l'ouvrage de la Végétation.

Si ces Observateurs aussi intelligens que laborieux, eussent eû l'avantage de tomber sur les moyens de Statique, dont je me sers dans cet Ouvrage, ils auroient fait sans doute de grands progrès dans la connoissance de la nature des Plantes; car c'est la seule méthode qui puisse nous apprendre sûrement à mesurer la quantité de nourriture que les Plantes tirent, & la quantité de matieres qu'elles transpirent, & par conséquent c'est la seule qui puisse nous faire voir comment les changemens de tems & de saison agissent sur les Plantes; cette méthode est aussi la meilleure pour trouver la vîtesse de la séve, & la force avec laquelle elle est tirée par la Plante, & pour connoître au juste la grandeur de la puissance que la nature employe, lorsqu'elle étend & fait pousser au dehors ses productions par l'expansion de la séve. Il y a environ vingt ans que je fis quelques Expériences *hæmostatiques* sur des Chiens; six ans après je les répétai sur des Chevaux & sur d'autres Animaux; c'étoit pour trouver la force réelle du sang dans les arteres. J'ai rapporté quelques-unes de ces Expériences dans le troisiéme chapitre de cet Ouvrage. J'aurois fort souhaité de faire dans le même tems de pareilles Expériences pour découvrir la force de la séve dans les Végétaux; mais je désesperai pour lors de pouvoir en venir à bout, & ce n'est qu'il y a environ sept ans que par un pur hazard, il me vint sur cela quelques idées un jour que j'eſſayois, par différens moyens, d'arrêter les pleurs d'un vieux cep de Vigne que l'on avoit taillé trop tard; je craignois qu'il ne vînt à périr: après pluſieurs eſſais, qui ne réuſſirent pas, je m'aviſai de mettre ſur la coupe tranſverſale du cep, un morceau de veſſie que je liai bien tout-au-tour: dans peu de tems je m'apperçûs que la force de la ſéve avoit beaucoup dilaté la veſſie, ce qui me fit penſer, que ſi je fixois au cep un long tuyau de verre de la même maniere que je l'avois fait auparavant aux artéres de pluſieurs Animaux vivans, je pourrois connoître par ce moyen la force réelle de la ſéve, ce qui réuſſit ſelon mon attente, & c'eſt de-là que j'ai été inſenſiblement conduit à faire ſur les Plantes les Expériences & les recherches qui compoſent cet Ouvrage.

L'on peut dire que les découvertes que l'on a faites dans l'œconomie animale pendant ce dernier ſiécle, ont rendu l'art de la Médecine un peu moins imparfait: des vûes plus étendues ſur la nature des Végétaux augmenteront ſans doute nos connoiſſances en Agriculture & en Jardinage; c'eſt ce qui me fait eſpérer que mes recherches ſeront bien reçûes des Amateurs de ces Arts amuſans, utiles & innocens; car ils ne pourront s'empêcher de ſentir, que pour les perfectionner, il faut tâcher d'en mieux connoître l'objet, & que cette connoiſſance ne peut s'acquerir que par un grand nombre d'Expériences ſemblables à celles que l'on verra dans cet Ouvrage. Lorſque j'eus trouvé & que je me fus aſſuré par pluſieurs Ex-

PREFACE

périences rapportées dans le chapitre cinquiéme, que les Végétaux tirent beaucoup d'air, non-seulement par la racine, mais aussi par le tronc & les branches, il me prit envie de faire des recherches profondes, & suivies sur la nature de l'air, & de tâcher de découvrir en quoi consiste la qualité qui le rend si important & si nécessaire à la vie & à l'accroissement des Végétaux; c'est ce qui m'a fait differer de donner au Public les autres Expériences que j'avois lûes deux ans auparavant à la Societé Royale.

Le sixiéme chapitre contient toutes les Expériences que j'ai faites sur l'air: l'on y verra que tous les corps contiennent une grande quantité d'air; que cet air est souvent dans ces corps sous une forme differente de celle que nous connoissons; c'est à-dire, dans un état de fixité, où il attire aussi puissamment qu'il repousse dans son état ordinaire d'élasticité: l'on verra que ces particules d'air fixe qui s'attirent mutuellement, sont, (comme l'avoit déja observé l'illustre Auteur * de cette importante découverte) souvent chassées hors des corps denses par la chaleur ou la fermentation, & transformées en d'autres particules d'air élastique ou repoussant, & que ces mêmes particules élastiques retournent par la fermentation, & quelquefois sans fermentation, à leur forme précédente; c'est-à-dire, deviennent de nouveau des corps denses.

C'est par cette proprieté *amphibie* de l'air, que se font les principales opérations de la nature; car il est évident qu'une masse toute composée de particules qui s'attireroient mutuellement, & dans laquelle il

* Le Chevalier Newton.

DE L'AUTEUR.

ne se trouveroit pas la quantité nécessaire de particules élastiques ou repoussantes, deviendroit bientôt une masse inactive. C'est par ces propriétés des particules de la matiere que le Chevalier Newton a expliqué les principaux phénoménes de la nature, & c'est par ces principes que le Docteur Freind rend raison des opérations de la Chymie. Il est donc d'une très-grande importance de reconnoître encore plus évidemment ces propriétés actives dans la matiere par des observations réitérées, & par des Expériences nouvelles, & c'est une grande satisfaction que de les retrouver par tout : les Expériences suivantes nous en donneront des preuves évidentes, en nous montrant la grande puissance de l'attraction des particules acides & sulphureuses près de leur point de contract, où elles agissent avec assez de force pour fixer & soûmettre les particules aëriennes & élastiques, dont la force répulsive est cependant assez puissante pour ne pas succomber sous les poids énormes dont elles sont quelquefois chargées ; ces particules passent ainsi de l'état d'une forte répulsion à celui d'une grande attraction; l'élasticité n'est donc pas une proprieté incommutable de l'air : ce qui se prouve encore en faisant attention qu'il seroit impossible que la grande quantité d'air qui sort de la substance des Animaux & des Végétaux y fût renfermée sous la forme & dans l'état d'élasticité, sans briser en un instant leurs parties, en les divisant avec une grande explosion.

J'ai fait mes Expériences avec soin, & j'en rapporte le résultat avec fidélité, je souhaiterois avoir été aussi heureux à en tirer les justes conséquences; mais quoique je n'aie encore fait que peu de chemin dans ce pays de recherches, j'ose me flatter que par ma méthode, on peut dans la suite faire des progrès considérables dans la connoissance de la nature des Plantes.

Je souhaite que cet essai puisse engager d'autres personnes à travailler dans le même goût; le champ est vaste, il faut pour le défricher plusieurs têtes & plusieurs mains; le nombre des objets est même immense; & les opérations merveilleuses de la nature sont si cachées & si éloignées de la portée de nos sens dans l'état où elles paroissent d'abord, & où elles se présentent naturellement, qu'il est impossible au genie le plus perçant de les pénétrer, à moins qu'il n'ait pris la peine d'analyser la nature par une suite nombreuse & réguliere d'Expériences & d'Observations, seul fondement sur lequel nous devons nous appuyer, si nous voulons faire des progrès dans la connoissance de la nature.

Au reste, je reconnois ici que je dois beaucoup à feu M. Robert Mather, mon Ami, qui m'a bien aidé dans ce travail.

TABLE

DES CHAPITRES

Contenus dans ce Volume.

CHAP. I. *E*Xpériences sur la quantité de liqueur que les Plantes tirent & transpirent. pag. 3

CHAP. II. Expériences sur la force avec laquelle les Arbres tirent l'humidité. 72

CHAP. III. Expériences sur la force de la sève dans le Sarment pendant la saison des pleurs. 93

CHAP. IV. Expériences sur le mouvement lateral, & la communication latérale des vaisseaux de la sève, sur la liberté avec laquelle elle passe des petites branches au tronc, aussi-bien que du tronc aux petites branches, & quelques Expériences par rapport à la circulation, ou a la non-circulation de la sève. 111

CHAP. V. Expériences qui prouvent que les Plantes tirent par inspiration une grande quantité d'air. 134

CHAP. VI. De l'Analyse de l'air. 140

CHAP. VII. De la Végétation. 269

 Conclusion. 313
 Appendice. 321

TABLE
Pour trouver chaque Experience.

Exper. I. Sur la nourriture & la transpiration d'un Soleil & d'un Homme. *pag.* 3
II. Sur la nourriture & la transpiration d'un Choux. 12
III. Sur la transpiration d'un cep de Vigne. 15
IV. Sur la transpiration d'un Pommier. 16
V. Sur la transpiration d'un Citronnier, d'un Musa & d'un Aloës. 17
VI. Sur la transpiration d'une Menthe. 23
VII. Sur la transpiration de différens Arbres. 24
VIII. Sur la transpiration d'une Pomme & des feuilles. 25
IX. Sur la transpiration des Houblons, & plusieurs observations curieuses à ce sujet. 27
X. Sur la transpiration des branches. 34
XI. Sur la force de la transpiration des branches, & sur cette transpiration. 35
XII. Sur l'odeur qu'on peut donner aux Arbres & à leurs feuilles. 37
XIII. Pour sçavoir si les vaisseaux séveux ont la force de faire sortir la séve au dehors; c'est-à-dire, la force de la faire transpirer. 39
XIV. Sur le même sujet. *ibid.*
XV. Sur le même sujet. 40
XVI. Pour sçavoir si la séve monte en Hyver. 41
XVII. Pour recueillir la matiere que les Végétaux laissent transpirer. 42
XVIII. Sur la quantité de l'humidité de la terre. 44
XIX. Sur la quantité de rosée qui tombe sur la terre & sur l'eau. 46
XX. Sur la chaleur de la terre à différentes profondeurs, avec plusieurs remarques très-curieuses. 50
XXI. Sur la force avec laquelle les racines tirent l'humidité. 73

TABLE DES EXPERIENCES.

XXII. Sur la force des branches pour tirer l'humidité. 74
XXIII. Sur la force de succion de la Vigne. 77
XXIV. Sur la force de succion des branches & des fruits. 78
XXV. Sur le même sujet, mais plus en grand. 80
XXVI. Pour montrer que les branches succent également des deux bouts. 81
XXVII. Sur la force de succion des branches écorcées. 83
XXVIII. Sur la force de succion des branches sans feuilles. 84
XXIX. Sur la force de succion des branches par les feuilles lorsqu'elles sont sur l'Arbre. *ibid.*
XXX. Sur la force des feuilles pour élever la séve. 85
XXXI. Autre maniere d'éprouver la force de differens Arbres. 86
XXXII. Sur la grande force de succion des pois. 87
XXXIII. Sur la force de l'attraction des Cendres & du Minium. 89
XXXIV. Sur la force de la racine de la Vigne pour chasser la séve au dehors, dans le tems des pleurs. 93
XXXV. Sur cette même force dans les autres saisons. 95
XXXVI. Sur la force étonnante de la Vigne, sur celle des artéres & du cœur dans plusieurs Animaux. 97
XXXVII. Sur la force de la Vigne. 100
XXXVIII. Sur le mouvement de la séve. 102
XXXIX. Pour sçavoir si la Vigne se dilate ou se contracte dans la saison des pleurs, & par la pluie. 110
XL. Sur le mouvement latéral de la séve & sa communication. 111
XLI. Sur le mouvement & la communication de la séve. 114
XLII. Sur la transpiration des branches, dont une partie trempe dans l'eau. 115
XLIII. Sur la circulation de la séve, avec plusieurs faits remarquables à ce sujet. 117
XLIV. 119
XLV. 120
XLVI. *ibid.*
XLVII. Sur la quantité d'air que les branches tirent. 134
XLVIII. Sur la façon dont l'air pénétre les Végétaux. 135

TABLE

XLIX. Sur l'air du sang. 149
L. Sur l'air du suif ou de la graisse. 149
LI. Sur l'air des Cornes de Dains, ou des Os. ibid.
LII. Sur l'air du Sel volatil de Sel ammoniac. 151
LIII. Sur l'air des écailles d'Huîtres. ibid.
LIV. Sur l'air du Phosphore. ibid.
LV. Sur l'air du Chêne. 152
LVI. Sur l'air du Bled de Turquie. ibid.
LVII. Sur l'air des Pois. 153
LVIII Sur l'air de la Moutarde. ibid.
LIX. Sur l'air de l'Ambre. 154
LX. Sur l'air du Tabac. ibid.
LXI. Sur l'air du Camphre. 155
LXII. Sur l'air de l'huile d'Anis, & de l'huile d'Olive. ibid.
LXIII. Sur l'air du Miel. 156
LXIV. Sur l'air de la Cire. ibid.
LXV. Sur l'air du Sucre. ibid.
LXVI. Sur l'air de l'Eau de Vie, & des Eaux communes & minérales. ibid.
LXVII. Sur l'air du Charbon de terre. 157
LXVIII. Sur l'air de la Terre & de la Craye. ibid.
LXIX. Sur l'air de l'Antimoine. 158
LXX. Sur l'air d'un minéral Vitriolique. ibid.
LXXI. Sur l'air du Sel Marin. ibid.
LXXII. Sur l'air du Nitre. 159
LXXIII. Sur l'air du Tartre. ibid.
LXXIV. Sur l'air du Sel de Tartre. ibid.
LXXV. Sur l'air de l'Eau-forte. 162
LXXVI. Sur l'air du Soulphre. 163
LXXVII. Sur l'air des Pierres de la Vessie, & sur l'élasticité de l'air factice en général. ibid.
LXXVIII. Sur l'air & l'eau du Mercure. 171.
LXXIX. Sur l'air qui sort des substances animales & végétales par la fermentation. 172

LXXX.	174	LXXXIV.	177
LXXXI.	ibid.	LXXXV.	ibid.
LXXXII.	175	LXXXVI.	178
LXXXIII.	ibid.	LXXVII.	179

DES EXPERIENCES.

LXXXVIII. Sur l'élasticité & les qualités de l'air factice : Maniere de sonder les profondeurs de la Mer. 180
LXXXIX. ibid.
XC. Sur l'air qui sort des substances minérales par la fermentation. 187

XCI.	187	XCVII.	193
XCII.	188	XCVIII.	ibid.
XCIII.	ibid.	XCIX.	194
XCIV.	189	C.	195
XCV.	191	CI.	196
XCVI.	192	CII.	197

CIII. Effets de la flamme & de la respiration des Animaux sur l'air. 198
CIV. Sur l'air des Volcans. ibid.
CV. Sur la compressibilité de l'air imprégné des vapeurs du souffre. 197
CVI. Sur la quantité d'air absorbé par la flamme. 200
CVI. Sur la quantité d'air détruite par la respiration des Animaux. 202
CVIII. Pour montrer que la respiration de l'homme détruit le ressort de l'air. 204
CIX. Mesure des poulmons d'un Veau. 205
CX. Sur la respiration. 208
CXI. Remarques utiles sur l'air & la respiration. 212
CXII. Sur la façon dont l'air passe dans le poulmon. 214
CXIII. Sur le jeû des poulmons ; Expériences très curieuses sur ce sujet, & en general sur la respiration. 216
CXIV. 217
CXV. Pour purifier l'air & le rendre propre à être respiré plus long-tems. 223
CXVI. Qui contient plusieurs faits utiles & curieux sur le feu & la flamme. 225
CXVII. 231
CXVIII. Sur les explosions & sur le feu. 238
CXIX. Sur la nature du feu. 244
CXX. Où l'on voit que le Souffre détruit l'élasticité de l'air. 252

TABLE DES EXPERIENCES.

CXXI. Sur le même sujet, avec plusieurs remarques importantes. 256
CXXII. Pour montrer que les Plantes tirent l'air. 278
CXXIII. Maniere dont croissent les branches des Arbres, avec les justes proportions de leur accroissement. 280
CXXIV. Proportions des feuilles dans leur accroissement. 292

Table pour trouver les Observations & Experiences de l'Appendice.

OBSERV. I. Sur les Rivieres. pag. 321
II. Sur l'origine des Fontaines. 323
III. Sur la raréfaction de l'eau. 324
IV. Sur l'action du Soleil au dedans de la terre, & sur les Végétaux & les Animaux. 325
V. Sur l'interception de la séve. 326
VI. Sur le mouvement de la séve. 327
VII. Sur la circulation de la séve. ibid.
VIII. Sur la force de succion des branches de Figuier. 329
IX. Sur certains vaisseaux des Plantes, & sur les Nielles. 230
X. Sur la façon de distiler les corps qui peuvent faire explosion. 341
XI. Sur le sel volatil du Charbon. ibid.
XII. Sur ce que les Rivieres commencent à se glacer par le fond. 396
XIII. Sur la chaleur de la terre, & les causes du dégel. 400

EXPERIENCES.

EXPER. I. Sur l'air des Eaux minérales. pag. 331
II. Sur l'air de la Bierre. 333
III. Sur l'air absorbé par les matieres sulphureuses & acides. 342
IV. 349
V. Qui contient celles de M. Musccenbroek sur les fermentations. 351
VI. Sur la respiration. ibid.
VII. Sur la vîtesse de l'air qui sort d'un soufflet, & sur la force avec laquelle il agit sur le feu. ibid.

ERRATA.

ERRATA.

*A*Yant été obligé de quitter *Paris* dans le tems qu'on commençoit à imprimer ce *Livre*, il s'y est glissé quelques fautes grossieres, que je prie le Lecteur de corriger.

Pag. 10 lig. 2. 16, lisez $\frac{1}{6}$.
12   21. avoit, lisez étoit.
13   9. $\frac{100}{516}$, lisez $\frac{100}{556}$.
17   18. Janvier, lisez Août.
18   2. 15 pieds 59, lisez 17 pieds 109.
22   28. se dessécher, lisez se tacher.
Ibid.   39. terre, lisez serre.
23   5. perdu son, lisez perdu une partie de son.
24   18. Parisier, lisez Cérisier.
Ibid.   25. ces, lisez ses.
31   5. terrein dans, lisez terrein ; dans.
Ibid.   12. par, lisez & par.
40   5. fig. 7. lisez fig. 8.
42   1. dans, lisez sur.
Ibid.   10. sur, lisez par.
45   18. aussi, lisez ainsi.
49   5. $\frac{1}{10}$, lisez $\frac{1}{101}$.
68   1. sineux, lisez résineux.
Ibid.   26. Hivert, lisez l'Hivert.
69   2. petit, au lieu de la virgule, il faut un point.
Ibid.   3. Janvier. ôtez le point.
Ibid.   8. primeutes, lisez primeveres.
73   24. x, lisez i.
80   ib. c, r, lisez e, r.
90   19. ou, lisez à.
99   20. couvrant, lisez ouvrant.
102   10. b, lisez c.

Pag. 116 lig. 16. lis. dans de grandes retortes pleines d'Eau, les
135   10. tronc, lisez trou.
136   4. un des, lisez des.
Ib.   12. gg, lisez yy.
144   12.13. reposois, lis. repesois.
157   19. point, lisez poids.
158   22. couchant, lisez en couchant.
181   16. distillation, lisez dilatation.
214   13. ditension, lisez distention.
Ib.   24. côtés, lisez côtes.
235   23. disperserent & les chasserent, lis. dispersa & les chassa.
249   17. correctif, lisez corrosif.
253   23. élastiques, lisez électriques.
268   3. blatulente, lisez flatulente.
276   3. excédent, lisez exudent.
Ib.   4. excédations, lisez exudations.
283   1. entension, lisez extension.
302   29. soliens, lisez saliens.
305   16. instructivement, lisez intuitivement.
336   11. grande. L'eau, lisez grande l'eau.

d

LA STATIQUE

LA STATIQUE
DES
VEGETAUX.

INTRODUCTION.

LUS nous faisons de recherches sur les merveilleux ouvrages que nous présente le theâtre de l'univers, plus nous y trouvons de beauté & d'harmonie ; plus nos vûes sont perçantes, plus nous nous sentons frapés d'une conviction lumineuse & triomphante de l'existence, de la sagesse & de la puissance du Créateur ; ce divin architecte, qui par une varieté innombrable de combinaisons de la matiere, ordonne la dépendance des causes & des effets, & conforme leur enchaînement aux grandes fins de la nature.

Cet Etre, tout sage s'est fait une loy de créer avec nombre, poids & mesure ; il a gardé dans ses ouvrages les proportions les plus exactes : pour les pénétrer, nombrons, pesons & mesurons ; c'est la méthode la plus raisonnable, la plus sûre, les grands succès qui l'ont toûjours distinguée doivent nous animer à la suivre.

C'est en nombrant & mesurant que le grand Philosophe de notre siecle á sçû déterminer la loy de la circulation des Astres ; c'est par ces moyens qu'il a dévoilé & réglé la théorie de leurs distances à leurs centres communs de gravité & de mouvement ; c'est par là qu'il a démontré que *Dieu a non seulement compris la poussiere de la terre dans une mesure, & pesé les montagnes & les colines dans la balance* ; (Isaïe. XL. 12.) mais qu'il a aussi sçû mettre en équilibre ces vastes globes de notre système au tour de leur centre de pesanteur.

Réfléchissons sur les découvertes que l'on a faites dans l'œconomie animale ; les principales ne sont-elles pas dûes à l'examen statique des fluides, aux observations des quantitez de solide & de liquide que l'animal prend tous les jours pour se nourrir, à la détermination de la force & de la rapidité de ces mêmes fluides, soit dans leurs canaux propres, soit dans les couloirs des secrétions, enfin à la recherche exacte de la quantité de matiere superflue que la nature chasse par differentes voies pour faire place à de nouveaux suppléments ?

La même méchanique maintient la vie, & fait l'accroissement des Vegetaux ; leurs fluides abondans servent de vehicules aux parties nutritives : l'analogie entre les Plantes & les Animaux est donc si grande, que la conformité des méthodes, nous doit, avec raison, faire esperer de grandes découvertes.

CHAPITRE I.

Expériences sur la quantité de liqueur que les Arbres & les Plantes tirent & transpirent.

EXPERIENCE I.

LE troisiéme de Juillet 1724. pour trouver la quantité de liqueur tirée & transpirée par un Soleil, je pris un pot de jardin, (fig. 1.) dans lequel étoit un grand Soleil *a* de trois pieds & demi de hauteur, que j'avois planté exprès dans ce pot lorsqu'il étoit jeune; ce Soleil étoit une plante annuelle de la grande espéce.

Je couvris le pot avec une platine mince de plomb laminé, & je cimentai bien toutes les jointures, en sorte qu'aucune vapeur ne pouvoit s'échaper; mais l'air par le moyen d'un tuiau de verre *d* fort étroit, qui avoit 9 pouces de longueur, & qui étoit fixé près de la tige de la plante, communiquoit librement de dehors en dedans sous la platine de plomb.

Je cimentai aussi sur la platine un autre tuiau de verre *g* de deux pouces de longueur & d'un pouce de diametre; par ce tuiau j'arrosois la plante, & ensuite j'en fermois l'ouverture avec un bouchon de liege; je bouchai de même les trous *i*, *l*, au bas du pot.

Je pesai le pot avec la plante matin & soir pendant quinze differens jours que je pris entre le troisiéme de Juillet & le huitiéme d'Août, après quoi je

A ij

coupai la tige de la plante au niveau de la platine de plomb, je couvris la coupe du chicot avec de bon ciment, & en pesant mon pot qui étoit poreux, & qui n'étoit pas vernissé, je trouvai que la transpiration qui se faisoit à travers ses pores étoit de deux onces en chaque douze heures de jour ; ce qui étant mis en compte avec les poids journaux de la plante & du pot, je trouvai que la plus grande transpiration de douze heures d'un jour fort sec & fort chaud étoit d'une livre quatorze onces, & que la transpiration prise sur un pied moyen étoit d'une livre quatre onces, pendant chaque douze heures de jour. La transpiration pendant une nuit chaude, séche, & sans aucune rosée sensible, étoit d'environ trois onces; mais aussi-tôt qu'il y avoit un tant soit peu de rosée, il ne se faisoit plus de transpiration ; & lorsque la rosée étoit abondante, ou que pendant la nuit il tomboit un peu de pluie, le pot & la plante augmentoient de deux ou trois onces. *Remarquez que les poids dont je me servois étoient de seize onces à la livre.*

 Je coupai toutes les feuilles de la plante, & j'en fis cinq differens tas selon leurs differentes grandeurs ; ensuite je mesurai la surface d'une des feuilles de chaque tas en appliquant dessus un grand rezeau fait de fils qui se croisoient à angles droits, & formoient des petits quarrez d'un quart de pouce chacun ; de sorte que j'eus par leur nombre la surface des feuilles en pouces quarrez ; & multipliant ensuite chaque nombre par celui des feuilles du tas correspondant, je trouvai que toute la surface de la

DES VEGETAUX, Chap. I.

plante hors de terre étoit égale à 5616 pouces quarrez, ou à 39 pieds quarrez.

J'arrachai un autre Soleil à peu près de la taille du premier; il avoit huit maîtresses racines qui s'étendoient obliquement, par rapport à la tige, jusqu'à 15 pouces de profondeur, & il avoit outre cela un chevelu fort épais, qui, en s'étendant en tout sens, formoit un hemisphere à environ neuf pouces de distance de la tige, & des principales racines.

Pour supputer la longueur de toutes les racines, je pris une des maîtresses racines avec tout son chevelu, je la mesurai & la pesai; & pesant ensuite les autres racines avec leur chevelu, je trouvai que la longueur de toutes les racines étoit au moins de 1448 pieds.

Et supposant le moyen contour de ces racines égal à $\frac{10}{76}$ de pouce, leur surface se trouva de 2286 pouces quarrez, ou de 158 pieds quarrez, c'est-à-dire égal à $\frac{3}{8}$ de la surface de toute la plante hors de terre.

Les 20 onces d'eau, qui font, comme nous l'avons trouvé ci-dessus, la quantité moyenne de la transpiration de la plante pendant douze heures de jour, font 34 pouces cubiques; puisqu'un pouce cubique d'eau pese 254 grains : divisant donc ces 34 pouces d'eau par la superficie de toutes les racines, c'est-à-dire, par 2286, nous aurons $\frac{34}{2286}$ ou $\frac{1}{67}$ pour la hauteur du solide d'eau, tirée par toute la surface des racines.

Et la superficie de la plante hors de terre étant de

5616 pouces quarrez, je divise de même par ce nombre les 34 pouces cubiques, & j'ai $\frac{34}{5616}$ ou $\frac{1}{165}$ pour la hauteur du solide d'eau transpirée par toute la surface de la plante hors de terre.

De-là, la vîtesse avec laquelle l'eau entre par la surface des racines, pour fournir à la transpiration, est à la vîtesse avec laquelle se fait cette transpiration, comme 165 sont à 67, ou comme $\frac{1}{65}$ est à $\frac{1}{165}$, à peu près comme 5 sont à 2.

L'aire de la coupe horizontale à l'endroit moyen de la tige étoit d'un pouce quarré ; ainsi l'aire de la surface des feuilles, celle de la surface des racines, & celle de la coupe de la tige sont comme les nombres 5616, 2286, 1.

Les vîtesses à la surface des feuilles, à celle des racines, & dans la tige, sont données par une proportion réciproque des surfaces.

Aires des		Vîtesses		ou comme	
	Feuilles,	5616		$\frac{1}{5616}$		$\frac{1}{165}$ de pouce.
	Racines,	2286		$\frac{1}{2286}$		$\frac{1}{67}$ de pouce.
	Tige	1		1		34 pouces.

Mais leur transpiration étant de 34 pouces cubiques en douze heures du jour, il faut que ces 34 pouces cubiques passent tous par la tige en douze heures ; ainsi la vîtesse de la séve dans la tige seroit proportionnelle à ces 34 pouces en douze heures, si la tige étoit, comme un tuyau, tout-à-fait vuide.

Pour trouver donc la quantité de matiere solide de

la tige; le 27. Juillet à sept heures du matin je coupai à fleur de terre, un Soleil, il pesoit trois livres; au bout de trente jours il étoit très sec, & il avoit perdu deux livres quatre onces, c'est-à-dire, les trois quarts de tout son poids; ainsi il n'en restoit qu'un quart pour les parties solides de la tige; (car en mettant un morceau de la tige d'un Soleil verd dans l'eau, je trouvai qu'il étoit à très-peu près de la même pesanteur specifique que l'eau) ce quart remplissoit donc d'autant le dedans de la tige, & conséquemment la vîtesse de la séve devoit augmenter proportionnellement; c'est-à-dire, être d'un tiers plus grande (à cause de la proportion réciproque) que de 34 pouces cubiques que nous trouvions qui passoient par la tige en douze heures; d'où la vîtesse de la séve dans la tige sera de 45 pouces $\frac{1}{3}$ en douze heures, en supposant ici qu'il n'y a ni circulation ni retour de séve.

Si nous ajoûtons à 34 (qui est la moindre vîtesse) son tiers 11$\frac{1}{3}$ nous aurons la plus grande vîtesse 45$\frac{1}{3}$; les espaces étant comme 3 sont à 4, les vîtesses sont comme 45$\frac{1}{3}$ sont à 34.

Mais si nous supposons que les pores dans la surface des feuilles sont en même proportion avec la surface de ces mêmes feuilles, que l'aire des vaisseaux séveux dans la tige est avec l'aire de la tige; alors la vîtesse dans les feuilles, les racines & la tige, sera augmentée dans la même proportion.

Ayant ici donné le rapport du poids, de la grosseur, grandeur & surface de cette plante, & des quantitez qu'elle tire & tranſpire, ne conviendroit-il pas à préſent d'en faire la comparaiſon avec la nourriture & la tranſpiration du corps humain?

Le poids d'un homme bien taillé eſt de 160 livres: le poids de mon Soleil eſt de trois livres; ainſi leur poids ſont comme 160 ſont à 3, ou comme 53 ſont à 1.

La ſurface d'un corps humain de ce poids, eſt égale à 15 pieds quarrez, ou à 2160 pouces quarrez.

Celle du Soleil eſt de 5616 pouces quarrez; ainſi la ſurface du Soleil eſt à celle d'un corps humain comme 26 ſont à 10.

La quantité tranſpirée par un homme en vingt-quatre heures eſt d'environ 31 onces, comme le *Docteur Keill* l'a trouvé. Voyez ſa *Medicina Statica Britannica*.

La quantité tranſpirée par la plante, dans le même tems, eſt de 22 onces en ajoûtant 2 onces pour la tranſpiration au commencement & à la fin de la nuit en *Juillet*, c'eſt-à dire, pour la tranſpiration qui ſe faiſoit le ſoir & le matin, avant l'inſtant où je peſois la plante.

Ainſi la tranſpiration d'un homme eſt à celle d'un Soleil, comme 141 ſont à 100.

J'ai trouvé, par une expérience certaine, que la reſpiration & le jeu de nos poulmons chaſſoit hors de nous au moins ſix onces en vingt-quatre heures; ôtant donc ces 6 onces des 31 ci-deſſus, reſte 25 onces, chaque once eſt de 437 grains & demi; 25 onces nous donneront donc 10937 grains & demi,

qui

qui étant divifés par 254 nombre des grains d'un pouce cubique d'eau, nous aurons 43 pouces cubiques pour la tranfpiration d'un homme; divifant ces 43 pouces par la furface de fon corps, c'eft-à-dire, par 2160 pouces quarrez, nous trouverons que chaque pouce quarré de la furface de fon corps laiffe tranfpirer $\frac{1}{50}$ de pouce cubique en vingt-quatre heures : donc à furfaces égales & en tems égaux, la tranfpiration de l'homme eft à celle de la plante, comme $\frac{1}{50}$ eft à $\frac{1}{165}$, ou comme 50 font à 15.

Ce qui fait que la tranfpiration eft plus abondante dans l'Homme que dans la Plante, c'eft qu'il y a toûjours plus de chaleur dans l'Homme que dans la Plante; car la chaleur de la Plante ne fçauroit être beaucoup plus grande que celle de l'air qui l'environne, qui en Eté eft de 25 jufqu'à 35 degrés au-deffus du point de la congelation. (*Voyez* Exp. 20.) Au lieu que celle des parties extérieures les plus chaudes du corps humain eft de 54 de ces degrés, & celle du fang de 64 des mêmes degrés, à peu près la même que celle de l'eau échauffée, au point, qu'un homme puiffe tenir fa main dedans en la promenant : ce qui eft une chaleur très-capable de produire une grande évaporation.

Queftion. Puifque les tranfpirations de furfaces égales dans l'Homme & dans le Soleil, font entr'elles comme 165 font à 50 ou comme $3\frac{1}{3}$ font à 1, & que les dégrés de chaleur font comme 2 à 1. La fomme ou la quantité des aires des pores de furfaces égales dans l'Homme & le Soleil, ne doivent-elles pas être comme 16 sont à 1 ? car il semble que les quantitez évaporées d'un fluide, devroient être comme les dégrés de chaleur, & la somme des aires des pores pris ensemble.

Le Docteur Keill, pour estimer les évacuations de son corps, trouva qu'il mangeoit & bûvoit 4 livres 10 onces toutes les vingt-quatre heures.

Nous avons vû qu'un Soleil tire & transpire dans le même tems 22 onces; donc la nourriture de l'Homme est à celle de la Plante, comme 74 onces sont à 22, ou comme 7 sont à 2.

Mais si l'on ôte avec le Docteur Keill, 5 onces pour les gros excremens, il ne restera que 4 livres 5 onces pour la nourriture qui entre dans les veines d'un Homme ; ainsi en faisant le calcul, on trouvera qu'à masses égales & en tems égaux, la Plante tire & transpire 17 fois plus que l'Homme.

Puisque masse pour masse, le Soleil transpire 17 fois plus que l'Homme, on voit qu'il étoit nécessaire qu'il eût une surface très-étendue, pour transpirer si abondamment, d'autant plus que c'est la seule voye par où une Plante puisse se décharger des superfluitez nuisibles, au lieu que l'Homme se délivre de plus de la moitié par d'autres moyens.

Car toute la surface de son corps, avec l'aide de la chaleur de son sang, ne suffisent pas pour faire transpirer plus de la moitié du fluide superflu, les reins font le crible dont se sert la nature, pour faire passer l'autre moitié.

Il entre donc & il sort en vingt-quatre heures 17 fois plus de nourriture à proportion des masses dans les vaisseaux séveux d'un Soleil, que dans les veines d'un Homme; ne pourroit-on pas attribuer la nécessité de cette grande quantité de nourriture à sa qualité ? car, selon toutes les apparences, quand elle est tirée par la racine de la Plante, elle n'est pas si chargée de parties nutritives que le chyle, lorsqu'il entre dans les veines lactées des Animaux; il falloit donc pour nourrir suffisamment la Plante, faire passer une plus grande quantité de fluide, outre que cette abondance de fluide sert à accelerer le mouvement de la séve, sans quoi il eût été très-lent, les Plantes n'ayant pas un cœur comme les Animaux, pour en augmenter la vîtesse, & la séve n'ayant probablement qu'un mouvement progressif, & ne circulant pas comme fait le sang dans les Animaux.

Puisque les Plantes ou les Arbres ont besoin, pour se bien porter, d'une transpiration si abondante, il est probable que plusieurs de leurs maladies viennent de ce que cette transpiration est quelquefois interrompue par l'intemperie de l'air.

La transpiration dans l'Homme est souvent arrêtée, jusqu'à causer des accidens fâcheux, non-seulement par l'intemperie de l'air, mais aussi par l'intempérance, les grandes chaleurs & les grands froids: pour la transpiration de la Plante, il n'y a que l'intemperie de l'air qui puiſſe l'arrêter, à moins que le ſol, dans lequel eſt la Plante, manquant de ſucs propres & convenables à cette Plante, ne lui fourniſſe pas aſſez de nourriture, & par là diminue ſa tranſpiration.

Le Docteur Keill ayant obſervé ſur lui-même, que l'intervalle entre la plus grande & la moindre tranſpiration d'un Homme en bonne ſanté étoit très-grand, puiſque ſa tranſpiration alloit depuis une livre & demie juſqu'à trois. J'ai auſſi fait la même obſervation, ſur mon Soleil, & j'ai trouvé que lorſqu'il ſe portoit bien, ſa tranſpiration alloit de 16 onces juſqu'à 28 en douze heures de jour ; ce qui eſt auſſi un fort grand intervalle. Plus il étoit arroſé, & plus il tranſpiroit abondamment, (toutes choſes égales), & plus il manquoit d'eau, & moins il tranſpiroit.

Experience II.

Entre le 3. de Juillet & le 3. d'Août, je pris neuf jours, pendant leſquels ſoir & matin je peſai un Chou de moyenne grandeur, qui avoit crû dans un pot de jardin, que j'avois couvert de plomb comme le pot du Soleil dans l'Expérience I. Sa plus grande tranſpiration en douze heures de jour fut d'une livre 9 onces, ſa moyenne tranſpiration d'une livre 3 onces, ou de 32 pouces cubiques ; ſa ſurface ſe trouva de 2736 pouces quarrez, ou de 19 pieds quarrez ; diviſant donc ces 32 pouces cubiques par les 2736 pouces quarrez de sa surface, on trouve un peu plus de $\frac{1}{86}$ de pouce pour la hauteur du solide d'eau, que sa surface transpire en douze heures de jour.

L'aire de la coupe horizontale, à l'endroit moyen de la tige du Chou, se trouva de $\frac{100}{156}$ de pouce quarré; ainsi la vîtesse de la séve dans la tige, est à la vîtesse avec laquelle se fait la transpiration par les feuilles, comme 2736 sont à $\frac{100}{156}$ ou comme 4268 sont à 1; car 2736 multipliez par 156, & divisez par 100, donnent 4268: mais si l'on met en compte les parties solides de la tige qui retrécissent le passage, la vîtesse sera augmentée proportionnellement.

La longueur de toutes les racines se trouva de 470 pieds, leur moyen contour de $\frac{1}{22}$ de pouce, leur surface de 256 pouces quarrez ou environ; & elle est si petite en comparaison de celle des feuilles, qu'il est nécessaire que la séve entre dans les racines avec onze fois plus de vîtesse qu'elle ne sort par les feuilles.

En mettant la longueur moyenne des racines à 12 pouces, elles doivent occuper un hemisphere de terre de deux pieds de diamettre, c'est-à-dire $2\frac{1}{10}$ de pied cubique.

En comparant la surface des racines d'une Plante avec la surface des parties de cette même Plante qui sont hors de terre, nous voyons la raison pourquoi l'on est obligé de retrancher plusieurs branches d'un arbre tranfplanté ; car fi 256 pouces de furface font néceffaires aux racines pour entretenir notre Chou en bonne fanté, fuppofons qu'en l'arrachant pour le tranfplanter, on coupe (comme cela arrive prefqu'à tous les jeunes Arbres qu'on veut tranfplanter) la moitié de fes racines, alors on voit qu'il ne pourra tirer de la terre que la moitié de fa nourriture ordinaire par les racines, & même qu'il n'en tirera pas, à beaucoup près, la moitié ; puifque, outre que le nouvel hemifphere qu'il occupe dans la terre eft moindre que le premier, fes racines ayant été racourcies, la terre nouvellement remuée, ne touchant d'abord les racines qu'en peu de points, on ne peut pas dire que les racines tirent dans tous les points de leur furface. Ces raifons, auffi-bien que l'expérience, nous convainquent de la grande néceffité qu'il y a d'arrofer les nouvelles plantations.

On doit cependant le faire avec quelques précautions ; car l'habile & l'ingenieux M. Philippe Miller, de la Societé Royale, & Botanifte au Jardin de Chelfea, nous dit dans fon excellent Dictionnaire des Jardiniers & Fleuriftes, "Qu'il a vû plufieurs Arbres, qui "ayant été trop arrofez après leur tranfplantation, "ne montroient la jeune pouffe, que pour la laiffer "pourrir, ce qui fouvent donnoit la mort à l'Arbre. (*Supplément*, vol. II. fous le titre : *Ofplantaing.*) Et moi-même, j'ai obfervé que le Poirier de l'Exp. VII. dont la racine trempoit dans l'eau, tiroit tous les jours de moins en moins de nourriture par fes racines, &

DES VEGETAUX, Chap. I. 15

cela, parce que les vaiſſeaux ſéveux des racines, auſſi-bien que ceux des branches retranchées, s'étoient ſi remplis & ſi chargez de ſucs par leur ſejour dans l'eau, qu'ils ne pouvoient plus en tirer pour en tranſmettre aux feuilles.

Experience III.

Entre le 28. de Juillet & le 25. d'Août, je pris douze jours, pendant leſquels je peſai ſoir & matin un pot, dans lequel étoit un ſep de Vigne des plus vigoureux; il me venoit, auſſi-bien que pluſieurs autres Arbres, du Jardin du Roy à *Hamptoncourt*, par le moyen de l'illuſtre M. *Wiſe*; je fis à ce ſep & à ſon pot, la même préparation qu'au pot de mon Soleil: ſa plus grande tranſpiration en douze heures de jour, fut de 6 onces 244 grains, ſa moyenne de 5 onces 240 grains ou de $9\frac{1}{2}$ pouces cubiques.

La ſurface de ſes feuilles ſe trouva de 1820 pouces quarrez, ou bien de 12 pieds 92 pouces quarrez: diviſant donc $9\frac{1}{2}$ pouces cubiques par l'aire des feuilles 1820, je trouvai pour la hauteur du ſolide d'eau que tranſpiroit la Vigne en douze heures de jour un $\frac{1}{191}$ de pouce.

L'aire de la coupe tranſverſale de ſa tige étoit d'un quart de pouce; donc la vîteſſe de la ſéve dans la tige eſt à la vîteſſe de la ſéve à la ſurface des feuilles, comme 1820 multiplez par 4, c'eſt-à-dire, comme 7280 ſont à 1. La vîteſſe réelle du mouvement de la féve dans la tige est donc $\frac{7280}{191}$ ou 38 de pouces environ.

On voit bien qu'on suppose ici la tige creuse; mais ayant fait sécher dans un coin de cheminée un grand sep de Vigne que j'avois coupé dans le tems qu'elle pleure, je trouvai que les parties solides faisoient les trois quarts de la tige, ainsi les passages de la féve étoient si resserrez, que la vîtesse devoit augmenter au quadruple, c'est-à-dire, qu'il devoit passer 152 pouces en douze heures.

Mais il faut de plus considérer, que si la féve est plûtôt une liqueur rarefiée, ou une vapeur, que de l'eau, sa vîtesse sera augmentée en proportion directe des espaces qu'occupera la même quantité d'eau & de vapeur; ainsi en supposant que l'eau rarefiée jusqu'au point de s'élever en vapeur, occupe sous cette forme, dix fois plus d'espace qu'elle n'en occupoit lorsqu'elle n'étoit que eau; en cet état elle montera dix fois plus vîte, si l'on veut, comme il le faut ici, que la même quantité en poids de chacune passe par les mêmes tuiaux dans le même tems; ainsi l'on doit toûjours avoir égard à cette augmentation dans tous ces calculs du mouvement de la féve dans les Vegetaux.

Experience IV.

Entre le 29. de Juillet & le 25. d'Août, je pris douze jours, pendant lesquels je pesai soir & matin un Pommier greffé sur Paradis; il étoit crû dans un pot,

pot que je couvris avec du plomb, comme j'avois fait le pot de mon Soleil, ſa tête étoit claire & peu chargée de feuilles; car elle n'en avoit en tout que 163, dont la ſuperficie ſe trouva de 1589 pouces quarrez, ou bien de 11 pieds 5 pouces quarrez.

Sa plus grande tranſpiration en douze heures de jour, fut de 11 onces, ſa moyenne tranſpiration de 9 onces ou de $15\frac{1}{2}$ pouces cubiques.

En diviſant ces $15\frac{1}{2}$ pouces cubiques par la ſurface 1589 des feuilles, nous aurons la hauteur du ſolide d'eau tranſpirée en douze heures de jour égale à $\frac{1}{104}$ de pouce.

L'aire de la coupe tranſverſale du tronc ſe trouva d'un quart de pouce quarré; donc la vîteſſe dans le tronc eſt à la vîteſſe à la ſurface des feuilles, comme 1589 multipliez par 4, ou comme 6356 ſont à 1.

Expérience V.

Entre le 28. de Juillet & le 25. Janvier, je pris dix jours, pendant leſquels je peſai ſoir & matin un Citronnier fort vigoureux; il étoit crû dans un pot de jardin que je couvris de plomb comme les autres. Sa plus grande tranſpiration en douze heures de jour fut de huit onces, ſa moyenne tranſpiration de ſix onces, ou bien de $10\frac{1}{3}$ pouces cubiques; pendant la nuit il tranſpiroit quelquefois d'une demie once, quelquefois il ne tranſpiroit point du tout, & d'autres fois il augmentoit de 1 ou 2 onces, ſçavoir; lorſqu'il y avoit eu pluie ou roſée abondante.

18 LA STATIQUE

La surface de ses feuilles se trouva de 2557 pouces quarrez, ou de 15 pieds 59 pouces quarrez; en divisant les 10 pouces cubiques de transpiration par cette surface 2557, nous aurons $\frac{1}{243}$ de pouce pour la hauteur du solide d'eau transpirée en douze heures de jour;

Ainsi les transpirations differentes dans des aires égales sont
$\begin{cases} \frac{1}{191} \text{ dans la Vigne en douze heures de jour.} \\ \frac{1}{50} \text{ dans l'Homme en vingt-quatre heures jour \& nuit.} \\ \frac{1}{165} \text{ dans le Soleil en vingt-quatre heures jour \& nuit.} \\ \frac{1}{86} \text{ dans un Chou en douze heures de jour.} \\ \frac{1}{204} \text{ dans un Pommier en douze heures de jour.} \\ \frac{1}{243} \text{ dans un Citronnier en douze heures de jour.} \end{cases}$

L'aire de la coupe transversale de ce Citronnier étoit $1\frac{44}{100}$ pouce quarré; donc la vîtesse de la séve dans le tronc est à la vîtesse à la surface des feuilles, comme 1768 sont à 1; car 2557 multipliez par 100, & divisez par 144, donnent 1768: ce calcul suppose le tronc vuide; ainsi la vîtesse doit augmenter dans le tronc & dans les feuilles, à proportion que le passage est plus resserré par les parties solides.

Si nous comparons la transpiration des cinq Plantes précédentes, nous trouverons que le Citronnier, qui est toute l'année verd, transpire beaucoup moins que le Soleil, la Vigne & le Pommier, dont les feuilles tombent avant l'hiver. C'est cette moindre transpiration qui fait que certaines Plantes résistent au froid des hivers, parce qu'elles n'ont besoin pour se conserver que d'une très-petite quantité de nourriture, à proportion des autres : à peu près comme les animaux peu sanguins, tels que sont les Grenouilles, les Crapeaux, les Tortues, les Serpens, les Insectes, &c. qui ne transpirant pas beaucoup, peuvent passer l'hiver entier, sans prendre de nourriture. Au reste, j'ai fait ces mêmes Expériences sur douze autres espéces d'arbres toûjours verds, & j'ai trouvé leur transpiration constamment moindre que celle des autres arbres.

Monsieur Miller, dont j'ai parlé ci-dessus, a fait de pareilles Expériences au Jardin des Plantes à Chelsea sur un Musa, un *Aloes*, & un Pommier de Paradis, en les pesant le matin, à midi & le soir pendant plusieurs jours de suite. Je vais inférer ici le Journal de ses Expériences tel qu'il me l'a communiqué ; on pourra y remarquer combien la differente temperature de l'air influe sur la transpiration des Plantes.

Les pots dont il se servoit étoient vernissez, leur fond n'étoit pas troué, comme l'est ordinairement celui des pots de jardin ; ainsi tout ce qui se trouvoit manquer au poids, avoit nécessairement passé par les racines de ces Plantes, & s'étoit exhallé.

LA STATIQUE

*Palma humilis longis latisque foliis C. B.

Journal de la Transpiration de l'Arbre MUSA. *

La surface de toute la Plante étoit de 14 pieds 8 $\frac{1}{2}$ pouces quarrez. Les differens degrés de la chaleur de l'air sont ici marquez par des degrés pris au-dessus du point de la congellation de mon thermomêtre, décrit ci-après, Exp. XX.

1726. Mai.	Poids à 6 heu. du mat. Li. On.	Thermometr.	Poids à midi. Li. On.	Thermometr.	Poids à 6 heu. du soir. Li. On.	Thermometr.	
17	38 5	31	38 0	38	37 14	34	Remarquez que cette Plante étoit dans une serre échauffée, & où l'on entretenoit continuellement un petit feu; l'aspect de la serre étoit Sud-Est.
18	37 15	29	37 5$\frac{1}{2}$	45	37 3$\frac{1}{2}$	31	Ce jour étoit chaud & serein. Le matin je remarquai de grosses goutes d'eau à l'extrémité de chaque feuille : aussi voit-on que la Plante transpire beaucoup ce jour-là.
19	37 4	32	37 2	35	37	31	Ce jour étoit très-chaud & fort serein.
20	36 14	34	36 12	48	36 11	36	Jour serein & assez chaud.
21	36 10	30	37 0	50	36 15	44	Soleil & nuage. Le matin je versai 12 onces d'eau dans le pot.
22	36 14	31			36 11$\frac{1}{2}$	35	Beaucoup de tonnerre, pluie & grêle, à quelque distance du lieu de l'observation.
23	36 6	32	36 5$\frac{1}{2}$	32$\frac{1}{2}$	36 5	31	Tems couvert, mais sans pluie. Le soir je versai 12 onces d'eau dans le pot, & je le transportai dans une chambre fraîche, où l'air passoit en liberté, & où il n'y avoit point de soleil, parce que les fenêtres étoient tournées au Nord-Ouest.
24	37 0	27	37 0	27$\frac{1}{2}$	36 15$\frac{1}{2}$	25$\frac{1}{2}$	Tems nuageux, mais calme.
25	37 0	21$\frac{1}{2}$	36 14$\frac{1}{2}$	26	36 13	23	Jour assez clair & serein.
26	36 12	22	36 11	25	36 10	24	Chaleur.
27	36 10$\frac{1}{2}$	23	36 6$\frac{1}{4}$	26$\frac{1}{2}$	36 6	25$\frac{1}{2}$	Grande Chaleur.
28	36 6	22$\frac{1}{2}$	36 5	24	36 3$\frac{1}{2}$	23	Nuage & pluie. Ce jour les feuilles du bas de la Plante commencerent à flétrir, & la feuille de la cime commença à se développer, & à s'épanouir; mais l'on sçait qu'elle ne croît plus après qu'elle est épanouie.
29	36 2	20	36 2$\frac{1}{2}$	21$\frac{1}{2}$	36 1	22	Jour temperé.
30	36 1$\frac{1}{2}$	19	36 1	21	36 0	19	Jour temperé, mais un peu obscur.

DES VEGETAUX, Chap. I.

1726. Juin.	Poids à 6 heu. du mat. Li. On.	Thermometr.	Poids à midi. Li. On.	Thermometr.	Poids à 6 heu. du foir. Li. On.	Thermometr.	
1	35 15	18	35 14$\frac{1}{2}$	19$\frac{1}{2}$	35 13$\frac{1}{2}$	18	Quelque pluie. La Plante commença à changer de couleur, & à paroître languiſſante.
2	35 12	19$\frac{1}{2}$	35 11$\frac{1}{2}$	23	35 11	21$\frac{1}{2}$	Ce jour, on reporta la Plante dans la ſerre, afin de la guérir ; mais elle continua à languir, & deux ou trois jours après elle mourut.
3	35 10	28$\frac{1}{2}$	35 4	36	35 1$\frac{1}{2}$	34	Jour froid & nuageux.
4	35 0	26	34 14	31	34 11	29	Chaleur moderée, & mort de la Plante.

Nous pouvons obſerver par ce Journal que la Plante, lorſqu'elle étoit dans la ſerre échauffée, tranſpiroit davantage depuis les ſix heures du matin juſqu'à midi, que depuis midi juſqu'à ſix heures du ſoir, & auſſi qu'elle tranſpiroit beaucoup moins la nuit que le jour ; que même quelquefois elle augmentoit de poids pendant la nuit en tirant l'humidité de l'air qui l'environnoit, & tout cela, ſoit qu'elle fût dans la ſerre échauffée, ou dans la chambre ouverte & ſans feu. Si on ſuppute la quantité de la tranſpiration de cette Plante en douze heures de jour au 18 Mai, jour de ſa plus grande tranſpiration, & qui eſt ſuivi & précédé par des jours où elle eſt beaucoup moindre : on trouve $\frac{1}{112}$ de pouce pour la hauteur du ſolide d'eau tranſpirée ce jour-là par la Plante.

Journal de la tranſpiration de l'Aloës. Aloe Africana Caulescens foliis Spinosis, maculis ab utraque parte albicantibus notatis. Commelini hort. Amſt. C'étoit une des plus grandes Plantes de cette eſpece; elle étoit enfermée dans une caiſſe vitrée, tournée au midy & ſans feu.

1726. Mai.	Poids à 6 heu. du mat. Li. On.	Thermometr.	Poids à midi. Li. On.	Thermometr.	Poids à 6 heu. du foir. Li. On.	Thermometr.
18	41 6	35$\frac{1}{2}$	41 2$\frac{1}{2}$	36	41 3	30$\frac{1}{2}$
19	41 1$\frac{1}{2}$	28$\frac{1}{2}$	40 14	31$\frac{1}{2}$	40 12	30

LA STATIQUE

1726. Mai.	Poids à 6 heu. du mat. Li. On.	Thermometr.	Poids à midi. Li. On.	Thermometr.	Poids à 6 heu. du soir. Li. On.	Thermometr.	
20	40 12$\frac{1}{2}$	26$\frac{1}{2}$	40 10	31	40 8$\frac{1}{2}$	29$\frac{1}{2}$	
21	40 9$\frac{1}{2}$	27	40 6$\frac{1}{4}$	30	40 5$\frac{1}{2}$	28	
22	40 6	25$\frac{1}{2}$	40 5$\frac{1}{2}$	29	40 4	27$\frac{1}{2}$	Ce soir-là promettant de la pluie on mit le pot hors de sa caisse vitrée, pour la recevoir, un peu après quoi on essuia bien jusqu'à siccité le couvercle de plomb, & on remit le pot dans sa caisse vitrée.
23	41 10	24$\frac{1}{2}$	41 6$\frac{1}{2}$	29	41 5	27$\frac{1}{2}$	Ce jour-là le pot fut rompu, ce qui empêcha de continuer ces observations.

Nous pouvons observer que cet Aloës augmentoit en poids pendant la plûpart des nuits, plus qu'en tout autre tems, & que sa plus grande transpiration étoit le matin.

Journal de la transpiration d'un petit Pommier de Paradis, qui n'avoit qu'une tige de 4 pieds de hauteur, & deux petites branches laterales; il étoit placé sous un couvert de bois, où il étoit exposé à l'air de tous côtez.

1726. Mai.	Poids à 6 heu. du mat. Li. On.	Thermometr.	Poids à midi. Li. On.	Thermometr.	Poids à 6 heu. du soir. Li. On.	Thermometr.	
18	37 4	1	37 3	22	37 1	20	
19	37 1	17$\frac{1}{2}$	36 14$\frac{1}{2}$	21	36 13$\frac{1}{2}$	19	
20	36 12	18$\frac{1}{2}$	36 10$\frac{1}{2}$	23	36 9	20$\frac{1}{2}$	Les feuilles déja fort séches, & commençant à se dessécher faute de rosée.
21	36 7	17	36 5	21$\frac{1}{2}$	36 4	20	
22	36 3$\frac{1}{2}$	18$\frac{1}{2}$	36 1	24	36 2$\frac{1}{2}$	22$\frac{1}{2}$	Ce jour on remit la Plante dans la serre échauffée, pour voir l'effet que cela auroit sur sa transpiration.
24	36	26	35 8	37$\frac{1}{2}$	35 5$\frac{1}{2}$	34$\frac{1}{2}$	La chaleur fit faner les feuilles; elles pendoient comme si elles eussent voulu tomber.
25	35 4	32$\frac{1}{2}$	35 1	36	35 0	30	Plusieurs des feuilles commencerent à se détacher.
26	34 9	28$\frac{1}{2}$	34 6$\frac{1}{2}$	34	34 1	32	
27	33 7$\frac{1}{2}$	28					Toutes les feuilles tomberent,

Excepté quelques petites feuilles qui avoient poussé aux extrêmitez des brânches depuis que l'on avoit mis l'arbre dans la terre.
La terre dans laquelle étoit l'arbre, avoit toûjours été fort humide.

DES VEGETAUX.

Au mois d'Octobre 1725. M. Miller arracha une racine de Bryone *; cette racine bien nettoyée pesoit 8 onces $\frac{1}{2}$; il la mit sur un banc dans la serre échauffée, où il la laissa jusqu'au mois de Mars suivant, & en la pesant il trouva qu'elle avoit perdu son poids: au mois d'Avril elle poussa quatre branches, deux desquelles avoient trois pieds $\frac{1}{2}$ de longueur, & des deux autres, l'une avoit 14 pouces, & l'autre 9, toutes quatre produisirent de grandes & belles feuilles : elle avoit perdu une once $\frac{3}{4}$ de son poids, & dans les trois semaines qui suivirent, elle perdit encore 2 onces $\frac{1}{4}$, & elle se flétrit.

* Bryonia Zeilanica foliis profunde laciniatis Herman. cat. Hort Leyd.

EXPERIENCE VI.

LA Menthe * est une Plante qui vegete très-bien dans l'eau ; je voulus observer exactement quelle quantité d'eau elle tireroit & transpireroit le jour & la nuit, selon que le tems seroit sec ou humide, & pour cela je cimentai une Menthe m en r (fig. 2.) dans le syphon renversé r, y, x, b; ce syphon avoit un quart de pouce de diametre en b, mais il étoit plus large en r.

*Mentha angustifolia spicata. C. B.

Je remplis d'eau le syphon ; la Plante en tira assez dans un jour de Mars pour la faire baisser d'un pouce $\frac{1}{2}$ de b en t, & dans une nuit l'eau baissa d'un quart de pouce de t en i: mais pendant une nuit assez froide pour faire baisser la liqueur dans le Thermometre jusqu'au point de la congellation, la Menthe ne tira rien du tout, & sa tête vint à pancher.

Je remarquai que la même chose arriva à de jeunes féves dans le jardin, leur féve ayant été fort condensée par le froid. Dans un jour de pluie, la Menthe tira très-peu.

Je ne suivis pas cette Expérience plus loin, le Docteur *Woodward* ayant fait, il y a déja long-tems, plusieurs observations & plusieurs Expériences curieuses sur la transpiration abondante de cette Plante, qui sont rapportées dans les Transactions Philosophiques.

Expérience VII.

Au mois d'Août j'arrachai un grand *Poirier nain*, il pesoit 71 livres 8 onces ; je mis sa racine dans une quantité connue d'eau : il en tira 15 livres en dix heures de jour, & transpira dans le même tems 15 livres 8 onces.

Au mois de Juillet & d'Août, je coupai plusieurs branches de Pommier de Poirier, de Parisier, & d'Abricotier ; j'en coupai toûjours deux de chaque espéce : elles étoient de differentes grosseurs & grandeurs, depuis 3 pieds jusqu'à 6 de longueur avec leurs rameaux, longs à proportion ; & la coupe transversale de l'endroit le plus gros de leurs tiges, étoit d'un pouce de diametre.

Je dépouillai de ces feuilles, une branche de chaque espéce, & je mis ensuite leur tige tremper dans des verres, où j'avois versé une certaine quantité d'eau.

DES VEGETAUX, Chap. I. 25

Quelques-unes de ces branches, avec leurs feuilles, tirerent 15 onces, d'autres 20, 25, & même 30 onces en douze heures de jour, & cela plus ou moins à proportion de leurs feuilles; & lorsque je les pesai le soir, elles étoient plus legeres que le matin.

Tandis que celles qui n'avoient point de feuilles ne tirerent qu'une once, & qu'ayant très-peu transpiré, elles étoient plus pesantes le soir que le matin.

La quantité tirée par les branches garnies de leurs feuilles, diminua tous les jours considérablement, les vaisseaux séveux s'étant probablement resserrez à la coupe transversale, & étant trop pleins d'eau pour en laisser passer davantage, aussi les feuilles devinrent ternes & se flétrirent en quatre ou cinq jours.

Je répetai cette Experience sur des branches d'Orme, de Chêne, d'Ozier, de Saule, de Marsaule, de Tremble, de Groselier rouge, de Groselier blanc, & de Noisetier franc; mais pas une de toutes ces differentes especes, ne tira autant que celles dont nous venons de parler; & plusieurs especes d'Arbres toûjours verds, tirerent beaucoup moins.

Experience VIII.

Le 15. d'Août, je cueillis une grosse Pomme*, je la cueillis avec deux pouces de tige, & douze feuilles qui y étoient attachées; je mis la tige dans une petite phiole pleine d'eau, elle tira & transpira en trois jours $\frac{4}{5}$ d'une once.

* *Aufel pippin.*

D

Dans le même tems, je coupai sur le même Arbre un autre rejetton à fruit, je le coupai de la même longueur que le premier, & chargé aussi de douze feuilles, mais sans pomme, il tira & transpira dans les mêmes trois jours $\frac{3}{4}$ d'once.

Environ dans le même tems, je mis dans une phiole pleine d'eau une autre petite tige prise sur le même Arbre, qui soûtenoit deux grosses pommes sans aucune feuille; elles tirerent & transpirerent environ un quart d'once en deux jours.

Ainsi dans cette Expérience, la pomme & les feuilles tirerent $\frac{4}{5}$ d'une once, les feuilles seules environ $\frac{3}{4}$ d'once, & deux grosses pommes ne tirerent & transpirerent qu'un $\frac{1}{3}$ de ce que tirerent & transpirent douze feuilles: une pomme ne tirant donc qu'une sixiéme partie de ce que tirent douze feuilles, il s'ensuit qu'une pomme ne transpire pas plus que deux feuilles, ce qui rend leurs transpirations à peu près proportionnelles à leurs superficies; car la surface supérieure & inférieure de deux feuilles, est à très peu près égale à celle d'une pomme.

Il est probable que l'usage de ces feuilles (qui sont placées justement où le fruit est attaché), est de porter de la nourriture au fruit. J'ai même observé ensuite de cette idée, que les feuilles, qui au Printems, accompagnent les Fleurs, & qui en sont les plus voisines, sont beaucoup plus développées, que toutes les autres du même Arbre, & que même elles sont grandes, tandis que les feuilles des rejettons stériles, ne commencent encore qu'à pousser, aussi les feuilles de Pêcher sont toutes grandes avant que la fleur tombe, & les feuilles des Poiriers & des Pommiers sont au tiers, ou à la moitié de leur grandeur avant que les fleurs soient épanouies, tant la nature a soin de pourvoir à la nourriture du fruit dans le tems même qu'il n'est encore qu'un embrion.

Experience IX.

Le 15. de Juillet, je détachai de la rame, & je coupai près de terre deux seps de Houblon vigoureux, qui étoient crûs dans un endroit fort touffu, & fort à l'ombre; j'en dépouillai un de toutes ses feuilles, & je mis les tiges de tous deux, dans deux petites bouteilles, qui contenoient de certaines quantitez d'eau; celui qui avoit ses feuilles tira 4 onces en douze heures de jour, & l'autre ne tira que $\frac{3}{4}$ d'once.

Je pris une autre perche avec les Houblons qu'elle soûtenoit, & je la transportai de la houbloniere à une exposition plus découverte, les Houblons tirerent & transpirerent une fois autant que les premiers avoient fait, dans la houbloniere; c'est peut-être par cette raison que les Houblons qui croissent au dehors des jardins sont foibles & languissans en comparaison de ceux qui croissent dans le milieu des houblonieres: cette exposition plus découverte desséche leurs fibres; elles se durcissent donc plus vîte que celles des Houblons venus à l'ombre, que l'humidité conserve dans l'état de souplesse nécessaire pour l'accroissement.

Mais l'on sçait, que dans l'étendue d'un arpent *de houblonière, il y a mille petites éminences, & que sur chaque petite éminence sont plantées trois perches, dont chacune soûtient trois Houblons. Il y a donc dans un arpent 9000 Houblons, dont chacun tire 4 onces; ainsi les Houblons tirent d'un arpent de terre en douze heures de jour 36000 onces, ou 15750000 grains, c'est-à-dire, 62007 pouces cubiques d'eau ou 220 galons*; en divisant 62007 pouces cubiques d'eau par 6272640 nombre des pouces quarrez de la superficie d'un arpent, on trouvera que la quantité de liqueur transpirée par tous les Houblons, est égale à un solide qui auroit pour base l'arpent, & pour hauteur $\frac{1}{101}$ pouce, sans y comprendre ce qui s'évapore de la terre sans passer par la Plante.

Les Houblons ont besoin de toute cette transpiration pour se bien porter : aussi ne diminue-t elle point tant que l'air est favorable; mais dans les longs-tems pluvieux & humides, sans mêlange de jours secs, l'humidité trop abondante répandue autour des Houblons, les couvre de façon, qu'elle empêche en bonne partie la transpiration nécessaire des feuilles ; la séve arrêtée croupit, se corrompt & engendre de la moisissure, qui souvent gâte beaucoup les plus belles houblonières. Ce cas arriva en 1723. pendant des pluies continuelles, qui durerent dix ou quatorze jours, & commencerent environ le 15. de Juillet, après quatre mois de sécheresse ; car les Hou-

* L'arpent dont il est question est de $\frac{7}{24}$ plus petit que notre arpent royal de 100 perches quarrées de 22 pieds de longueur chacune.

* Un galon contient à peu près 4 pintes de Paris.

blons les plus floriffans, & de la plus belle efpérance, furent tous infectez de moififfure, feuilles & fruits ; tandis que les Houblons languiffans, & qui promettoient le moins, échaperent & produifirent même en abondance ; parce qu'étant plus petits que les autres, ils ne tranfpiroient pas en fi grande quantité, & par conféquent l'humidité de la tranfpiration qui nuifoit aux grands Houblons en s'arrêtant dans le buiffon épais de leurs feuilles, n'étant pas fi abondante dans les petits Houblons, ne les empêchoit pas de croître.

Cette pluie, après cette grande fechereffe, trouva la terre fi chaude, qu'elle fit pouffer les herbes auffi vîte que fi elles euffent été fur une couche ; & les Pommes crûrent fi vîte, que leur chair étoit extrêmement molaffe, & qu'elles pourirent en plus grande quantité qu'elles n'avoient fait de mémoire d'homme.

Les Planteurs de Houblons, obfervent, que lorfque la moififfure s'eft une fois emparée d'une partie d'un terrein, elle gagne enfuite & s'étend par tout ; & même que les Foins & toutes les autres herbes qui font fous les Houblons, en font infectées.

Probablement, parce que les petites graines de cette moififfure qui croît vîte & vient promptement en maturité, font foufflées & portées fur toute l'étendue de la houbloniere, où elles fe multiplient & infectent quelquefois des terreins pendant plufieurs années de fuite ; fçavoir, chaque année par la germination des grains de moififfure de l'année précedente : ne faudroit-il pas alors brûler les seps aussi-tôt après avoir cueilli le fruit, dans l'esperance de détruire en partie les graines de cette moisisure?

» M. Austin de Cantorbery, observe, que la moi-
» sissure fait plus de mal aux terres basses & couver-
» tes, qu'à celles qui sont élevées & découvertes ; à
» celles qui vont en penchant vers le Nord, qu'à
» celles qui vont en penchant vers le Midy, dans le
» milieu des houblonieres, que vers les bords ; aux
» terres séches & legeres, qu'aux terres humides &
» fermes : ces differences paroissoient évidemment,
» & étoient constantes dans les plantations, où l'on
» donnoit à la terre dans le même tems, la même
» culture & le même soin ; mais pour peu que ces
» conditions variassent, l'effet varioit aussi, & les
» terres basses & legeres que l'on avoit négligées,
» produisoient alors plus abondamment que les ter-
» res humides & découvertes, qui avoient été soi-
» gneusement cultivées.

» La nielle tombe ordinairement vers le onziéme
» de Juin, & vers la mi-Juillet, elle rend les feuilles
» noires, & les fait sentir mauvais. »

J'ai vû au mois de Juillet (saison des nielles brû-lantes) les seps dans le milieu des houblonieres tous brûlés, presque de l'extrêmité d'un grand terrein jusqu'à l'autre extrêmité, par un rayon ardent de Soleil après une grande ondée de pluie ; dans ces momens l'on voit souvent à l'œil nud, & beaucoup mieux avec les telescopes refléchissans, les vapeurs s'élever en assez grande abondance pour rendre les objets obscurs & tremblans; il n'y avoit dans tout ce terrein brûlé pas une veine de terre séche ou graveleuse: il faut donc attribuer ce mal à une quantité de vapeurs brûlantes, plus grandes dans le milieu, que vers les bords du terrein dans le milieu; parce que les vapeurs de la transpiration y étant plus abondantes, elles y forment un *medium* plus dense, & par conséquent plus chaud que celui des bords du terrein.

Peut-être ce grand nombre de vapeurs étendues dans un si grand espace, faisoit-il aussi converger un peu les rayons du Soleil vers le milieu du terrein, ou par la densité du *medium*, par cette convergence la chaleur augmentoit considérablement; car j'ai observé que la lisiere des houblons brûlée se trouvoit dans une ligne à angles droits avec les rayons du Soleil à onze heures, qui étoit l'instant du rayon brûlant. La houbloniere étoit dans une vallée qui s'étendoit du Sud-Ouest au Nord; & si je m'en souviens bien, il ne faisoit que très-peu de vent dans le tems de la brûlure; mais s'il y avoit eu un vent leger, Nord ou Sud, il est probable que le vent du Nord soufflant doucement la vapeur qui s'élevoit, elle seroit tombée sur le côté Sud du terrein: ce côté par conséquent auroit été bien brûlé, & de même le côté du Nord l'auroit été par le vent du Sud.

Pour les nielles particulieres qui brûlent çà & là quelques seps de houblons, ou une ou deux branches d'un arbre, sans endommager les voisines, nous pouvons en trouver la cause dans les observations que les Astronomes ont souvent faites avec le telescop cope refléchiffant, de petites particules de vapeurs détachées, tranfparentes, qui flottent dans l'air, & qui, quoiqu'elles ne foient pas vifibles à l'œil nud, font cependant beaucoup plus denfes que l'air qui les environne; car ces vapeurs, à caufe de leur denfité, peuvent fort bien acquerir un tel degré de chaleur par les rayons du Soleil, qu'elles pourront enfuite échauder les Plantes qu'elles toucheront, & fur tout celles qui font les plus tendres : c'eft ce que les Jardiniers de Londres n'ont que trop fouvent éprouvé à leurs dépens, lorfqu'il leur eft arrivé de mettre imprudemment des Cloches de verre fur leurs Choux-Fleurs les matinées de gelée, avant que d'en avoir laiffé évaporer l'humidité; car cette humidité s'élevant par la chaleur du Soleil, & fe trouvant arrêtée par le verre, forme alors une vapeur denfe & tranfparente, qui échaude & fait mourir la Plante : peut-être auffi que les furfaces de ces grands volumes de vapeurs denfes qui flottent dans l'air, peuvent (parmi toutes les autres figures) prendre quelquefois celle d'un *Hemifphere*, ou d'un *Hemicylindre*, & par-là faire converger affez les rayons du Soleil pour brûler les Plantes fur lefquelles ils tombent, en raifon de leurs plus grandes ou de leurs moindres convergences.

Le fçavant *Boerhaave*, dans fa *Théorie de la Chymie*, de l'Edition du Docteur Shaw, p. 245. obferve „ que ces nuées blanches qui paroiffent en Eté, font „ autant de miroirs qui caufent une chaleur exceffive; ces miroirs de nuages font ronds, concaves, poligones,

poligones, &c. lorſqu'ils flottent dans les airs le «
Soleil brûle bien plus ardemment, puiſque plu- «
ſieurs rayons, qui ſans cela ne nous ſeroient peut- «
être jamais parvenus, nous viennent par réflexion; «
enſorte que ſi le Soleil & la nuée ſe trouvent en «
oppoſition directe, elle fait à notre égard l'effet «
d'un vrai miroir brûlant. «

J'ai quelquefois, continue-t-il, obſervé une eſ- «
pece de nuées creuſes, pleines de grêle & de nei- «
ge, qui cauſoient une chaleur exceſſive, parce «
qu'elles réfléchiſſoient bien plus fortement les «
rayons du Soleil, à cauſe de leur grande denſité. «
Cette grande chaleur étoit ſuivie tout d'un coup «
d'un froid piquant, qui précedoit de quelques in- «
ſtans, & accompagnoit la diſſolution de la nuée, «
dont la grêle tomboit en abondance, & à laquelle «
ſuccedoit une chaleur modérée. «

Les nuées concaves pleines de grêle, produi- «
ſent donc par leurs fortes réflexions une chaleur «
violente, & par leur diſſolution un froid exceſſif. »

De là nous voyons que le brouï peut être occaſionné par les réflexions des nuées, auſſi bien que
par la réfraction des vapeurs denſes & tranſparentes,
dont nous avons parlé ci-deſſus.

Le 21. Juillet, j'obſervai que dans cette ſaiſon, où
le ſommet du Soleil eſt tendre, & la fleur prête à
s'épanouir, cette fleur regarde le Soleil levant, ſi à
ſon lever il eſt clair & brillant; à midy la Plante fait
face au Sud, ſi le Soleil continue de briller; & à ſix
heures du ſoir elle regarde le couchant; mais ce n'eſt

E

pas en circulant comme le Soleil qu'elle fait tous ces mouvemens, c'est par une nutation, dont la cause est dans la tige ; car le côté exposé au Soleil transpire plus que les côtez opposez, & par conséquent fait courber la tige en se racourcissant ; & cela d'autant plus que la Plante transpire davantage : or l'on sçait que le Soleil transpire beaucoup.

J'ai observé la même chose sur les têtes des Taupinanbours & des Fêves de Marais, les jours d'un Soleil fort chaud.

Expérience X.

LE 27. de Juillet, je fixai une branche *m* (fig. 3.) de Pommier, de trois pieds de longueur, & d'un demi pouce de diametre, qui étoit chargé de rameaux & de feuilles, au tuiau *t*, de sept pieds de longueur, & de $\frac{5}{8}$ de pouce de diametre, je remplis d'eau le tuiau, & ensuite je plongeai toute la branche jusques & pardessus l'extrêmité inférieure du tuiau dans le vaisseau *u u* plein d'eau : l'eau baissa de six pouces dans les deux premieres heures, (c'étoit-là le premier remplissage des vaisseaux séveux) de 6 pouces la nuit suivante, de 4 pouces le jour suivant, de $2\frac{1}{4}$ pouces la nuit suivante.

Le troisiéme jour au matin, je tirai la branche hors de l'eau, & je la pendis avec le tube dans lequel elle étoit fixée, dans un endroit où elle étoit exposée à l'air libre : elle tira là 27 pouces $\frac{1}{2}$ en douze heures. Cette Expérience montre la grande puisfance de la tranfpiration ; puifque lorfque la branche étoit plongée dans le vaiffeau plein d'eau, la colomne d'eau de 7 pieds de hauteur, au-deffus de la furface de l'eau, ne pouvoit tranfpirer que très peu à travers les feuilles, jufqu'à ce que la branche fût expofée en plein air, & que cependant l'eau ne laiffoit pas que de baiffer.

Cette Expérience montre auffi, que la puiffance active de la tranfpiration eft la chaleur, & que par conféquent la matiere qui tranfpire eft encore plus tirée en haut par ce principe, qu'elle n'eft pouffée par la force de la féve.

L'on voit cette vérité dans les Animaux, dont la tranfpiration n'eft pas toûjours la plus grande dans la plus grande vîteffe du fang; car alors elle eft fouvent moindre que dans l'état naturel, comme on l'obferve dans les fiévres.

J'ai fixé plufieurs autres branches de la même maniere, à de longs tuiaux, fans les plonger dans l'eau, & les ayant remplis d'eau, je voyois précifément par l'abaiffement de l'eau, combien vîte elle tranfpiroit à travers les feuilles, & combien peu il s'en exhalloit dans les jours de pluie, ou bien lorfqu'il n'y avoit point de feuilles fur les branches.

Experience XI.

Le 17. d'Août à onze heures du matin, je cimentai au tuiau a, b, (fig. 4.) de neuf pieds de longueur, & d'un $\frac{1}{2}$ pouce de diametre, une branche de Pommier *d* de cinq pieds de longueur, & de $\frac{3}{4}$ de pouces de diametre ; je verſai de l'eau dans le tuiau, la branche la tira en raiſon de trois pieds de hauteur dans le tuiau en une heure. A une heure après midy, je coupai la branche en *c* , 13 pouces au deſſous du tuiau de verre, & je joignis l'extrêmité inférieure du bâton *c*, *b*, à une cuvette de verre *z*, couverte d'un boyau de bœuf pour empêcher l'eau qui dégoutoit de s'évaporer ; en même tems je mis la branche *d*, *r*, dans le vaiſſeaux *x*, (fig. 5.) qui contenoit une certaine quantité d'eau : cette branche dans ce vaiſſeau *x*, tira 18 onces d'eau en dix-huit heures de jour & douze heures de nuit, & dans les mêmes trente heures il ne paſſa que 6 onces d'eau à travers le bâton *c*, *b*, (fig. 4.) ſur lequel cependant il y eut toûjours le poids d'une colomne d'eau de ſept pieds de hauteur.

Ceci marque encore la grande puiſſance de la tranſpiration, puiſqu'elle fait paſſer à travers les longues fibres, & les tuiaux fins des parties déliées de la branche *r*, (fig. 5.) trois fois autant d'eau dans le même tems, que la preſſion d'une colomne d'eau de ſept pieds de hauteur, ſur la plus large coupe de la tige *c*, *b*, (fig. 4.) de la même branche, qui n'a que 13 pouces de longueur, en fait paſſer à travers cette même tige *c*, *b*.

J'eſſayai de la même maniere ſur une autre branche de Pommier ; en huit heures de jour elle tira 20 onces, & dans le même tems il n'en paſſa que 8 à travers le bâton *c*, *b*, (fig. 4.) qui cependant étoit chargé de la même colomne d'eau de ſept pieds de hauteur.

DES VEGETAUX, Chap. I.   37

J'essayai de même sur une branche de Coignassier : en quatre heures de jour elle tira 2 onces $\frac{1}{3}$, & dans le même tems il ne passa qu'un tiers d'once à travers le bâton c, b, (fig. 4.) qui cependant étoit pressé par une colomne d'eau de neuf pieds de hauteur.

Remarquez que l'on fit ces observations dès le premier jour, avant que les vaisseaux séveux de la tige se fussent assez remplis d'eau pour l'empêcher de passer.

Experience XII.

Je coupai sur un Pommier nain e, w, l'extrêmité de la branche l (fig. 6.). Elle avoit à sa coupe un pouce de diametre ; j'en fixai l'ergot au tube de verre l, b, & je versai de l'eau dans le tube : elle fut tirée par l'ergot à raison de 2 ou 3 pintes par jour. Lorsque je suçois, avec ma bouche, au sommet du tube b, & que par là je tirois hors de l'ergot, quelques petites bulles d'air, alors l'eau étoit tirée si vîte, qu'en y plaçant dans l'instant une jauge m, y, z, pleine de Mercure, il étoit élevé en r à 12 pouces plus haut que dans l'autre jambe de la jauge.

Une autre fois, je versai dans le tube l, fixé à un Pommier de Reinette doré, une pinte d'Esprit de vin bien rectifié & camfré, l'ergot tira toute cette quantité dans 3 heures, & cela fit mourir la moitié de l'arbre : Je voulois essayer, si je pourrois donner le goût du camphre aux Pommes qui étoient en grand nombre sur la branche, mais je ne réussis pas ; car le goût des Pommes ne fut point du tout alteré, quoiqu'elles pendissent à l'arbre pendant plusieurs semaines, après l'opération; cependant l'odeur du camphre étoit très-forte dans les queues des feuilles & dans toutes les parties de la branche morte.

Je fis la même Expérience sur un cep de Vigne avec de l'eau de fleur d'Orange, d'une odeur très-forte & très-relevée, l'évenement fut le même, l'odeur ne pénetra pas dans les Raisins, mais elle étoit fort sensible dans le bois & dans la queue des feuilles.

Je fis encore cette Expérience sur deux branches d'un grand Poirier*, qui étoient éloignées l'une de l'autre, avec de fortes décoctions de Saffafras & de fleur de Sureau, environ trente jours avant la maturité des Poires; mais je ne pus sentir le moindre goût de ces décoctions dans les Poires.

* Catharine peartrée.

Quoique dans tous ces cas, les vaisseaux séveux de la tige fussent fortement impregnez de l'odeur de toutes ces liqueurs, & qu'ils en eussent pompé une bonne quantité, il est à croire que les vaisseaux séveux capillaires devenoient, près du fruit, d'une si grande finesse, qu'ils changeoient la texture des parties de ces liqueurs parfumées, & les assimiloient à leurs substances, de la même maniere que les greffes & les yeux changent la séve étrangere du sujet dans une séve analogue, à celle de leur nature spécifique.

Si l'on veut faire cette Expérience, sans craindre de faire périr l'arbre, on peut se servir d'eau commune, parfumée avec des odeurs fort exaltées.

Experience XIII.

Dans le dessein de m'assurer, si les vaisseaux séveux capillaires ont la force de chasser la séve au dehors par leurs orifices extrêmes; & afin de trouver aussi la quantité de séve que cette même force feroit sortir, je fis les trois Expériences suivantes.

Au mois d'Août, je pris dans une branche de Pommier, un bâton de 12 pouces de longueur & de $\frac{7}{8}$ de pouce de diametre; je plaçai son gros bout dans un vaisseau de verre plein d'eau, & couvert d'un boyau de bœuf : le sommet du bâton fut humide pendant dix jours, tandis qu'un autre bâton de la même branche, mais qui ne trempoit point du tout dans l'eau, étoit fort sec. Le premier laissa passer une once d'eau dans ces dix jours.

Experience XIV.

Au mois de Septembre, je fixai à un semblable bâton *s*, (fig. 7.) un tuiau *t* de 7 pieds de longueur, & je mis tremper le bout du bâton dans une cuvette *x*, pleine d'eau : je voulois essayer si l'eau qui sortoit au sommet *r* du bâton, pourroit monter à quelque hauteur sensible dans le tube *t*; elle ne monta point du tout, quoique le sommet du bâton fût toûjours mouillé. Je remplis ensuite le tube avec de l'eau, & vis qu'elle passoit librement à travers le bâton, & qu'elle tomboit dans la cuvette *x*.

EXPERIENCE XV.

<small>* Cherry Duke.</small>

Le 10. de Septembre, je coupai à deux pieds $\frac{1}{2}$ de terre, un Cérifier * qui étoit en espalier, & à demie tige ; je cimentai bien dessus le tronc *y* (fig. 7.) qui restoit, le cou *f*, d'une bouteille de Florence, & au cou de cette bouteille un petit tuiau étroit *g*, de 5 pieds de longueur ; je voulois essayer d'avoir par-là toute la séve qui sortiroit du tronc *y* ; mais pendant quatre heures, il ne sortit qu'un peu de vapeur, qui s'attacha au cou de la bouteille ; alors je fis déraciner l'arbre, & je mis les racines dans l'eau, il ne sortit pendant plusieurs heures, qu'un peu de rosée qui pendoit en petites goutes au-dedans du cou *f* de la bouteille ; cependant il est certain, par plusieurs des Expériences suivantes, que si les branches & les feuilles eussent été sur le tronc, il y auroit passé plusieurs onces d'eau, qui se seroit évaporée à la surface des branches & des feuilles.

J'essayai de la même façon, avec plusieurs branches de Vigne, que je coupai, & que je mis ainsi dans l'eau, mais il n'en sortit pas sensiblement en *f*.

Ces trois dernieres Expériences montrent toutes, que, quoique les vaisseaux capillaires séveux, tirent l'humidité en abondance, ils n'ont cependant que peu de puissance pour la pousser plus loin, & que c'est à l'aide des feuilles transpirantes, que le progrès en est si fort augmenté.

EXPERIENCE XVI.

Afin de découvrir s'il monte de la féve en Hiver, je pris plusieurs rejets de Noisetier franc, de sarmens de Vignes, de branches de Jasmin verd, de Phylirea, & de Laurier-Cerise, chargées de toutes leurs feuilles, je trempai leurs coupes transversales dans du ciment fondu, pour empêcher l'évaporation de la féve, par la playe : Enfin je les liai en paquets separez, & je les pesai.

Les rejets de Noisetier franc diminuerent en huit jours de la onziéme partie de tout leur poids; de ces huit jours, les trois ou quatre premiers étoient fort humides, mais il régna pendant les trois ou quatre derniers des vents desséchans.

Les branches de Vignes, dans le même tems, perdirent une vingt-quatriéme partie de leur poids.

Le Jasmin, dans le même tems, une sixiéme partie.

La Phylirea perdit un quart de son poids en cinq jours.

Le Laurier, un quart & même plus en cinq jours.

Voilà une dissipation journaliere de séve, qui est considérable, & à laquelle par conséquent il doit être nécessairement suppléé par les racines, d'où il est évident, qu'il monte de la séve en Hiver pour fournir à cette dépense continuelle, quoiqu'on puisse dire qu'il en monte moins en Hiver qu'en Eté.

De-là nous voyons la raison pourquoi le Chêne

verd greffé dans un Chêne Anglois, & le Cédre du Liban greffé sur un Meleze, conservent leur verdure pendant tout l'Hiver, quoique les feuilles du Chêne & du Meleze, se fanent & tombent avant cette saison; car aux approches de l'Hiver, il est vrai qu'il ne monte plus assez de séve pour maintenir les feuilles du Chêne & du Meleze; mais par cette Expérience nous voyons qu'il ne laisse pas d'en monter pendant l'Hiver tout entier, & par l'Expérience V. sur le Citronier, aussi-bien que sur plusieurs autres Expériences semblables, sur un grand nombre de differentes especes de Plantes toûjours vertes, nous trouvons qu'elles peuvent vivre & croître avec peu de nourriture, parce qu'elles transpirent peu; le Chêne verd & le Cédre peuvent donc bien pendant l'Hiver garder leur verdure, quoique les Arbres de l'espece du sujet, sur lesquels on les a greffez, se dépouillent de leurs feuilles. Voyez le curieux & l'ingenieux Traité de *M. Fairchild*, sur ces especes de greffes, *dans le Dictionaire des Jardiniers de M. Miller, Supplement, vol. 2. sous l'article Sap.*

Experience XVII.

Après avoir évidemment reconnu par les Expériences précedentes, que les Arbres tirent & transpirent une grande quantité de liqueur, je voulus essayer si je ne pourrois pas recueillir la matiere de cette transpiration; & pour en venir à bout, je pris plusieurs retortes *b*, *a*, *p*, (fig. 9.) de verre, dans lesquelles je fis entrer les rejettons chargez de feuilles de plusieurs differentes especes d'Arbres, après quoi je bouchai l'ouverture *p* des retortes avec des vessies; j'eus par ce moyen plusieurs onces de la matiere de la transpiration de Vigne, de Figuier, de Pommier, de Cerisier, d'Abricotier, & de Pêcher, de feuilles de Rue, de Raifort, de Rubarbe, de Panets & de Choux : toutes ces liqueurs étoient fort claires, & je ne pus distinguer entr'elles aucune difference de goût. Lorsque la retorte avoit demeuré quelque tems exposée à la chaleur du Soleil, la liqueur avoit le goût des feuilles bouillies; sa pesanteur specifique étoit à peu près la même que celle de l'eau commune; je ne trouvai pas, comme cependant je le présumois, une grande quantité d'air dans cette liqueur en la plaçant dans le récipiant de la machine du vuide; en la gardant dans des phioles ouvertes, elle sentoit mauvais bien plûtôt que l'eau commune, ce qui prouve que la matiere de la transpiration n'est pas de l'eau pure, mais de l'eau mêlée de quelque matiere heterogene.

Je mis aussi la tête d'un grand Soleil tout-à-fait épanoui, & qui croissoit encore dans le chapiteau d'un alambic, dont je plaçai le bec dans le cou d'une bouteille, il distila une bonne quantité de liqueur dans la bouteille : l'on pourra ramasser aisément par ce moyen, la transpiration des fleurs de bonne odeur; mais cette liqueur ne garde pas long-tems son parfum, puisqu'elle se corromt en peu de jours.

Experience XVIII.

Afin de voir combien la Terre contient d'humidité, & pour jauger les réservoirs de la nature contre les sécheresses de l'Eté, & les provisions qu'elle a mise dans le sein de la terre, pour fournir à la grande dépense qu'elle est obligée de faire pour la production & l'entretien des Vegetaux.

Le 31. Juillet 1724. j'enlevai un pied cubique de terre dans une allée où l'on marchoit peu, il pesoit (déduction faite de la tare du vaisseau qui le contenoit) 104 livres 4 onces $\frac{1}{3}$: un pied cubique d'eau pese environ 62 livres, ce qui revient à un peu plus de la moitié de la pesanteur spécifique de la terre. La saison où j'enlevai cette terre étoit séche, & cependant mêlée de quelques ondées de pluie ; de sorte que le gazon des environs de ma fouille n'étoit pas desseché.

J'enlevai dans le même tems un autre pied cubique de terre au-dessous du premier, il pesoit 106 livres 6 onces $\frac{1}{3}$.

J'enlevai aussi un troisiéme pied cubique de terre au-dessous des deux premiers, il pesoit 111 livres $\frac{1}{3}$.

Jusqu'à cette profondeur de trois pieds, c'étoit de la bonne terre à brique ; au-dessus étoit une couche de gravier, dans laquelle à deux pieds de profondeur, c'est-à-dire, à cinq pieds au-dessous de la surface de la terre, les sources couloient.

Lorsque le premier pied cubique fut si sec & si pou-

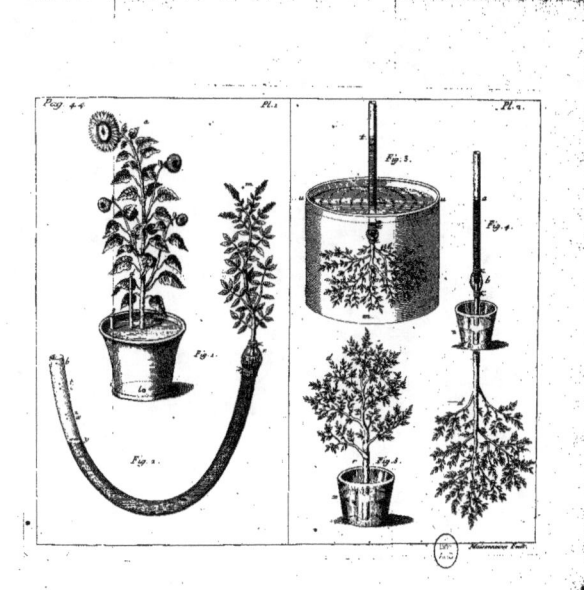

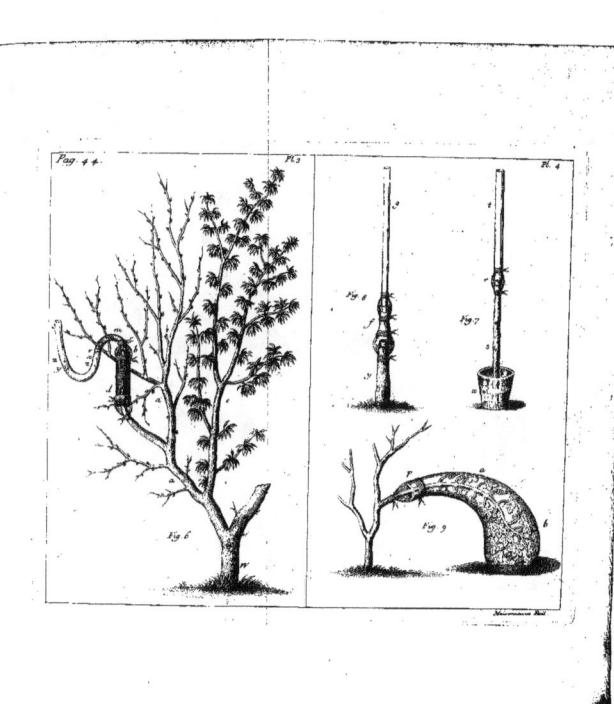

DES VEGETAUX, Chap. I.

dreux, qu'il ne pouvoit plus servir à la Vegetation, je le pesai, & je trouvai qu'il avoit perdu 6 livres 11 onces, ou 194. pouces cubiques d'eau, environ $\frac{1}{8}$ partie de son volume.

Quelques jours après, le second pied cubique étant plus sec que le premier & le troisiéme, avoit perdu 10 livres de son poids.

Le troisiéme pied cubique devenu fort sec & poudreux, avoit perdu 8 livres 8 onces, ou 147 pouces cubique d'eau, c'est-à-dire, $\frac{1}{7}$ partie de son volume.

Revenant donc maintenant à notre Soleil, dont les plus longues racines s'étendoient en tous sens à 15 pouces de la tige, nous pouvons supposer qu'elles occupoient quatre pieds cubiques de terre, dont elles tiroient leur nourriture ; nous pouvons dire aussi, que chaque pied cubique peut fournir 7 livres avant que d'être trop sec pour la Vegetation ; aussi la Plante en pourra tirer 28 livres, mais elle tire & transpire 22 onces toutes les vingt-quatre heures ; elle tirera donc 28 livres en vingt-un jours six heures : elle périroit donc au bout de ce tems, si rien ne suppléoit au défaut d'humidité de ces quatre pieds cubiques. Ce supplément se fait, ou par la rosée, ou par l'humidité de la terre qui est au-dessous de celle qui touche les racines, c'est-à-dire, au-dessous de 15 pouces de profondeur.

Experience XIX.

Pour trouver la quantité de rosée qui tombe pendant la nuit, le 15. Août, à sept heures du matin, je pris deux terrines vernissées qui avoient trois pouces de profondeur, & un pied de diametre; je les remplis de terre assez moëtte, que j'avois prise sur la surface de la terre. Je mis ces terrines dans d'autres terrines plus grandes, pour empêcher l'humidité de la terre de s'attacher à leurs fonds; plus la terre que contenoit mes terrines, étoit humide, & plus il tomboit de rosée dessus pendant la nuit; & il tomba plus du double de rosée sur une surface d'eau, que sur une égale surface de terre humide. L'évaporation d'une surface d'eau en neuf heures d'un jour sec d'Hiver, est de $\frac{1}{21}$ de pouce. L'évaporation d'une surface de glace mise à l'ombre en neuf heures de jour, étoit de $\frac{1}{31}$ de pouce.

Ces terrines augmenterent, par la rosée de la nuit, de 180. grains, & diminuerent par l'évaporation du jour, d'une once 282 grains; ainsi en vingt-quatre heures d'Eté, il s'évapore de dessus la terre 540 grains de plus d'humidité, qu'il n'en tombe en rosée, ce qui en vingt-un jours, fait environ 26 onces sur une aire circulaire d'un pied de diametre; & les cercles étant entr'eux comme les quarrez de leurs diametres, il s'évapora 10 livres 2 onces en vingt un jours de l'Hémisphere de 30 pouces de diametre, que les racines du Soleil occupent en terre, ce qui étant ajoûté

DES VEGETAUX, Chap. I.

au 29 livres qu'il tire, dans le même tems donne 39 livres; c'est-à-dire, 9 livres $\frac{3}{4}$ pour chaque pied cubique de terre, ses racines occupant un espace de plus de 4 pieds cubiques; mais jamais la terre dans ces contrées n'a souffert un si grand degré de sécheresse à 15. pouces de profondeur.

Pour expliquer comment les Plantes peuvent vivre pendant les longues sécheresses, & sur-tout au-delà des tropiques, il faut donc avoir recours à l'humidité qui s'exhale continuellement des couches de terres humides qui se trouvent au-dessous de celles qu'occupent les racines des Plantes & des Arbres; car les corps moëtes communiquent toûjours de leur humidité aux corps secs qui les touchent; outre cela ce mouvement lent & naturel de la communication de cette humidité, est fort acceleré par la chaleur du Soleil jusqu'à des profondeurs considérables, comme il paroîtra par la XX. Expérience qui suit.

Mais 180. grains de rosée qui tombent en une nuit & se répandent également sur un cercle d'un pied de diametre, c'est-à-dire, sur une surface de 113 pouces quarrez, donnent en profondeur $\frac{1}{159}$ partie d'un pouce. Je trouvai de même que la profondeur de la rosée d'une nuit d'Hiver, est de $\frac{1}{90}$ d'un pouce; de sorte que si nous comptons cent cinquante-une nuits pour toute la saison des rosées d'Eté, nous trouverons qu'elle montera pendant tout ce tems-là à 1 pouce de hauteur; & prenant les deux cens quatorze nuits qui restent pour le tems des rosées d'Hiver, elles produiront $2\frac{39}{100}$ de pouces de profondeur, ce qui donne 3 pouces $\frac{39}{100}$ pour la hauteur totale de la rosée pendant toute l'année.

Mais la quantité qui s'évapore dans un beau jour d'Eté, de dessus la même surface, étant d'une once 282 grains, nous aurons $\frac{1}{40}$ partie d'un pouce de profondeur pour cette évaporation, profondeur quatre fois plus grande que celle de la rosée qui tombe pendant la nuit.

J'ai trouvai par les mêmes moyens, que l'évaporation pendant un jour d'Hiver, est à peu près la même que celle d'un jour d'Eté; car la terre étant plus humide en Hiver qu'en Eté, cet excès d'humidité en Hiver répond à l'excès de chaleur en Eté.

Nic. Cruquius, N°. 381. des Transactions Philosophiques, a trouvé qu'il s'évaporoit en un an 28 pouces d'eau, ce qui fait $\frac{1}{15}$ de pouce par jour l'un portant l'autre; mais il s'évapore de dessus la terre $\frac{1}{40}$ de pouce dans un jour d'Eté; ainsi l'évaporation de la surface de l'eau est à l'évaporation de la surface de la terre, comme 10 sont à 3.

La quantité moyenne de pluie qui tombe dans un an, est de 22 pouces; celle de l'évaporation de la terre dans un an, est au moins de 9 pouces $\frac{1}{2}$ puisque c'est-là le pied sur lequel se fait l'évaporation dans un jour d'Eté; de ces 9 pouces $\frac{1}{2}$ il faut ôter $3\frac{39}{100}$ de pouce pour la rosée, reste $6\frac{2}{10}$ de pouce, qui

étant

DES VEGETAUX, Chap. I.

étant déduits des 22 pouces de pluie, il reste au moins 16 pouces d'eau pour fournir à la Vegetation, aux sources & aux rivieres.

Dans la houbloniere, la transpiration des Houblons doit être prise seulement pour trois mois de $\frac{1}{10}$ partie d'un pouce chaque jour, ce qui fait en tout $\frac{9}{10}$ d'un pouce; mais auparavant nous comptions 6 & $\frac{2}{10}$ de pouce pour l'évaporation de la surface de la terre; en ajoûtant donc $\frac{9}{10}$ de pouce à ces 6 $\frac{2}{10}$ nous aurons 7 pouces $\frac{1}{10}$ pour l'évaporation de la surface d'une houbloniere dans un an; ainsi des 22 pouces d'eau, il en reste 15 pour les sources qui târissent plus ou moins, selon la sécheresse ou l'humidité de l'année : 22 pouces d'eau suffisent donc à tous les besoins de la nature dans les pays plats, comme celui de *Teddington* près de *Hampton-Court*; mais dans les contrées montagneuses, comme dans la Province de *Lancaster*, il tombe tous les ans 42 pouces d'eau, dont déduisant 7 pouces pour l'évaporation, il reste 35 pouces d'eau pour les sources, sans compter celles que fournissent les rosées plus abondantes dans ces montagnes, que dans les pays de plaine ; cette grande quantité d'eau me paroît suffisante pour faire couler les sources & les rivieres ; ainsi il n'est pas nécessaire d'aller chercher leur origine dans la Mer, dont la surface est surmontée de quelques centaines de pieds par les montagnes ordinaires, & de quelques milliers de pieds par les hautes montagnes, dont les grandes rivieres prennent leur source.

G

LA STATIQUE
Experience XX.

Je choisis six Thermometres, dont les tiges étoient de longueurs differentes de 18 pouces jusqu'à 4 pieds, je les graduai tous par une échelle proportionnelle, en commençant au point de la congellation, ce qui peut fort bien être pris pour le point extrême de la Vegetation du côté du froid, l'ouvrage de la Vegetation cessant lorsque le vehicule aqueux commence à se fixer & à se condenser ; car quoique plusieurs Arbres & quelques Plantes, comme les herbes à foin, la mousse, &c. y survivent ; elles ne vegettent cependant point du tout pendant ce tems-là.

Le plus grand degré de chaleur que je marquai d'abord sur mes Thermometres, étoit égal à celui de l'eau échauffée à un tel point, que je ne pouvois qu'à grand'-peine y souffrir ma main sans la remuer ; mais ayant trouvé par expérience que les Plantes peuvent souffrir, sans préjudice, une chaleur un peu plus grande que celle-ci, je choisis celle de la cire fondue, qui nageant sur de l'eau chaude, commence à se coaguler ; car puisqu'une plus grande chaleur que celle-ci fondra la cire, qui est une substance vegetale, on peut regarder le degré de chaleur que nous venons de déterminer comme l'autre point extrême de la vegetation du côté du chaud, au-dessus duquel les Plantes déperiront, plûtôt qu'elles ne vegeteront : un tel degré de chaleur separant & dispersant, au lieu de ramasser & d'unir les parties nutritives.

DES VEGETAUX, Chap. I.

Je divisai cet espace en 100 degrés sur tous les Thermometres, en commençant à marquer les nombres du point de la congellation : 64 de ces degrés marquent à très-peu près la chaleur du sang dans les Animaux ; je la trouvai par la regle donnée dans *les Transactions Philosophiques*, *vol. 2. part. 1. de l'Abregé de M. Motte*, selon l'estimation *du Chevalier Newton*, en plaçant l'un des Thermometres dans l'eau échauffée à un degré tel que je ne pouvois qu'à grande peine, y tenir ma main en la remuant : je m'en assurai mieux encore, en plaçant la boule de mon Thermometre dans le sang qui couloit des veines d'un Bœuf expirant. La chaleur du sang est à celle de l'eau bouillante comme $14 \frac{2}{11}$ sont à 33.

En plaçant la boule de l'un de mes Thermometres dans mon sein & sous mon aisselle, je trouvai que la chaleur des parties du corps étoit de 54 degrés : la chaleur du lait qui sort de la Vache de 55, à peu près la même que celle qui est nécessaire pour couver & faire éclore les œufs : la chaleur de l'urine de 58 degrés : le point de la temperature ordinaire dans ces Thermometres étoit de 18 degrés.

La plus grande chaleur du Soleil fit monter l'Esprit de Vin dans le Thermometre qui y étoit exposé, à 88 degrés, chaleur, de 24 degrés plus grande que celle du sang des Animaux : les Plantes sont exposées à cette chaleur, & même à une beaucoup plus grande au-delà des tropiques pendant quelques heures du jour ; nous voyons aussi par plusieurs de leurs feuilles qui se fannent, qu'elles ne pourroient pas subsister long-tems sous cette chaleur, si elles n'étoient rafraîchies par la nuit qui lui succede.

La chaleur ordinaire du Soleil à midi, au mois de Juillet, est d'environ 50 degrés ; celle de l'air à l'ombre au mois de Juillet, prise sur un pied moyen, est de 38 degrés ; la chaleur de May & de Juin est de 17 à 30 degrés, chaleur la plus convenable à la plus grande partie des Plantes, & la plus favorable à leur vigueur & à leur accroissement : la chaleur du Printems & de l'Automne, se doit prendre depuis le 10 jusqu'au 20e degré ; & celle de l'Hiver du point de la congellation jusqu'au 10e degré.

La chaleur d'une couche de fumier de Cheval trop grande pour les Plantes, surpasse 85 degrés, chaleur à peu près égale à celle qu'a probablement le sang dans les fievres chaudes.

La chaleur convenable à la santé des Vegetaux d'une couche de fumier de Cheval dans du bon & fin terreau où étoient les racines de Concombres bien venans, étoit en Fevrier de 56 degrés, ce qui est à peu près la chaleur du sein, & celle qu'il faut pour couver les œufs : la chaleur de l'air sous les cloches de verre sur cette couche, étoit de 34 degrés ; de sorte que les racines avoient 26 degrés de chaleur de plus que les Plantes au-dessus de terre : la chaleur de l'air libre étoit alors de 17 degrés.

Il a passé maintenant dans un usage aussi ordinaire que raisonnable de regler la chaleur des Serres, soit qu'il y ait du feu ou non, par le moyen des Thermometres qu'on y place, même pour plus grande

DES VEGETAUX, Chap. 53

exactitude, plusieurs personnes ont les noms des principales Plantes étrangeres écrits sur leur Thermomètre, vis-à-vis les degrés de chaleur, qui, selon l'expérience qu'on en a faite, conviennent à ces différentes Plantes. J'ai appris que plusieurs Jardiniers curieux, des environs de Londres, se servent des Thermométres de M. Fowler, où sont écrits les noms des Plantes suivantes, vis-à-vis les degrés de chaleur qui leur conviennent, ce qui répond à peu près aux degrés suivans, au dessus de la congélation dans mes Thermométres :

Sçavoir,

Le Melocactus	31 degrés ;
L'Ananas	29 degrés ;
Le Piment	26 degrés ;
L'Euphorbe	24 degrés ;
Le Cierge	21 deg. $\frac{1}{2}$;
L'Aloës	19 degrés ;
Le Figuier d'Inde	16 deg. $\frac{1}{2}$;
Le Ficoïde	14 degrés ;
L'Oranger	12 degrés,
& le Myrthe	9 degrés.

M. Boyle, en plaçant un Thermométre dans une cave de cent trente pieds de longueur, percée en droite ligne dans un rocher faisant face à la Mer, trouva que l'Esprit de Vin demeuroit en Hiver & en Eté, toûjours un peu au dessus du temperé ; la cave étoit couverte de 80 pieds de terre. *Ouvrages de Boyle, vol. 3. pag. 54.*

Je numerotai mes six Thermométres, le (N°. 1.)

qui étoit le plus court, fut exposé au Sud à l'air libre; je plaçai la boule du (N°. 2.) à deux pouces sous terre; celle du (N°. 3.) à 4 pouces sous terre; celle du (N°. 4.) à 8 pouces, celle du (N°. 5.) à 16, & celle du (N°. 6.) à 24 pouces sous terre; & afin de connoître plus exactement la chaleur de la terre à ces differentes profondeurs, je plaçai près de chaque Thermomètre un tube de verre rempli d'Esprit de Vin coloré, à la même hauteur que les Thermométres : ce tube de verre doit être scellé aux deux bouts, & de même longeur que les tiges des Thermométres, qui doivent porter une régle coulante, sur laquelle on aura marqué les degrés de chaque Thermometre, & un stile au dos de la régle pour le tube correspondant. Lorsque que l'on veut faire une observation, il faut faire mouvoir le stile jusqu'à ce qu'il pointe juste au sommet de l'Esprit de Vin dans le tube, afin de prélever la chaleur ou le froid qui affecte la tige, & de n'avoir par conséquent que le degré de chaleur ou de froid qui affecte la boule à la profondeur où on l'aura placée. Je garantissois les tiges de mes Thermométres contre les grosses injures de l'air, en les enfermant dans des tuyaux quarrés de bois. Les boules étoient placées dans de la bonne terre au milieu de mon Jardin.

Le 30. de Juillet, je commençai à garder un journal des élevations & des abaissemens de ces Thermométres. Pendant le cours du mois d'Août suivant, j'observai, que lorsque l'Esprit de Vin dans le Thermométre
(N°. 1.)

DES VEGETAUX, Chap. I.

(N°. 1.) exposé au Soleil, s'élevoit à midy à 48 degrés; le Thermomètre (N°. 2.) étoit à 45 degrés; le (N°. 5.) à 33, & le (N°. 6.) à 31. les (N°. 3. & 4.) à des degrés intermediaires; les (N°. 5. & 6.) demeuroient à peu près aux mêmes degrés, jour & nuit, jusqu'à la fin du mois d'Août; car alors les jours devenant plus frais & plus courts, & les nuits plus longues & plus froides, ils descendirent à 25 ou 27 degrés.

Mais une chaleur aussi considérable, à 2 pieds de profondeur sous la surface de la terre, doit nécessairement avoir une grande force pour élever l'humidité qui se trouve à cette profondeur, & même doit influer sur celle qui est au-dessous : cette humidité doit donc monter continuellement & abondamment jour & nuit pendant l'Eté; car la chaleur, à deux pieds de profondeur, est à peu près la même le jour & la nuit. L'impulsion des rayons du Soleil donne à cette humidité un mouvement preste d'ondulation, qui separant & rarefiant les particules aqueuses, les oblige à monter en forme de vapeurs, & la force des vapeurs chaudes & renfermées (comme sont celles qui sont à 1, 2, ou 3 pieds de profondeur en terre), doit être assez considérable pour leur faire pénétrer les racines des Plantes, nous pouvons raisonnablement fonder cette conjecture sur la grande force de la vapeur dans l'Eolipile, dans la machine qui amollit les os, & dans celle qui éleve l'eau par le moyen du feu.

Sans ces réservoirs d'humidité, les Plantes périroient

infailliblement fous les chaleurs brûlantes des tropiques qu'elles fouffrent plufieurs mois de fuite, fans être rafraîchies par la moindre pluie ; car quoique les rofées y foient plus abondantes que dans les pays Septentrionaux ; cependant puifque les chaleurs y font auffi beaucoup plus grandes, il faut que l'évaporation du jour excede autant la rofée de la nuit, que l'évaporation d'un jour d'Eté furpaffe la rofée de la nuit dans nos climats ; ainfi cette rofée d'Eté ne peut faire du bien aux racines des Arbres, la chaleur du jour la faifant difparoître avant qu'elle ait eu le tems de pénetrer à une profondeur tant foit peu confidérable ; mais le grand bien que fait la rofée dans les tems chauds, vient de ce qu'elle eft fuccée par les feuilles & les autres parties hors de terre des Vegetaux ; car cela les rafraîchit dans l'inftant, & cette rofée leur fournit même affez d'humidité pour fuppléer à la grande diffipation qui s'en fait les jours fuivans.

Il eft donc probable que les racines des Arbres & des Plantes, font par le moyen de la chaleur du Soleil, toûjours arrofées d'une humidité nouvelle, qui a même quelque force pour s'infinuer dans les racines ; fans cette force active que le Soleil communique à cette humidité, les racines ne pourroient tirer leur nourriture que des parties humides les plus voifines, & par confequent la terre qui fert d'enveloppe aux racines devroit être toûjours plus féche, à mefure qu'elle en approche de plus près, ce que je n'ai cependant pas obfervé. L'on voit par les Expériences

ces XVIII. & XIX. que les racines ne pourroient tirer que très-difficilement aſſez de nourriture pendant les ardeurs de l'Eté, ſi la chaleur pénétrante du Soleil ne travailloit à leur en amener : c'eſt donc par ce principe & par l'attraction des vaiſſeaux capilaires que la féve entre par les racines, & s'éleve dans le tronc & les branches des Vegetaux, d'où elle paſſe dans les feuilles, où cette même chaleur trouvant plus de priſe ſur leur large ſurface, communique à la féve un mouvement d'ondulation qui l'oblige à ſortir en abondance, & à s'élever avec rapidité dans les airs.

Mais vers la fin du mois d'Octobre, la force du Soleil étant bien diminuée, & le Thermometre N°. 1. étant à 3 degrés au-deſſus du point de la congellation, le N°. 2. à 10 degrés, le N°. 5. à 14, & le N°. 6. à 16 : ces vives ondulations de l'humidité de la terre, & de la féve dans les Vegetaux, doivent auſſi diminuer beaucoup ; ainſi les feuilles étant privées de leur nourriture par la ceſſation de ce mouvement qui la leur amenoit, elles commencent par ſe faner, & tombent peu de tems après.

Les plus grands froids de l'Hiver ſuivant, ſe firent dans les douze premiers jours de Novembre, l'eſprit de vin du Thermometre N°. 1. baiſſa de 4 degrés au-deſſous de la congellation ; le Thermometre N°. 6. étoit à 6 degrés au-deſſus ; la glace ſur les étangs étoit épaiſſe d'un pouce. La plus grande chaleur du Soleil contre une muraille expoſée au Midy un jour de gelée fort ſerain & fort calme au ſolſtice d'Hiver, fut de

H

19 degrés, & à l'air libre, seulement de 11 degrés au-dessus du point de la congellation. Du 10. Janvier jusqu'au 29. de Mars, la saison fut fort séche, & les Bleds verds étoient plus beaux que de mémoire d'homme; mais du 29. de Mars 1725. au 29. Septembre suivant, il plut tous les jours peu ou beaucoup, excepté dix ou douze jours vers le commencement de Juillet ; & tout l'Eté fut si froid, que l'esprit de vin ne monta dans le Thermométre, N°. 1. qu'à 24 degrés, si ce n'étoit quelquefois pendant des instans de Soleil ; le N°. 2. ne monta qu'à 20 degrés ; les N°. 5. & 6. à 24 & 23 degrés, avec fort peu de variations ; ainsi pendant tout l'Eté, les parties des racines qui étoient à 2 pieds sous terre, eurent 3 ou 4 degrés de chaleur de plus que celle qui étoit seulement à deux pouces de profondeur. En general la chaleur pendant tout l'Eté 1725. soit au-dessus ou au-dessous de la terre, n'étoit pas plus grande que la chaleur du milieu du mois de Septembre précedent.

Cette année 1725. ayant été aussi-bien dans cette Isle, que chez les Nations voisines, remarquable par l'humidité & le froid de l'Eté ; & l'année 1723. par une sécheresse très-grande, il ne sera pas mal-à-propos de les comparer ici, & de décrire les differentes influences qu'elles ont eues sur leurs productions.

M. Miller, dans ses Memoires sur l'année 1723. observe, " Que l'Hiver étoit doux & sec jusqu'en
" Fevrier qu'il plut presque tous les jours, ce qui re-
" tarda le Printems. Pendant les mois de Mars,

Avril, May, Juin, & pendant la moitié de Juillet, la «
sécheresse fut extrêmement grande, le vent Nord- «
Est régna pendant la plus grande partie de ce tems ; «
les fruits étoient avancez & assez bons, mais les «
herbes potageres, sur-tout les Fêves & les Pois, «
manquerent. Du 15. jusqu'à la fin de Juillet, le «
tems fut fort humide, ce qui fit venir les fruits si «
vîte, que la plûpart pourrirent sur l'Arbre, & c'est «
ce qui fit que les fruits d'Automne ne se trouve- «
rent pas bons. Il y avoit une très-grande quantité «
de fort gros Melons, mais ils n'avoient point de «
goût ; grande abondance de Pommes ; plusieurs «
especes d'Arbres fleurirent au mois d'Août, & pro- «
duisirent en Octobre de petites Pommes & des Poi- «
res ; l'on eut aussi dans le même mois beaucoup «
de Fraises & de Framboises ; le Froment étoit bon ; «
il y eut peu d'Orges, & ce peu se trouva d'une «
maturité fort inégale ; il y en eut même qui ne «
mûrit point du tout pour avoir été semé trop tard «
& avoir manqué de la pluie nécessaire à son ac- «
croissement ; il y avoit un nombre infini de Guê- «
pes. Ce qui arriva aux Houblons dans cet Eté de «
sécheresse, est rapporté dans l'Experience IX. «

L'Hiver suivant 1724. fut très-doux : dès le «
mois de Janvier le Printems se fit sentir, & plu- «
sieurs Plantes printemsnieres, comme les Crocus «
les Polianthes, les Hepatiques, & les Narcisses, «
étoient en fleur : l'on remarqua qu'un grand nom- «
bre des plants de Choux-fleurs furent gâtez par «
la nielle, dont il y eut plus cet Hiver que de mé- «

H ij

» moire d'homme. En Février le tems fut froid &
» piquant, ce qui endommagea les productions
» hâtives ; ensuite il devint variable, & continua de
» l'être jusqu'en Avril ; de sorte qu'une bonne partie
» des fruits précoces en espalier tomberent : au si-
» xiéme de May il fit une gelée piquante qui fit
» beaucoup de mal aux Plantes & aux jeunes fruits :
» l'Eté fut en general modérément sec, les fruits
» furent assez bons, mais tardifs, les Melons & les
» Concombres ne valoient presque rien ; il y eut
» beaucoup de légumes.

Dans l'année froide & humide 1725. plusieurs productions furent retardées d'un mois entier plus qu'à l'ordinaire ; l'on n'avoit pas encore serré la moitié des Bleds au 24. d'Août dans les parties Méridionales d'Angleterre : il y eut fort peu de Melons & de Concombres, & le peu ne s'en trouva pas bon ; les Plantes étrangeres & délicates souffrirent beaucoup; il n'y eut presque point de Raisin, & le peu qu'il y en eut étoit petit, d'un grain fort inégal sur la même grape, & ne vint point en maturité : les Poires & les Pommes étoient vertes & insipides ; toutes les productions de la terre ne mûrirent pas : la paille du Bled étoit longue & grossiere, cependant on en recueillit une assez bonne quantité : l'Orge fut abondant à la Montagne, mais d'une qualité fort grossiere : les Féves & les Pois vinrent bien, & furent abondans : il y eut peu de Guêpes, & peu d'autres insectes, excepté des mouches sur les Houblons, ils réussirent fort mal dans tout le Royaume. M. Austin de

DES VEGETAUX, Chap. I.

Cantorbery m'envoya le détail suivant, pour m'apprendre comment ils avoient fait dans ce pays-là, où il y en eut beaucoup plus qu'à Farhnam, & qu'en plusieurs autres endroits.

« A la mi-Avril, la moitié des pousses de Houblons n'avoit pas encore paru hors de terre, de sorte que les Planteurs ne sçavoient comment faire pour planter les perches à leur avantage; & en ouvrant les mottes on voyoit que ce défaut des pousses étoit causé par une grande multitude de Vers de differente espece qui rongeoient les racines, on attribuoit leur multiplication à la sécheresse longue & non interrompue des trois mois précedens : vers la fin d'Avril les mouches attaquerent une bonne parties des ceps : l'inégalité de l'accroissement avoit été si grande, que vers le 20. de May des ceps des Houblons, les uns s'étoient élevez à 7 pieds, d'autres à 3 ou 4, d'autres seulement assez pour s'entortiller à la perche, & d'autres enfin n'étoient pas encore visibles; cette inégalité se conserva dans le même rapport pendant toute la durée de leur accroissement : les mouches s'attacherent alors aux feuilles des ceps les plus avancez, mais en plus petit nombre qu'elles ne firent ailleurs : vers la mi-Juin les mouches augmenterent, mais non pas assez pour empêcher l'accroissement : dans des plantations éloignées, elles se multiplierent si fort, qu'elles furent pour ainsi dire, obligées de jetter en essain vers la fin du mois. Le 27. de Juin il parut quelque tache de moisissure : de ce jour jusqu'au 9. de

„ Juillet le tems fut fort fec & fort beau, & dans
„ cette faifon où l'on difoit que les Houblons des au-
„ tres Provinces étoient noirs & malades, & paroif-
„ foient être fans reffource de guérifon, les nôtres
„ ne laiffoient pas de fe foûtenir affez bien, au fen-
„ timent des plus habiles Planteurs ; il eft cependant
„ vrai, que les plus grandes feuilles avoient perdu
„ leur couleur, & qu'elles étoient fannées, & que
„ la moififfure étoit un peu augmentée ; elle aug-
„ menta même confiderablement du 9. Juillet au
„ 23. mais la vermine & les mouches diminuerent par
„ la pluie abondante & journaliere, & enfuite la moi-
„ fiffure qui avoit paru s'arrêter, augmenta beau-
„ coup une femaine après, principalement dans les
„ terres où elle avoit d'abord paru : vers la mi-Août
„ les ceps avoient pris leur entier accroiffement, tant
„ en tige qu'en branche, les plus hâtifs commençoient
„ à être en Houblons, & les autres en fleurs, la moi-
„ fiffure s'étendit jufques dans les cantons où l'on ne
„ l'avoit point apperçue auparavant, & non feule-
„ ment elle attaqua les feuilles, mais elle tacha les
„ têtes des Houblons, & vers le 20. d'Août il y en
„ eut plufieurs d'infectez, & même des branches en-
„ tieres abfolument corrompues : jufqu'ici la moitié
„ des plantations avoient échapé, & même la moi-
„ fiffure n'augmentoit pas beaucoup ; mais les vents
„ continuels & les pluies abondantes qui fe firent
„ pendant plufieurs jours de la femaine fuivante, les
„ dérangerent fi fort, que la plûpart commencerent
„ à déchoir, & même devinrent à rien ; & des plants

qui étoient encore sains, & qui étoient restez en «
fleur, les uns ne purent devenir Houblons, & de «
ceux qui le devinrent, la plûpart étoient si petits «
qu'ils excedoient de fort peu la grosseur d'une de «
leur tête, quand ils sont en fleur : nous ne com- «
mençames à les cueillir qu'au 8. de Septembre, «
dix-huit jours plûtard que l'année précedente : la «
récolte fut de 260 livres sur un arpent, qui même «
ne furent pas bons » : Les meilleurs se vendirent cou-
ramment pendant cette année, 16 livres Sterlins le
cent pesant, au marché de Way-hill.

Les Vignes souffrirent aussi beaucoup du froid &
& de l'humidité presque continuelle de l'année 1725.
elles s'en sentirent même l'année suivante, & nous
avons des preuves convaincantes dans les quatre ou
cinq dernieres années, que l'humidité ou la sécheresse de l'année précedente influe considerablement
sur les productions de la suivante ; aussi dans l'année
1722. dont toute l'Automne, dès le commencement
du mois d'Août, fut fort séche, aussi-bien que tout
l'Hiver suivant, l'Eté d'après fut abondant en Raisin :
l'année 1723. fut remarquable par sa sécheresse, aussi
y eut-il l'année suivante une très-grande quantité de
Raisins : l'année 1724. fut modérément séche, & les
Vignes produisirent au Printems suivant une assez
bonne quantité de grapes ; mais par l'humidité & le
froid de l'année 1725. elles avortérent & ne produisirent qu'avec peine quelques Raisins : l'humidité extrême de cette année ne se borna pas seulement à
ses propres productions, elle s'étendit à celles des

années suivantes; car malgré les saisons favorables de 1726. l'on n'eut que peu de Raisins, excepté çà & là, dans quelques terres fort séches. Les Vignerons prévoyent ceci de bonne heure, lorsqu'en ébourgeonnant ils s'apperçoivent que les branches à fruit ne sont pas mûres; car c'est-là la raison qui les empêchent de porter du fruit. La premiere production des Vignes en 1726. ayant donc manqué par là dans plusieurs endroits, elles en poussèrent une seconde qui n'eut pas le tems de venir à maturité avant les saisons froides.

M. Miller m'envoya le mémoire suivant, sur le long & rigoureux Hiver de l'année 1728. on y verra l'effet qu'il eut sur les Plantes & les Arbres de ce pays-ci, & des contrées voisines.

,, L'Automne commença par des vents froids de
,, Nord & d'Est, & dès le commencement de No-
,, vembre il geloit toutes les nuits; mais à la verité,
,, cette gelée ne pénétroit pas plus avant dans la terre
,, que le degel du jour: vers la fin de Novembre les
,, vents du Nord devinrent extrêmement froids, &
,, furent suivis d'une neige, qui dans une nuit tomba
,, en si grande abondance, qu'elle rompit par son
,, poids, les grosses branches, & même abbatit les
,, têtes de plusieurs Arbres, toûjours verds, qu'elle
,, avoit chargé.

,, Le vent du Nord plaça cette neige sous un tems
,, obscur & couvert, mais après cela le Ciel s'éclair-
,, cit, & le Soleil parut assez chaque jour pour fon-
,, dre la neige qui lui étoit exposée, ce qui faisoit

encore

encore pénetrer la gelée plus avant dans les terres «
on remarquoit que la ferenité de ces jours étoit ob- «
fcurcie le foir par de grands brouillards qui flot- «
toient dans les airs près de la furface de la terre, & «
qui ne difparoiffoient qu'à la nuit, dont le froid «
les condenfoit, & les faifoit tomber ; ce fut alors «
que les nuits commencerent à être extrêmement «
froides, l'Efprit de Vin dans les Thermometres de «
M. Fowler, baiffa à 18. degrés au-deffous du point «
de la congellation. Le Laurier-tin, la Phyllirea, «
l'Alaterne, le Romarin & plufieurs autres Plantes «
délicates commencerent à fouffrir, fur-tout celles «
qui avoient été coupées & ébranchées jufqu'à tige «
nue, auffi-bien que celles qui avoient été taillées «
tard en Eté. Dans ce tems auffi, plufieurs Arbres «
perdirent leur écorce, dont quelques-uns mêmes «
étoient d'une groffeur confiderable, & entr'autres «
deux Planes d'Amerique au Jardin du Roy à Chel- «
fea ; ils avoient quarante pieds de hauteur & demi «
braffe de groffeur, & ils fe trouverent tous deux «
écorcez prefque depuis le pied jufqu'au fommet «
du côté de l'Oueft. Dans une pepiniere de M. *Fran-* «
cis Hurft, l'écorce tomba à plufieurs grands Poi- «
riers du côté d'Oueft & de Sud-Oueft. Dans plu- «
fieurs autres endroits j'obfervai le même accident, «
au même côté des Arbres. «

Vers la mi-Decembre, le froid fe relâcha, & «
parut fe fixer jufqu'au 23. qu'un vent d'Eft extrê- «
mement froid & piquant ramena, & fit continuer «
la gelée dans toute fa rigueur jufqu'au 28. qu'elle «

66 LA STATIQUE

„ commença à diminuer de nouveau, & qu'elle pa-
„ rut même cesser par le changement du vent au
„ Sud, qui ne demeura pas long-tems sans revenir
„ à l'Est, & ramener la gelée, quoiqu'avec moins de
„ force qu'auparavant.

„ La gelée continua donc jusqu'au milieu de Mars,
„ cependant avec quelques petits intervalles de tems
„ doux, qui faisoient avancer les fleurs Printems-
„ nieres ; mais le froid qui survint, détruisit telle-
„ ment ce commencement de vigueur, qu'au lieu
„ de fleurir à leur ordinaire en Janvier & Fevrier,
„ elles ne parurent qu'à la fin de Mars ou au com-
„ mencement d'Avril : nous pouvons citer les Crocus,
„ les Hepatiques, l'Iris de Perse, les Hellebores
„ noires, les fleurs Polianthes, les Mezeireons, &
„ plusieurs autres.

„ Les Choux-fleurs que l'on avoit planté pendant
„ ces intervalles de gelée, perirent presque tous, ou
„ du moins furent tellement attaquez, qu'ils per-
„ dirent une grande partie de leurs feuilles, au lieu
„ que ceux qui avoient été plantez au mois d'Octo-
„ bre, échaperent à merveille : les Fêves hâtives &
„ les Pois précoces périrent presque tous, aussi-bien
„ que la plûpart des Arbres fruitiers & de service,
„ nouvellement transplantez.

„ Les Curieux perdirent infiniment, il mourut un
„ grand nombre d'Arbres, d'Arbrisseaux & de Plan-
„ tes, qui quoique exposées à la rigueur des saisons
„ depuis plusieurs années, n'avoient nullement souf-
„ fert du froid, comme la Granadille, l'Arboisier,

l'arbre de Liege, plufieurs Plantes aromatiques, «
comme le Romarin, la Lavande, la Stœcas, la «
Sauge, le Lantifque, la Marjolaine de Syrie, mê- «
me plufieurs perfonnes les jetterent, mais peut-être «
imprudemment; car dans les terres chaudes & fé- «
ches, où on les avoit comme abandonnées, il y en «
eut plufieurs qui repouﬂerent à la racine, quoique «
l'Eté fût fort avancé, avant qu'elles euﬂent donné «
le premier ﬁgne de guérifon. «

Dans les Serres, les Plantes fouﬀrirent beaucoup «
par leur longue prifon ; car la plus grande partie «
des jours étant obfcure, & le vent fouﬄant conti- «
nuellement avec violence, l'on n'ofoit ouvrir les «
fenêtres pour en chaﬀer les vapeurs nuiﬁbles qui fe «
forment toûjours dans un air enfermé, ce qui ren «
dit la plûpart des Plantes languiﬀantes & malades, «
& les ﬁt perir peu de tems après. «

La gelée n'étoit pas plus forte chez nous, que «
dans les autres endroits de l'Europe : on peut mê- «
me dire, qu'elle étoit moins rigoureufe à propor- «
tion ; car dans les Provinces Meridionales de France «
les Oliviers, les Myrtes, les Ciﬀes, & plufieurs au- «
tres Arbres & Arbriﬀeaux, qui y croiﬀent prefque «
d'eux-mêmes, moururent abfolument ; & dans les «
Provinces Septentrionales de France, comme aux «
environs de Paris, les boutons de plufieurs efpeces «
de Fruitiers fanerent & perirent avant que de s'é- «
panouir : les Figuiers expofez à l'air libre, furent «
pareillement détruits. «

En Hollande, les Pins, Sapins, & les autres «

» Arbres fineux, ne purent réfifter, quoique la plus
» grande partie d'entr'eux foit originaire des Alpes
» & d'autres contrées froides & montagneufes; mais
» je conçois que l'on doit attribuer leur deftruction
» à leur fituation dans un pays bas, où leurs racines
» vont aifément jufqu'à l'eau, ce qui leur fait plus
» de mal en Hiver que la gelée.
» On obferva en Hollande, que les Arbres & Ar-
» briffeaux originaires de Caroline & de Virginie,
» échaperent, tandis que ceux d'Italie, d'Efpagne,
» & des Provinces Meridionales de France perirent
» entierement, ce qui doit encherir ces premiers
» Arbres, fur-tout ceux qui font propres à quelques
» ufages, ou recommandables par leur beauté.
» En Allemagne, l'Hiver fut fi rude, qu'il détruifit
» prefque toutes les Plantes & toutes les Fleurs que
» l'on n'avoit pas tranfporté dans des Serres, ou dé-
» fendu contre la gelée par des couvertures.
» En Ecoffe, le froid & la gelée, firent de fi grands
» dommages, que j'en vais décrire quelques parti-
» cularitez tirées d'une lettre d'un curieux Obferva-
» teur qui demeure auprès d'Edimbourg.
» Vers le 20. de Novembre il y eut, dit-il, beau-
» coup de neiges, qui durerent dix jours, & fondi-
» rent fans aucune pluie, après quoi jufqu'au milieu
» de Décembre, il fit un affez beau tems pour Hi-
» ver; mais alors il tomba par orage & par des vents
» violens de Nord-Eft, une grande quantité de neige
» qui demeura fur la terre d'une grande épaiffeur
» jufqu'au 12. de Janvier, pendant ce tems il geloit

très-rigoureusement, mais ensuite le froid diminua, «
& la neige fondit petit à petit, vers la fin de Jan- «
vier. J'observai dans ma Serre, que les fleurs & les «
jeunes rejettons des Orangers, & les autres Arbres «
étrangers, commençoient à paroître & à se pré- «
parer tous à l'ouvrage de la vegetation : nous avions «
en pleine terre les Cyclamens Printemsniers, les «
Primeures, les Aconites d'Hiver, les Hellebores, «
les Polyanthes & les Hyacintes d'Hiver en fleurs. «

Mais avant que de suivre plus loin le détail du «
tems de ce rigoureux Hiver, je veux vous faire part «
de mes pensées sur cette vegetation qui fut si pré- «
coce, malgré la grande intensité du froid dans «
vos climats. D'abord il faut observer que la neige «
tomba chez nous par des orages, & dans une sai- «
son où la gelée n'avoit pas encore pénetré la terre ; «
de sorte que cette neige conserva la chaleur de la «
terre, & la garantit de la gelée qui ne fit qu'une «
croute de glace à la surface de la neige. Pendant «
cette saison le vent d'Est qui nous vient de la Mer, «
dont nous ne sommes qu'à huit mille, souffla «
presque toûjours ; il n'étoit donc pas chargé d'au- «
tant de froid, que s'il nous fût parvenu, après «
avoir parcouru un espace de plus de deux cens «
mille de terre couverte de neige ; nous eumes ce «
tems jusqu'au 5. de Fevrier, qu'il tomba beaucoup «
de neige par un orage violent de vent Sud-Ouest, «
ce qui empêcha nos Fleurs Printemsnieres de pa «
roître, la gelée ayant pénetré la terre avant la «
chûte de cette neige, qui continua pendant la «

„ plus grande partie du mois de Fevrier : elle ne nous
„ empêcha pas de jouir quelquefois d'un beau Soleil
„ qui excita l'accroiſſement des Concombres & des
„ Melons ; mais pendant les nuits il geloit très-fort,
„ ce qui détruiſit une grande quantité de Plantes qui
„ n'étoient point couvertes.
„ Tout étoit tranquille alors ; les fleurs des Abrico-
„ tiers & des Pêchers continuoient à groſſir, & n'é-
„ tant pas ouvertes, elles ſouffroient peu : pour les
„ Lauriers-tins, ils ſouffrirent extrêmement pendant
„ cette rigoureuſe ſaiſon, ſur-tout lorſque la neige
„ fondue pénetra juſqu'à leurs racines.
„ Un vent violent de Sud-Oueſt très-piquant &
„ très-froid, ſouffla pendant tout le tems que la neige
„ mit à fondre, elle reſta même juſqu'au 12. de Mars
„ dans les endroits où le Soleil ne pouvoit donner ;
„ il fit enſuite un tems fort doux pendant ſix jours,
„ ce qui nous fit ſortir nos Oeillets, dont nous per-
„ dîmes beaucoup ; le vent froid continua toûjours,
„ mais variable, du Sud-Oueſt au Nord-Oueſt, &
„ quelquefois au Nord-Eſt. Vers le 23. Mars il de-
„ vint Nord-Eſt & Nord, & le froid étoit très-grand.
„ Le ſoir le vent diminuoit, & le Soleil ſe cachoit ;
„ le mercure baiſſa cette nuit du 23. dans le Baro-
„ metre : à deux heures du matin un ouragant ter-
„ rible amena par un vent Nord-Eſt de la neige de
„ 6, 10 & 12 pieds d'hauteur en pluſieurs endroits,
„ avec un froid exceſſivement perçant, cette neige
„ continua de tomber juſqu'à dix heures du matin,
„ que le vent tourna au Nord-Oueſt avec une impé-

DES VEGETAUX, Chap. I.

tuofité incroyable, & un froid extrême ; ce fut alors « que des troupeaux entiers de Moutons & d'autre « Bétail périrent en grand nombre, & furent perdus « dans les montagnes de neiges, & que beaucoup de « pauvres gens en allant les chercher, trifte & terrible « fouvenir ! fubirent le même fort, & furent enfe- « velis dans la neige. «

Tous les Abricots & toutes les Pêches en efpa- « liers qui étoient alors en fleur, furent détruites « avec les Arbres qui les portoient, dont l'écorce « creva. »

J'ai fouvent obfervé, par le moyen de mes Thermometres, que lorfqu'il fait les foirs ou les matins cette efpece de brouillard qui voltige, qui s'attache facilement, & qui ordinairement annonce le beau tems, l'air, qui les jours précedens étoit beaucoup plus chaud, devient tout d'un coup, par l'abfence du Soleil, de plufieurs degrés plus froid ; que la furface de la terre, qui étant environ 1500 fois plus denfe que l'air, ne peut pas être alterée fi vîte par les changemens fubits de chaleur & de froid ; d'où il eft probable que ces brouillards ne font autre chofe que des Vapeurs qui s'élevent par la chaleur de la terre, & qui font bientôt condenfées & rendues vifibles par la fraîcheur de l'air. J'ai obfervé cette même différence de froid & de chaud fur l'air & l'eau ; en mettant dans un tems de brouillard pareil à celui que je viens de décrire, mon Thermometre qui avoit été expofé toute la nuit à l'air libre en Eté, dans l'eau d'un Étang, un inftant avant le lever du Soleil.

LA STATIQUE

CHAPITRE II.
Expériences sur la force avec laquelle les Arbres tirent l'humidité.

DANS le premier chapitre, on a vû la grande quantité de liqueurs que les Vegetaux tirent & tranfpirent, je me propofe dans celui-ci de faire voir avec quelle force ils la tirent.

Comme les Vegetaux manquent de cette puiffante machine, qui dans les Animaux par fes dilatations & contractions alternatives, oblige le fang de couler dans les artéres & les veines, la nature les a dédommagez en leur fourniffant d'autres moyens actifs & puiffans, pour tirer, élever & tenir en mouvement la féve qui les anime; on en jugera par les Expériences de ce chapitre & du fuivant.

Je commencerai par une Expérience fur les Racines, que la nature a par providence, eu foin de couvrir d'une efpece de couloir très-fin, & d'un tiffu fort épais & fort ferré; en forte qu'il ne peut rien paffer dans les Racines, qui ne puiffe aifément auffi paffer par les feuilles, & être rejetté par la tranfpiration, feul chemin que puiffent prendre les excrémens des Vegetaux.

EXPE-

Experience XXI.

Le 13. d'Août de l'année fort séche 1723. je creusai à deux pieds $\frac{1}{2}$ de profondeur, à la racine d'un Poirier d'Angleterre, & je découvris une racine n (fig. 10.) d'un demi pouce de diametre; je coupai l'extrémité de la racine en i, & je mis le chicot i, n, dans le tuiau de verre d, r, qui avoit un pouce de diametre & 8 pouces de longueur, le cimentant bien en r; je joignis à ce premier tuiau de verre un autre tuiau d, z, qui avoit 18 pouces de longueur, & $\frac{1}{4}$ de pouce de diametre intérieurement.

Je tournai en haut le bout d'en bas de ce dernier tuiau d, z, je le remplis d'eau, puis en y appliquant mon pouce pour l'empêcher de sortir, je le remis dans sa premiere situation, en sorte que son extrémité z trempoit dans le mercure qui étoit dans la cuvette x; après quoi j'ôtai mon doigt qui bouchoit le bout du tuiau z.

La Racine tira l'eau avec tant de vigueur, qu'en 6 minutes, le mercure avoit monté dans le tuiau d, z, à la hauteur z, c'est-à-dire, à 8 pouces.

A huit heures le lendemain matin, le mercure avoit baissé de deux pouces, quoique la Racine x trempât encore de deux pouces dans l'eau. Tandis que la racine tiroit l'eau, il sortoit un nombre infini de bulles d'air en i, qui se logerent dans la partie r la plus élevée du tuiau, lorsque l'eau l'eut quittée en s'abaissant.

EXPERIENCE XXII.

La XI. Expérience nous montre la grande force avec laquelle les branches tirent l'eau, puisqu'une branche avec ses feuilles a pour tirer une puissance plus grande, & tire en effet l'eau avec plus de force qu'une colomne d'eau de 7 pieds de hauteur n'en a pour la pousser dans le même tems à travers une longueur de 13 pouces de tige. Dans l'Expérience suivante nous aurons encore une plus grande preuve de leur force de succion.

Le 25. de May je coupai sur un jeune Pommier vigoureux, une branche b (fig. 11.) d'environ 3 pieds de longueur, je lui laissai tous ses rameaux & toutes ses feuilles ; le diametre i de sa tige étoit de $\frac{3}{4}$ de pouce, j'en mis l'extrémité dans le verre cylindrique e, r, qui avoit un grand pouce de diametre intérieur, & 8 pouces de longueur, je liai & cimentai bien le tuiau en r, après avoir auparavant ajusté & plié une bande de peau de mouton tout au tour de la tige pour la faire joindre, & s'adapter au tuiau en r ; ensuite je cimentai la jointure avec un mélange de cire & de terebenthine, qui faisoit un mastic fort & gluant, en les fondant d'abord ensemble, & les laissant refroidir : sur ce mastic, j'appliquai plusieurs vessies mouillées, liant bien le tout avec de la ficelle, & je joignis au tube e, r un autre plus petit tube e, z d'un $\frac{1}{4}$ de pouce de diametre intérieur, & de 18 pouces de longueur ; l'épaisseur de ce tuiau

DES VEGETAUX, Chap. II.

de verre doit être au moins d'un $\frac{1}{8}$ de pouce, autrement il pourroit casser en faisant cette Expérience.

Ces deux tubes étoient cimentez ensemble en *e*, d'abord avec un ciment dur, & dont on se sert ordinairement pour la machine du vuide, je m'en servois pour tenir ces deux tuiaux bien joints l'un à l'autre ; mais ce ciment dur, tant par la longue humidité, que par les differentes dilatations & contractions du verre & du ciment, se separoit du verre dans les tems chauds, & donnoit entrée à l'air : pour prévenir cet inconvenient, j'appliquai sur la jointure le mastic de cire & de terebenthine avec une vessie mouillée, que j'attachai pardessus. Si l'on se sert de craie pulverisée, au lieu de poudre de brique pour faire le ciment dur, il en est plus liant, & il ne se délaye pas si facilement dans l'eau.

Lorsque la branche fut ainsi fixée au tuiau, je la tournai en bas, & les tuiaux en haut, puis je les remplis tous deux d'eau, & j'appliquai le bout de mon doigt sur l'ouverture du petit tuiau, après quoi je la plongeai aussi vîte qu'il me fut possible dans la cuvette de verre *x*, pleine de mercure & d'eau.

Lorsque la branche étoit perpendiculaire, comme dans la figure, sa tige trempoit de six pouces dans l'eau, sçavoir de *r* en *i*.

Cette eau fut tirée par la branche à sa coupe transversale *i*, & à mesure qu'elle montoit dans les vaisseaux séveux de la branche, le mercure montoit de la cuvette *x* dans le tube *e*, *z*; de sorte qu'en une demie heure, le mercure étoit à *z*, à 5 pouces $\frac{3}{4}$ de hauteur.

Cette élevation du mercure ne montre pas encore toute la force avec laquelle la féve est tirée; car tandis que la branche sucçoit l'eau, sa coupe transversale étoit toûjours couverte d'un nombre infini de bulles d'air qui en sortoient, & qui s'efforçoient d'occuper un espace qu'elles agrandissoient à mesure que la branche tiroit l'eau; la hauteur du mercure étoit donc seulement proportionnelle à l'excès de la quantité d'eau tirée par la branche sur la quantité d'air qui en étoit sorti par cette partie de la tige.

Si cette quantité d'air qui sortoit par la tige dans le tuiau eût pû être égale à la quantité d'eau tirée par la branche, le mercure n'auroit point du tout monté, parce qu'il ne se seroit point trouvé de place pour lui dans le tuiau.

Mais si sur douze parties d'eau, la branche en tire neuf, & qu'il ne sorte en même tems de la tige que trois parties d'air dans le tuiau, le mercure doit nécessairement alors monter à 6 pouces ou environ, & toûjours ainsi proportionnellement, selon les differens cas.

Dans cette Expérience & dans plusieurs autres qui suivent, & qui sont de la même espece, j'observai que le mercure montoit plus haut pendant un beau Soleil, que dans tout autre tems, & aussi que vers le soir il descendoit de 3 ou 4 pouces, & remontoit le jour suivant lorsque la chaleur revenoit; mais

DES VEGETAUX, Chap. II. 77

rarement s'élevoit-il à la même hauteur que d'abord; car j'ai toûjours trouvé que les vaisseaux séveux après la coupe, perdent tous les jours de cette facilité qu'ils ont de laisser passer l'eau ou la séve; car celle de la Vigne n'entre jamais dans la tige avec tant de liberté trois ou quatre jours après la coupe, qu'elle le faisoit auparavant, c'est-à-dire, immédiatement après la coupe; probablement parce que les vaisseaux capillaires de la coupe sont retrécis par la réplétion extraordinaire des vessicules & des autres intertices.

En rognant le bout de la tige d'un pouce ou deux, la branche tiroit mieux, mais cependant jamais avec tant de force ou de liberté, que lorsque la branche venoit d'être séparée de l'Arbre.

Je fis cette même Expérience XXII. sur un grand nombre de branches de differentes grosseurs & longueurs, & de differentes especes, dont voici les principales.

Experience XXIII.

Le 6. & le 8. de Juillet, je fis cette Expérience avec plusieurs rejettons de Vigne de l'année, dont chacun avoit deux grandes * verges de longueur.

* La verge est une mesure de 3. pieds d'Angleterre.

Le mercure monta beaucoup plus lentement que dans l'Expérience sur la branche de Pommier; par un beau Soleil il s'élevoit plus vîte & plus haut que dans tout autre tems; mais jamais ces branches de

Vigne ne purent le tirer plus haut de 4 pouces le premier jour, & de 2 pouces le troisiéme.

Après le coucher du Soleil, le mercure baissoit quelquefois entierement, puis remontoit le jour suivant lorsque le Soleil donnoit sur la branche.

Et j'ai observé, que lorsqu'il se trouvoit quelques-unes de ces branches de Vigne au Nord d'un gros tronc de Poirier, le tems de la plus grande élevation du mercure étoit à six heures du soir, que le Soleil commençoit à donner sur ces branches.

Experience XXIV.

Le 9. d'Août à dix heures du matin, par un beau Soleil, je fis la même Expérience avec une branche de Pommier de Nonpareil, chargée de vingt Pommes, & de tous ses rameaux: elle avoit deux pieds de longueur, & sa coupe transversale étoit de $\frac{1}{8}$ de pouce de diametre ; d'abord elle éleva le mercure très-vigoureusement ; car en sept minutes il monta jusqu'à z, à 12 pouces de hauteur. Le mercure étant $13\frac{2}{3}$ de fois plus pesant spécifiquement que l'eau, il est facile de voir à quelle hauteur ces differentes branches auroient élevé l'eau dans ces Expériences ; car une branche qui peut élever le mercure à 12 pouces, élevera l'eau à 13 pieds 8 pouces, auxquels il faut encore ajoûter la colomne d'eau depuis r jusqu'à z ; car cette colomne d'eau est soulevée par le mercure.

Dans le même tems, je fis aussi l'Expérience sur

DES VEGETAUX, Chap. II.   79

une branche de Reinette dorée, de six pieds de longueur, le mercure ne monta qu'à 4 pouces; ses élevations par des branches de même espéce & de grandeurs à peu près égales, étant plus ou moins grandes, selon le plus ou moins de liberté avec laquelle l'air sortoit par la tige. Dans l'Expérience précedente sur la branche de Nonpareille, j'avois avec ma bouche un peu succé au petit bout du tuiau pour en tirer quelques bulles d'air, avant que de le tremper dans le mercure, (ces bulles d'air sortent encore mieux par le moyen d'un fil-de-fer, que l'on promene çà & là dans toute la longueur du tube) cette succion en fit sortir quelques-unes ; & quoique ce fût en petite partie, je ne laissai pas de trouver dans cette Expérience & dans plusieurs autres, qu'après une pareille succion l'eau entroit avec plus de liberté dans la tige, & même en plus grande quantité que le volume d'air qu'on en avoit tiré par la succion ; probablement parce que ces bulles d'air arrêtent dans les vaisseaux séveux l'élevation de l'eau, à peu près comme on le voit dans les tuiaux capillaires de verre.

Lorsqu'après cette succion, le mercure est arrivé à sa plus grande élevation, ce qu'il fait quelquefois en sept minutes, & d'autre fois en une demie heure ou une heure, il commence ensuite à baisser, & continue de descendre jusqu'à 5 ou 6 pouces, hauteur à laquelle la branche l'auroit élevé sans l'aide de la succion de la bouche.

Mais lorsque sans cette succion le mercure est dans

un jour fort chaud, tiré par la branche à 5 ou 6 pouces de hauteur, il y demeure ordinairement plusieurs heures pendant la chaleur du Soleil, parce que pendant tout ce tems l'humidité tirée par la branche, s'exhale en abondance par les feuilles, ce qui augmente la force de la tige pour tirer l'eau plus abondamment, comme il est clair par plusieurs Expériences du premier chapitre.

Lorsque dans un tuiau de verre fixé à une branche, & dont l'extrémité trempe dans le mercure; le mercure qui y est élevé baisse pendant la nuit; il ne montera pas lorsque le Soleil donnera sur lui la matinée suivante, à moins que vous n'ayez rempli d'abord le tuiau avec de l'eau; car si la moitié ou le $\frac{1}{4}$ du grand tube c, r est rempli d'air, cet air sera rarefié par la chaleur du Soleil, & cette rarefaction fera baisser l'eau dans le tube, & empêchera par consequent le mercure de monter.

Mais lorsque le premier jour les branches, comme les rejettons de Vigne, Expérience XXIII. ne tirent qu'une petite quantité d'eau, le mercure monte le second & le troisiéme jour, lorsque le Soleil donne dessus la branche, sans qu'il soit nécessaire de remettre dans le tube la petite quantité d'eau qu'elle en a tirée.

Experience XXV.

Afin de faire de pareilles Expériences sur de plus grosses branches, qui, selon toutes les apparences,
devoient

DES VEGETAUX, Chap. II. 81

devoient élever le mercure plus haut que les petites, je fis souffler des verres de la figure de ceux qui sont ici représentez (fig. 12.) je les pris de differentes grosseurs en r, de 2 pouces, jusqu'à 5 pouces de diametre, avec une grosse boule proportionnelle en c, dont la tige z approchoit autant qu'il étoit possible d'un quart de pouce en diametre, sur 16 pouces de longueur.

Je cimentai un de ces vaisseaux de verre à une branche b de Pommier vigoureux, & d'une écorce unie, longue de 12 pieds & d'un pouce $\frac{1}{4}$ de diametre en i; je remplis d'eau le vaisseau de verre, & j'en trempai le petit bout dans le mercure x, qui ne monta qu'à 4 pouces, quoique l'eau fût tirée en abondance; mais l'air sortoit trop vîte de la tige en i, pour que le mercure pût s'élever.

Plusieurs autres Expériences me convainquirent que les branches de deux, trois ou quatre ans, sont les plus propres & les plus puissantes à élever le mercure; les vaisseaux de celles qui sont plus vieilles sont trop larges, & l'air passe trop librement à travers leurs écorces, & sur-tout à travers les vieilles playes des boutons coupez, ce que nous prouverons plus évidemment dans le chapitre V.

Experience XXVI.

A midi le 30. Juillet (Soleil & nuages précedez de vingt-quatre heures de pluies continuelles) je coupai une branche de Pommier de Pommes d'or bb,

L

(fig. 13.) de 3 pieds de longueur; elle avoit plusieurs rameaux tous chargez de feuilles : son diametre étoit en p, à très-peu près d'un pouce, je couvris de ciment le bout p, & je liai pardessus une vessie mouillée.

Je coupai ensuite en i le principal rameau de la cime dans un endroit i, où il avoit un demi pouce de diametre, & je cimentai en i le tube $z\,r$, puis remplissant ce tube avec de l'eau, j'en fis tremper le bout dans le mercure x, en sorte que cette branche étoit renversée, & avoit le chicot du rameau i de sa tête dans le tuiau de verre $r\,i$.

Elle tira l'eau avec une telle force, qu'elle fit élever le mercure dans une progression presque égale à 11 pouces $\frac{1}{2}$ en trois heures; (le Soleil étoit alors très-chaud) l'eau fut tirée de sorte qu'il n'en resta point dans le tuiau $r\,i$; & lorsque le tuiau fut vide, l'extrêmité i de la branche n'étant plus dans l'eau, les bulles d'air passerent plus librement de r en i; & comme l'eau pendant ce tems ne pouvoit être tirée, puisque la tige n'y trempoit pas, le mercure baissa de 2 ou 3 pouces en une heure.

A quatre heures $\frac{1}{4}$ je remplis de nouveau la jauge avec de l'eau, par ce moyen le mercure remonta de la cuvette dans le tube à 6 pouces le premier quart-d'heure; & une heure après à la même hauteur qu'auparavant de 11 pouces $\frac{1}{2}$; dans une heure $\frac{1}{4}$ il monta encore d'un quart de pouce; mais une demie heure après il commença doucement à baisser, parce que le Soleil déclinant, la transpiration des feuilles diminuoit, & par conséquent la succion de l'eau par la branche en *i*; car son extrémité *i* trempoit alors d'un pouce dans l'eau.

Le 31. Juillet il plut tout le jour, & le mercure ne monta que de trois pouces, & demeura à cette hauteur toute la nuit suivante: le premier d'Août beau Soleil, le mercure monta jusqu'à 8 pouces; ceci montre encore la puissance de cet astre pour faire élever le mercure.

Cette Expérience nous fait voir que les branches tirent indifferemment, & aussi-bien par leurs rameaux coupez, que par leurs tiges; nous en aurons encore des preuves plus convaincantes dans le quatriéme chapitre.

Experience XXVII.

Pour éprouver si les branches tireroient après les avoir dépouillées de leurs écorces, avec la même force que lorsqu'elles en sont revêtues, je pris deux branches que j'appelle *M* & *N*; je fixai *M* comme dans l'Experience précédente, la tête en bas, après avoir ôté toute l'écorce de *i* en *r*; je fixai ensuite de la même façon la branche *N* aussi dépouillée de son écorce de *i* en *r*, mais avec sa tige en bas; les deux branches éleverent le mercure jusqu'à *z*, à 8 pouces; de sorte qu'elles tirerent chacune avec une égale force à leurs deux extrémitez, & cela sans écorce.

Experience XXVIII.

Le 13. d'Août, je dépouillai de ses feuilles une branche de Pommier, & je fixai le bout de sa tige dans la jauge; elle éleva d'abord le mercure à 2 pouces $\frac{1}{2}$, mais il baissa bientôt par le défaut de transpiration qui se fait si abondamment par les feuilles: l'air même entroit dans la jauge presque aussi vîte que la branche pouvoit tirer l'eau.

Experience XXIX.

Je voulus essayer aussi de trouver avec quelle force les branches pourroient tirer par leurs petites extrémitez, lorsqu'elles sont dans leur état naturel sur les arbres; & pour cela le 2. d'Août je cimentai bien la jauge $i\ y\ z$ (fig. 14.) à la branche b d'un Pommier nain de Pommes d'or : le même, dont une des branches m'avoit servi pour l'Expérience XXVI. je courbai la branche, afin de pouvoir faire tremper le petit bout de la jauge dans le mercure : cette branche tira l'eau par sa coupe transversale en i, de sorte que le mercure monta à 5 pouces obliquement, & à 4 pouces perpendiculairement dans le tuiau z.

Dans cette Expérience-ci, comme dans plusieurs autres qui précedent, il y avoit plusieurs playes sur la partie de la branche $r\ i$ qui provenoit du retranchement d'un grand nombre de petits rejettons & d'yeux gonflez, que j'avois été obligé de couper,

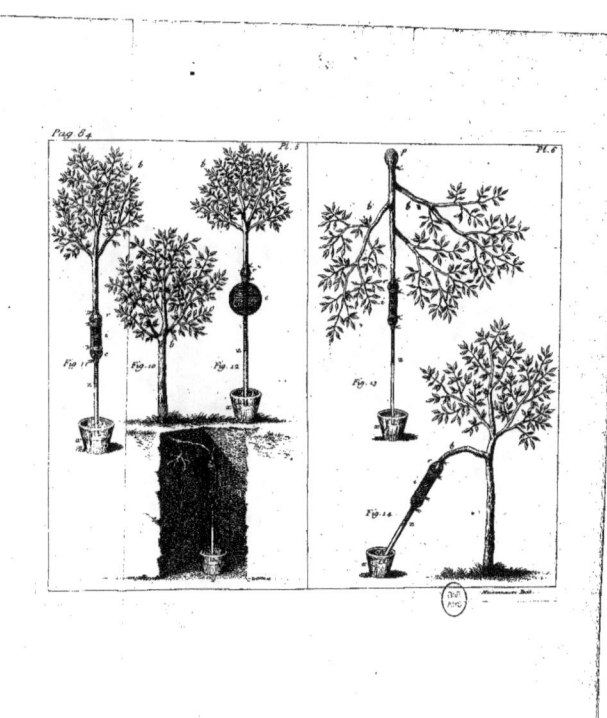

DES VEGETAUX, Chap. II. 85

pour faire entrer aisément la branche dans le tuiau : si l'on couvre ces playes avec des boyaux de moutons, & qu'on les lie par dessus avec de la ficelle, on empêchera en bonne partie l'air de sortir par ces playes, ce qui est un inconvénient ; mais j'ai toujours trouvé que mes Expériences réussissoient mieux lorsque la partie de la branche que je destinois à faire entrer dans le tuiau de la branche y étoit sans playe & sans cicatrice ; car alors la liqueur y entroit avec plus de liberté, & il en sortoit beaucoup moins d'air.

Le même jour je fixai de la même maniere la jauge à un Abricotier, il tira le mercure à trois pouces de hauteur ; & quoique l'eau que contenoit le tuiau fût en peu de tems toute succée par l'Abricotier, le mercure ne laissa pas de monter d'un pouce chaque jour, & de baisser la nuit, & cela pendant plusieurs jours ; de sorte que la branche doit nécessairement tirer beaucoup d'air le jour & le rendre la nuit.

EXPERIENCE XXX.

Voici encore une preuve dans l'Expérience suivante de la force des feuilles pour élever la séve.

Le 6. d'Août je cueillis une grosse Pomme * a *Russet Pippin.*
(fig. 15.) avec une petite tige d'un pouce $\frac{1}{2}$ de longueur, & douze feuilles g qui y étoient attachées.

Je cimentai bien, & je mis le bout de cette petite tige au-dedans du tuiau d z, ce tuiau avoit 6 pouces de longueur, & $\frac{1}{4}$ de pouce de diametre intérieur.

la tige tira l'eau, & éleva le mercure en z, à 4 pouces de hauteur.

Je fixai de la même maniere une autre Pomme de la même grosseur & du même Arbre, à un pareil tuiau, je lui avois ôté les feuilles, elle n'éleva le mercure qu'à un pouce.

Je fixai de même une petite branche à fruit semblable aux tiges des deux Pommes, mais qui ne portoit que douze feuilles sans Pomme, elle éleva le mercure à trois pouces.

Enfin je pris une petite branche à fruit pareille aux autres sans feuilles & sans Pomme, elle éleva le mercure à $\frac{1}{4}$ de pouce.

Ainsi une petite tige avec une Pomme & des feuilles, éleva le mercure à 4 pouces; une pareille petite tige avec des feuilles sans Pomme, éleva le mercure à trois pouces; & une autre avec une Pomme sans feuilles à un pouce.

Un Coing avec deux feuilles attachées à son pédicule, éleva le mercure à 2 pouces $\frac{1}{2}$, & le soûtint à cette hauteur pendant un tems considérable.

Une branche de Menthe fixée de la même maniere éleva le mercure à trois pouces $\frac{1}{2}$, elle auroit par conséquent élevé l'eau à 4 pieds 5 pouces.

Expérience XXXI.

J'éprouvai aussi la force de succion sur un très-grand nombre de differens arbres, en fixant la jauge à leurs branches comme dans l'Expérience XXII.

Le Poirier, le Coignassier, le Cerisier, le Noyer, le Pêcher, l'Abricotier, le Prunier, le Prunellier, l'Aubepin, le Groselier blanc, le Sureau d'eau, & le Sycomore, éleverent le mercure de 6 à 3 pouces: ceux qui tiroient l'eau avec le plus de liberté dans les Expériences du premier chapitre, élevoient aussi plus haut le mercure, excepté le Chataigner, qui quoiqu'il tirât l'eau avec beaucoup de liberté, n'éleva cependant le mercure qu'à 1 pouce, parce que l'air passoit fort vîte de ses vaisseaux seveux dans la jauge.

Les Arbres suivans n'éleverent le mercure que depuis 1 jusqu'à 2 pouces, sçavoir, l'Orme, le Chêne, le Chataigner, le Noisetier franc, le Figuier, le Murier, le Saule, le Marsaule, l'Osier, le Frêne, le Tilleul & le Groselier rouge.

Tous les Arbres & toutes les Plantes qui suivent, aussi-bien que les Arbres toûjours verds, n'éleverent point du tout le mercure; sçavoir, le Laurier, le Romarin, le Laurier-thin, la Phyllirea, le Geneft, la Rue, l'Epine-vinette, le Jasmin, les branches de Concombres & de Courges, & les Taupinambours.

EXPERIENCE XXXII.

Nous avons encore une preuve de la grande force avec laquelle les Vegetaux tirent l'humidité dans l'Expérience suivante.

Je remplis presque absolument de Pois & d'eau (fig. 37.) le pot de fer *a b*, & je mis dessus les Pois un couvercle de plomb, entre lequel & les côtez du pot, il y avoit assez de jour pour laisser passer l'air qui sortoit des Pois, je mis alors 184 livres dessus le couvercle : les Pois qui tiroient l'eau se dilaterent avec tant de force, qu'ils souleverent le couvercle avec tout le poids dont il étoit chargé.

La dilatation des Pois est toûjours égale à la quantité d'eau qu'ils tirent ; car si l'on met un petit nombre de Pois dans un vaisseau, & que ce vaisseau soit absolument rempli d'eau, quoique les Pois se dilatent environ le double de leur grosseur naturelle, l'eau ne coule cependant pas pardessus les bords du vaisseau, ou du moins très-peu, & cela à cause de l'expansion des petites bulles d'air qui sortent des Pois.

Je voulus sçavoir s'ils éleveroient un poids beaucoup plus grand, & pour cela, par le moyen d'un levier, dont l'extrémité étoit chargée de plusieurs poids, je comprimai differentes quantitez d'autres Pois dans le même pot avec une force de 1600, 800, & 400 livres ; mais quoique dans ces Expériences les Pois se dilatassent, ils ne souleverent cependant pas le levier, parce que le trop grand poids dont ils étoient chargé repoussoit & pressoit dans les intertices des Pois les parties qui auroient augmenté leur volume, ce qui les remplissoit proportionnellement, & leur faisoit prendre une figure de dodecaëdres assez reguliere.

Nous voyons par cette Expérience, la grande force avec laquelle les Pois se dilatent; & sans doute c'est une partie considérable de cette même force, qui

non

DES VEGETAUX, Chap. II. 89

non feulement pouffe & fait fortir la *plume* hors de terre, mais auffi qui donne à la petite radicule qui fort du Pois & à toutes les jeunes fibres, la force de pénetrer, percer & ramifier au-dedans de la terre.

Experience XXXIII.

Nous voyons dans les Expériences de ce chapitre plufieurs grands exemples de la puiffance efficace de l'attraction, ce principe univerfel, & dont l'activité fe montre dans tous les differens ouvrages de la nature ; il réfide pour ainfi dire, plus éminemment dans les Vegetaux, dont les plus petites parties font avec un ordre extrême difpofées de la façon la plus convenable pour attirer par leurs forces unies la nourriture qui leur eft propre.

Nous trouverons par l'Expérience fuivante, que les particules des Vegetaux & des autres corps, quoique défunies, ne laiffent pas d'avoir une forte puiffance d'attraction lorfqu'on les mêle confufément.

Il eft évident que les particules du bois font fpécifiquement plus pefantes, & par conféquent plus fortes d'attraction que l'eau ; car d'abord plufieurs efpeces de bois vont au fond de l'eau, d'autres comme le Liege n'y vont pas d'abord ; mais fi on leur donne le tems de laiffer remplir d'eau leurs interftices, ils vont auffi au fond de l'eau ; c'eft ce que je fçai du Docteur Defaguilliers, qui trouva qu'un Liege qui avoit féjourné dans l'eau pendant quatre ans, étoit enfuite fpécifiquement plus pefant que l'eau ;

M

LA STATIQUE

les autres bois enfin comme le Quinquina, vont au fond de l'eau lorsqu'ils sont réduits en poudre très-fine, les petites cavitez qui les font surnager ne subsistant plus.

Afin d'éprouver la force de succion des cendres de bois, je remplis un tuiau de verre *c r i*, (fig. 16.) de trois pieds de longueur, & de $\frac{7}{8}$ de pouce de diametre, de cendres de bois bien séches & bien passées à un tamis fin, & je les bourai afin de les bien presser : à l'extrémité *i* du tuiau, j'attachai un morceau de toile pour empêcher les cendres de tomber, ensuite je cimentai bien en *r* le tuiau *c* à la jauge *rz*; & lorsque je l'eus absolument remplie d'eau, j'en fis tremper le bout dans la cuvette *x* du mercure ; & enfin au-dessus *o* du tuiau *c*, je fixai par une visse la jauge *a b*, dans laquelle il y avoit du mercure.

Les cendres tirerent l'eau, & éleverent le mercure de *x* ou *z* à 3 ou 4 pouces en peu d'heures ; mais les trois jours suivans il ne monta que d'un pouce, un $\frac{1}{2}$ pouce $\frac{1}{4}$ de pouce, & ainsi de moins en moins ; de sorte qu'en cinq ou six jours il cessa de s'élever : sa plus grande hauteur fut de 7 pouces, ce qui est égal au poids d'une pareille colomne de 8 pieds d'eau.

Ceci n'eut qu'un fort petit effet sur le mercure dans la jauge supérieure *a b*, il s'éleva seulement d'un pouce, ou un peu plus au-dessus de son niveau dans la branche *a*, comme s'il eût été tiré par les cendres qui pompoient l'air en *a*, pour suppléer à quelques bulles qui s'en étoient échapées par *i*.

Mais lorsque je separai le tuiau *c o* de la jauge *r z*,

& que je mis l'extrémité *i* dans un vaisseau d'eau en toute liberté, alors cette eau n'étant pas gênée & retenue comme dans la jauge *r z*, elle s'éleva plus vîte & plus haut dans le tuiau *c o* plein de cendre, & elle fit baisser le mercure en *a*; de sorte qu'il étoit plus bas de 3 pouces que dans la branche *b*, cet effet fut causé par la sortie de l'air mêlé parmi les cendres, qui fut obligé de ceder sa place à l'eau, & de s'élever en *a*.

Je remplis un autre tuiau de 8 pieds de longueur, & d'un $\frac{1}{2}$ pouce de diametre, avec du *minium* ou plomb rouge, & je le fixai comme *c o* aux jauges *r z*, *a b*; le mercure monta graduellement jusqu'à *z*, à 8 pouces.

Dans ces deux Expériences, l'extrémité *i* du tuiau étoit couverte d'un nombre infini de bulles d'air qui se succedoient continuellement à peu près comme à la coupe transversale des branches dans les Expériences de ce chapitre; mais dans celles-ci comme dans celles-là, la quantité de ces bulles d'air diminuoit tous les jours, de sorte qu'à la fin il n'en sortoit que fort peu, l'eau remplissant si fort les parties de l'extrémité *i* qui y étoit plongée, qu'il n'y avoit plus de place pour laisser passer l'air.

Au bout de vingt jours je tirai le plomb rouge hors du tuiau, & je trouvai que l'eau avoit monté de 3 pieds 7 pouces; elle se seroit sans doute encore plus élevée, si elle n'eût pas été chargée par le mercure dans la jauge *z*, ce qui fit qu'elle ne monta dans les cendres qu'à 20 pouces, tandis que de l'eau libre auroit monté à 30 ou 40 pouces.

Le Chevalier Isaac Newton, dans Optique, quest.

31. obſerve » que l'eau s'éleve à une ſi grande hau-
» teur par la ſeule action des particules de cendres
» qui ſe trouvent ſur la ſuperficie de l'eau ; car les par-
» ticules de ces cendres qui ſe trouvent dans l'eau, la
» tirent ou la repouſſent auſſi-bien en haut qu'en bas :
» l'action des particules de cendres eſt donc très-forte;
» mais comme ces particules de cendres ne ſont pas ſi
» denſes ni ſi compactes que celle du verre, leur action
» n'eſt par conſéquent pas ſi forte que celle du verre ;
» car le mercure eſt ſoûtenu par le verre à une hauteur
» de 60 ou 70 pouces, d'où l'on voit que le verre agit
» avec une force qui devroit tenir l'eau ſuſpendue à
» une hauteur de plus de 60 pieds.
» C'eſt par la même raiſon qu'une éponge ſucce
» l'eau, & que dans les corps des Animaux les glan-
» des, ſelon leur nature differente & leur texture,
» tirent & ſeparent differens ſucs du ſang. »

Et c'eſt auſſi par le même principe que les Plantes tirent l'humidité avec tant de vigueur par leurs petits tuiaux capillaires, comme nous l'avons ſi bien vû dans les Expériences précédentes ; cette humidité s'exhale par la chaleur dans la tranſpiration, & donne ainſi de la liberté aux vaiſſeaux ſéveux pour tirer continuelle-ment de la nourriture nouvelle, ce qu'ils ne pour-roient faire, s'ils en étoient tout-à-fait remplis ; car faute de cette tranſpiration, la ſéve doit néceſſaire-ment croupir, & les vaiſſeaux ſéveux qui ſont ſi bien faits pour élever la ſéve à de grandes hauteurs, en raiſons réciproques de leurs très-petits diametres, doivent devenir inutiles.

CHAPITRE III.

Expériences sur la force de la séve de la Vigne dans le tems qu'elle pleure.

Nous avons vû dans le premier chapitre plusieurs exemples de la grande quantité de liqueur tirée & transpirée par les Arbres ; dans le second nous avons vû la force avec laquelle ils la tirent, je me propose dans celui-ci de rapporter des Expériences qui démontrent la grande force avec laquelle la Vigne chasse la séve dans la saison qu'elle pleure.

Experience XXXIV.

Le 30. de Mars à trois heures après midi, je coupai un cep à l'aspect du couchant, à 7 pouces au-dessus de la terre, le chicot restant c, (fig. 17.) étoit uni & sans aucun rameau, il étoit âgé de quatre ou cinq ans, & avoit $\frac{1}{4}$ de pouce de diametre, je fixai au sommet du chicot, par le moyen d'un collet de cuivre b, un tuiau de verre bf, de 7 pieds de longueur, & d'un $\frac{1}{4}$ de pouce de diametre ; j'assurai la jointure b avec du mastic fait de cire & de terebenthine fondues ensemble, que j'entourrai, & que je couvris bien tout par dessus avec des vessies mouillées, qui faisoient même plusieurs tours, & qui étoient liées fortement avec de la fisselle ; je joignis un second tuiau *f g* au premier, & à ce second j'en joignis un troisiéme *g a*; de sorte que tous trois ensemble faisoient un tuiau continu de 25 pieds de hauteur.

Comme le cep ne pleuroit pas d'abord dans le tuiau, j'y versai de l'eau à la hauteur d'environ deux pieds, elle fut succée par le cep; de sorte qu'avant huit heures du soir il n'en restoit plus que 3 pouces. Pendant la nuit il plut un peu. Le lendemain matin à six heures $\frac{1}{2}$ l'eau s'étoit élevée de 3 pouces au-dessous du point où elle avoit baissé le soir precedent à huit heures. Le Thermometre qui pendoit dans mon vestibule étoit de 11 degrés au-dessus de la congellation. Le 31. de Mars depuis six heures $\frac{1}{2}$ du matin jusqu'à dix heures du soir, la séve s'étoit élevée jusqu'à 8 pouces $\frac{1}{4}$. Le premier Avril à six heures du matin gelée blanche, & le Thermometre étant à 3 degrés $\frac{1}{2}$ au-dessus du point de la congellation, la séve s'étoit élevée depuis les dix heures de la veille à 3 pouces $\frac{1}{4}$, elle continua ainsi à monter journellement jusqu'à 21 pieds de hauteur, & probablement elle se seroit encore élevée plus haut, si la jointure *b* n'eût pas fait eau plusieurs fois; car après l'étanchement elle montoit quelquefois à raison d'un pouce en trois minutes; de sorte qu'elle se seroit élevée à 10 pieds & plus dans un jour. Dans le tems de l'abondance des pleurs, la séve s'élevoit nuit & jour, mais plus le jour que la nuit, & plus encore dans le tems le plus chaud du jour que dans tout autre tems ; mais lorsqu'elle baissoit un peu, ce qui n'alloit qu'à 2 ou 3 pouces, c'étoit toûjours après le coucher du Soleil, ce que j'attribue principalement au rétrécissement & à la contraction du mastic en *b*, qui se refroidissoit. Quand le Soleil donnoit chaudement sur le cep, l'on en voyoit sortir & monter à travers de la séve une quantité si grande de bulles d'air, qu'elles faisoient beaucoup de mousse au-dessus de la séve dans le tuiau, ce qui montre la grande quantité d'air tiré par les racines & la tige.

Cette Expérience nous fait voir la grande énergie de la racine, & sa puissance pour pousser en haut la séve dans le tems que la Vigne pleure : je voulus donc essayer si je pourrois retrouver cette puissance dans la Vigne lorsque la saison de ses pleurs est passée, & pour cela

Expérience XXXV.

Le 4. de Juillet à midi, je coupai un cep de Vigne de 3 pouces de terre aspect du Sud, & je fixai au chicot un tube de 7 pieds de hauteur, comme dans l'Expérience précédente ; je le remplis d'eau, que la racine tira le premier jour à raison d'un pied par heure : le second jour elle tira beaucoup moins & plus lentement ; cependant l'eau baissoit toûjours, mais si insensiblement, qu'à midi je ne pouvois la voir baisser, tant elle étoit stationaire.

Par l'Expérience III. sur la Vigne dans le pot de

jardin, nous voyons cependant qu'une très-grande quantité de féve paſſoit tous les jours à travers la tige pour suppléer à la tranſpiration des feuilles; donc ſi cette grande quantité eût été pouſſée en haut par une puiſſance inhérente dans la tige ou dans les racines, elle auroit auſſi été pouſſée en haut dans cette Expérience, & par conséquent la féve auroit monté en abondance de la tige dans le tube.

Mais puiſque cette élevation de féve ceſſe auſſi-tôt que la Vigne eſt séparée de ſa tige, il eſt aiſé de voir que c'eſt parce qu'on a détruit la principale cauſe de ſon élevation, ſçavoir, la grande tranſpiration des feuilles.

Car quoiqu'il ſoit évident par pluſieurs Expériences, que la féve entre dans les vaiſſeaux féveux des Plantes avec beaucoup de vigueur, & qu'il ſoit très-probable qu'elle ſoit élevée dans ces vaiſſeaux par les fortes ondulations de la chaleur du Soleil, qui par la communication de ce mouvemment d'ondulation, cauſent une contraction & une dilatation aux veſſicules & aux vaiſſeaux féveux; cependant il paroît clair que ces tuiaux féveux capillaires n'ont que très-peu de puiſſance pour pouſſer la féve au-delà de leur orifice, dans une autre ſaiſon que celle des pleurs; mais lorſque leur puiſſance eſt aidée par l'évaporation de la féve, ils peuvent par leurs fortes attractions, & par la chaleur bienfaiſante du Soleil, tirer & élever l'humidité pour ſuppléer à la grande quantité de féve qui ſe diſſipe par la tranſpiration; on peut s'aſſurer de ce que nous diſons ici en réfléchiſſant

un

DES VEGETAUX, Chap. III. 97
un peu sur les Expériences XIII. XIV. XV. & XLIII. dans laquelle derniere Expérience nous voyons évidemment qu'une grande quantité d'eau passe par l'entaille faite à 2 ou 3 pieds au-dessus du pied de la tige; cependant cette entaille demeure toûjours séche, parce que la force de l'attraction des feuilles est beaucoup plus grande que la force de pression de la colomne d'eau.

Experience XXXVI.

Le 6. Avril à neuf heures du matin, (pluie le soir précedent) je coupai un cep de Vigne aspect du Sud en a, (fig. 18.) à 2 pieds 9 pouces de terre, le chicot $a\,b$ étoit sans rameaux, & avoit $\frac{7}{8}$ de pouce de diametre, je lui fixai la jauge $a\,y$, dans laquelle je versai du mercure. A onze heures du matin le mercure étoit monté à z, 15 pouces plus haut que dans la branche x où la force de la séve qui sortoit de la tige en a, l'obligeoit de baisser.

A quatre heures après midi, le mercure étoit descendu d'un pouce dans la branche $z\,y$.

Le 7. Avril, brouillard; à huit heures du matin il avoit fort peu monté; à onze heures du matin le brouillard avoit disparu, & le mercure s'étoit élevé à 17 pouces.

Le 10. Avril à sept heures du matin, le mercure étoit à 18 pouces de hauteur, je versai alors du mercure sur celui qui étoit déja dans la jauge; en sorte que la surface z du mercure étoit de 23 pouces plus haute que la surface *x*; ce nouveau poids ne fit rentrer que fort peu de féve dans la tige, ce qui montre bien avec quelle force absolue la féve en sort ; à midi le mercure avoit baissé d'un pouce.

Le 11. Avril à sept heures du matin, beau Soleil, il étoit à 24 pouces $\frac{3}{4}$, & à sept heures après midy à 18 pouces.

Le 14. Avril à sept heures du matin à 20 pouces $\frac{1}{4}$ de hauteur : à neuf heures du matin, beau Soleil assez chaud, à 22 pouces $\frac{1}{2}$; nous voyons ici que la chaleur du Soleil du matin donne à la féve une nouvelle vigueur ; à 11 heures du matin le même jour il n'étoit plus qu'à 16 pouces $\frac{1}{2}$, la grande transpiration de la tige l'avoit fait baisser.

Le 16. Avril, pluie à six heures du matin, le mercure étoit à 19 pouces $\frac{1}{2}$; à quatre heures après midy à 13 pouces ; la féve dans l'Expérience XXXIV. monta ce jour 16. Avril depuis midy, de 2 pouces ; au lieu que dans celle-ci la féve baissa par la transpiration de la tige qui étoit trop courte dans l'autre Expérience, pour faire un effet bien sensible.

Le 17. Avril à onze heures du matin, pluie & chaleur, le mercure étoit à 24 pouces $\frac{1}{4}$; à sept heures après midy, pluie douce & tems assez chaud, à 29 pouces $\frac{1}{2}$; c'est cette pluie qui fit monter la féve tout le jour, parce qu'elle diminuoit la transpiration.

Le 18. Avril, à 7 heures du matin, le mercure étoit à 32 pouces $\frac{1}{2}$; il se seroit élevé plus haut, s'il y en avoit eu davantage dans la jauge ; car il fut tout poussé par la féve dans la branche $y z$; de ce jour 18. Avril juſ-qu'au 5. May, la force de la féve diminua par degrés.

A la plus grande élevation du mercure 32 pouces $\frac{1}{2}$ cette force étoit égale à celle de la preſſion d'une colomne d'eau de 36 pieds 5 pouces $\frac{1}{3}$ de hauteur.

On doit ici attribuer la force de la féve qui monte le matin à l'énergie de la tige & des racines.

Cette même force de la féve dans une autre jauge pareille à la premiere & fixée au pied d'une Vigne qui portoit un cep de 20 pieds de longueur, éleva le mercure à 38 pouces, ce qui revient à 43 pieds 3 pouces $\frac{1}{3}$ d'eau.

Cette force eſt environ cinq fois plus grande que la force du ſang dans la grande artére crurale d'un cheval, ſept fois plus grande que la force du ſang dans la même artére d'un chien, & huit fois plus grande que la force du ſang dans la même artére d'un Dain, je trouvai ces differentes forces du ſang dans ces Animaux, en les attachant tous vivans ſur leurs dos, & en couvrant la grande artére crurale gauche dans l'endroit où elle commence à entrer dans la cuiſſe ; car je fixai à cette artére, par le moyen de deux petits tuiaux de cuivre, qui couloient l'un ſur l'autre, un tube de 10 pieds de longueur & de $\frac{1}{8}$ de pouce de diametre interieur ; le Sang d'un Cheval s'éleva dans ce tube à 8 pieds 3 pouces, & le ſang d'un autre Cheval à 8 pieds 9 pouces : le ſang d'un petit Chien à 6 pieds $\frac{1}{2}$; celui d'un gros Epagneul à 7 pieds ; & le ſang d'un Dain à 5 pieds 7 pouces.

Experience XXXVII.

Le 4. Avril je fixai trois jauges *a b c* (fig. 19.) dans lesquelles il y avoit du mercure à une Vigne, aspect du Sud, qui depuis le pied *i* jusqu'à son extrémité *r u*, avoient 50 pieds de longueur ; la muraille contre laquelle elle étoit en avoit 11 $\frac{1}{2}$ de hauteur ; il y avoit 8 pieds de *i* à *k*, 6 pieds $\frac{1}{2}$ de *k* à *e*, un pied 10 pouces de *e* à *a*, 7 pieds de *e* à *o*, 5 pieds $\frac{1}{2}$ de *o* à *b*, 22 pieds 9 pouces de *o* à *c*, & 32 pieds 9 pouces de *o* à *u*.

Les branches sur lesquelles je fixai les jauges *a* à *c* étoient vigoureuses, & n'avoient que deux ans; mais la branche *o b* étoit bien plus vieille.

Le mercure fut poussé en bas par la force de la séve dans les branches 4, 5, 13. des 3 jauges ; de sorte qu'il s'éleva à 9 pouces plus haut dans les autres branches.

Le jour suivant, à sept heures du matin, le mercure étoit dans la jauge à 14 pouces $\frac{1}{4}$ de hauteur, dans la jauge *b* à 12 pouces $\frac{1}{4}$, & dans la jauge *c* à 13 pouces $\frac{1}{2}$: les plus grandes hauteurs furent de 21 pouces pour *a*, de 26 pour *b*, & de 26 pour *c*.

Le mercure baissa constamment par la retraite de la séve, qui se faisoit environ sur les neuf ou dix heures du matin, lorsque le Soleil commençoit à devenir chaud. Dans une matinée fort humide ou de brouillard, la séve se retiroit plus tard, sçavoir à

DES VEGETAUX, Chap. III. 101
midy, ou quelque tems après que le brouillard étoit passé.

Vers les quatre ou cinq heures du soir que le Soleil ne donnoit plus sur la Vigne, la séve recommençoit à pousser & à faire élever le mercure dans les jauges, mais son élevation la plus prompte étoit depuis le lever du Soleil jusqu'à neuf heures $\frac{1}{2}$ du matin.

Dans la plus vieille tige b, la séve jouoit plus librement, aussi étoit-elle la plûtôt affectée par les variations de la chaleur, du froid, de l'humidité & de la sécheresse.

Le 20. Avril, tems où la saison des pleurs est vers sa fin, b commença la premiere à pomper le mercure de 6 à 5.; de sorte qu'il étoit de 4 pouces plus haut dans cette branche que dans l'autre; mais le 24. Avril après une nuit de pluie b poussa le mercure à 4 pouces plus haut dans l'autre branche.

a ne commença de pomper qu'au 29. Avril, neuf jours après b; c ne commença qu'au 3. de May treize jours après b, & quatre jours après a; le 5. de May à sept heures du matin a poussa le mercure d'un pouce, & c d'un pouce $\frac{1}{2}$, mais vers le midy toutes trois pomperent.

J'ai souvent observé sur d'autres Vignes ausquelles j'avois fixé dans le même tems de pareilles jauges, que les vieilles branches dans la même Vigne commençoient les premieres à pomper.

Nous voyons dans cette Expérience la grande force de la séve à 44 pieds 3 pouces de la racine, puisqu'elle est égale à la force de la pression d'une colomne d'eau de 30 pieds 11 pouces $\frac{3}{4}$ de hauteur.

Nous voyons auſſi par cette Expérience, que cette force ne vient pas ſeulement de la racine, mais qu'elle doit venir auſſi de quelque puiſſance inherante dans la tige & dans les branches; car la branche *b* ſuivoit plus aiſément les variations du chaud, du froid, de la ſéchereſſe & de l'humidité que les deux autres branches *a c*, & de plus *b* pompoit neuf jours avant *a*, & treize jours avant *b*, qui pendant tout ce tems pouſſoient toutes deux leur ſéve au lieu de la pomper.

Les Vignes & les Pommiers continuent de pomper à toutes leurs branches pendant tout l'Eté, comme je l'ai trouvé en leur fixant de ſemblables jauges au mois de Juillet.

Experience XXXVIII.

Le 10. Mars commencement de la ſaiſon des pleurs (qui cependant arrive pluſieurs jours plûtôt ou plus tard, ſelon le chaud, le froid, l'humidité ou la ſécherèſſe du Printems) je retranchai d'une vigne *b f c g* (fig. 20.) une branche en *b*, âgée de trois ou quatre ans, & je cimentai bien à l'ergot *b* un collet de cuivre tarôdé par dedans pour recevoir un autre collet de cuivre à viſſe que j'y joignis, & qui étoit bien cimenté au tuiau de verre *z* de 7 pieds de longueur, & d'un $\frac{1}{4}$ de pouce de diametre, (diametre que j'ai trouvé le plus convenable) à ce premier tuiau j'en joignis d'autres auſſi tarôdés & à viſſe, & cela juſqu'à

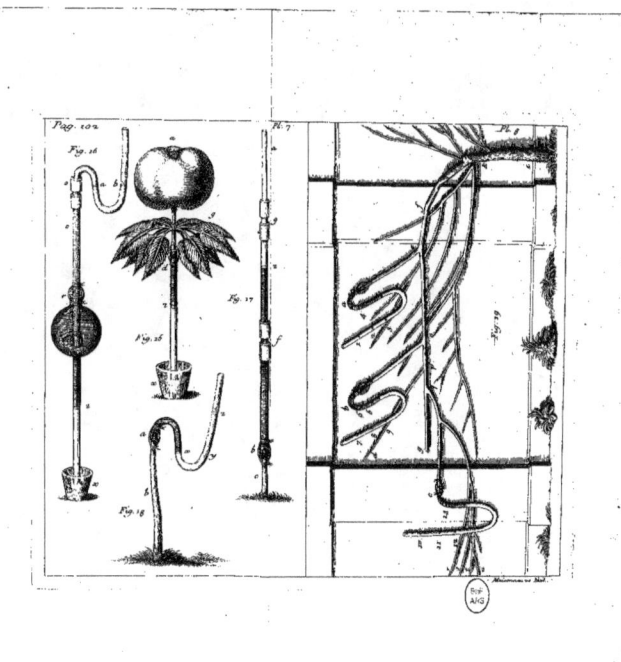

38 pieds de hauteur; ils étoient tous appuiez & garentis par des tuiaux de bois de 3 pouces, dont l'un des côtez s'ouvroit comme le batant d'une armoire; ces tuiaux de bois fervoient à garentir ceux de verre de la gelée, qui en glaçant la féve pendant la nuit, les auroit infailliblement caffés; mais au commencement d'Avril, lorfque le danger des plus fortes gelées fut prefque paffé, je ne me fervois pour appuier mes verres que de Perches d'échafaux, ou de deux longues pointes de fer plantées dans la muraille.

 Avant de donner le détail des élevations & des abaiffemens de la féve dans les tuiaux, voici la maniere de cimenter le collet de cuivre *b* à la branche de la Vigne, je la rapporte ici, parce que j'eus de la peine à réuffir, & que j'y rencontrai des difficultez; ainfi cela demande à être fait avec beaucoup de précaution.

 Lorfque j'avois donc deffein de couper la branche, j'enlevois d'abord foigneufement l'écorce rude & fibreufe avec mes ongles, de peur d'endommager l'écorce verte du deffous; je coupois enfuite la branche en *i* (fig. 21.) & immédiatement après je liois à la tige un boyau fec de mouton *i f*; de forte que la féve ne pouvoit aller ailleurs, & par conféquent y étoit toute retenue; je frotois enfuite avec un drap chaud la tige en *i*, jufqu'à ce qu'elle fût bien féche, & je l'entourrois d'un papier fort, en forme d'entonnoir *x i*, que je liois bien ferré à la tige en *x*, en attachant avec des épingles les plis du papier de *x* en *i*; je faifois couler enfuite le collet de cuivre *r* par deffus le boyau *r i*, & je verſois dans l'inſtant du maſtic fondu, fait de poudre de brique dans l'entonnoir de papier, j'enfonçois dans ce maſtic le collet de cuivre que j'avois eu ſoin de tremper & d'échauffer auparavant dans le même maſtic, afin de le faire mieux prendre au maſtic dans l'entonnoir; quand le maſtic étoit froid, j'ôtois le boyau, & je fixois deſſus mes tuiaux de verre à viſſe & écrous.

Mais trouvant de l'inconvénient dans ce ciment chaud, parce que cette chaleur faiſoit périr les vaiſſeaux ſéveux près de l'écorce (ce qui étoit évident, parce qu'elle perdoit ſa couleur) j'ai fait uſage depuis du maſtic froid de cire & de terebenthine que j'avois ſoin de bien couvrir avec des veſſies mouillées & de la fiſſelle, comme dans l'Expérience XXXIV.

Au lieu de collets de cuivre qui ſe joignoient à viſſe, j'ai ſouvent (ſur-tout avec les jauges, Expériences XXXVI. & XXXVII.) fait uſage de deux anneaux qui étoient tournez, & dont l'un des deux alloit un peu en étreſſiſſant de façon que l'un entroit dans l'autre, & s'y adaptoit exactement.

Cette façon de joindre les deux anneaux de cuivre les empêchoit de faire eau, ſur-tout ſi on les enduiſoit auparavant d'un peu de maſtic doux; & pour empêcher que la force de la ſéve ne les deſunît en montant, je les ſerrois & les fixois par pluſieurs tours de fiſſelle à des élevations faites exprès ſur ces anneaux.

Quand je voulois ſéparer mes anneaux, je trouvois

vois que dans tout autre tems, que celui d'un Soleil bien chaud, j'étois obligé de fondre le ciment en appliquant des fers chauds sur le dehors des anneaux.

Il est nécessaire de garantir du Soleil par plusieurs doubles de papier les jointures des anneaux ; sans cette précaution la chaleur fondra & dilatera souvent le mastic ; en sorte qu'il sera poussé avec force en haut au-dedans du tube, ce qui gâte l'Expérience.

Les Vignes auxquelles j'avois fixé mes tuiaux dans cette Expérience avoient 20 pieds de hauteur depuis leurs racines jusqu'à leur sommet, & ces tuiaux étoient fixez à differentes hauteurs *b*, depuis 2 pieds jusqu'à 6 au-dessus de terre.

Le premier jour la féve montoit dans le tuiau, suivant les forces & l'abondance des pleurs de la Vigne de 1, 2, 5, 12, 15, ou 25 pieds ; mais lorsqu'elle étoit à sa plus grande hauteur de chaque jour elle baissoit constamment vers le midy.

Si le milieu du jour étoit bien frais, la féve ne baissoit que depuis onze heures ou midy jusqu'à deux heures ; mais s'il faisoit fort chaud, la féve commençoit à baisser dès les neuf ou dix heures du matin jusqu'à quatre, cinq ou six heures du soir, ensuite elle étoit stationaire pendant une heure ou deux, après quoi elle commençoit à s'élever insensiblement ; mais fort peu pendant la nuit, ni jusqu'au Soleil levé, mais ensuite elle s'élevoit plus vîte & plus haut que dans tout autre tems du jour.

Plus la coupe de la Vigne étoit fraîche, & plus le tems étoit chaud, plus aussi la séve s'élevoit & baissoit dans un jour, comme de 4 ou 6 pieds.

Mais après cinq ou six jours, depuis celui de la coupe, les élevations & les abaissemens de la séve n'étoient plus si grands, les vaisseaux séveux s'étant contractez par la réplétion de la coupe transversale.

Mais si je rognois la tige d'un œil ou deux, en y fixant de nouveau mon tube, je voyois la séve monter & descendre très-considérablement.

L'humidité & la chaleur modérée donnoient plus de vigueur à la séve.

Si le commencement ou le milieu de la saison des pleurs étoit favorable, le mouvement de la séve en étoit plus violent, mais cette vigueur diminuoit extrêmement, & dans un instant, par les vents froids d'Est.

S'il faisoit un vent froid & un tems mêlé de Soleil & de nuage, le matin tandis que la séve montoit, on la voyoit sensiblement descendre lorsque le Soleil étoit couvert du nuage, & cela à raison d'un pouce par minute, & elle continuoit de baisser jusqu'à plusieurs pouces, si le nuage continuoit aussi à cacher le Soleil pendant assez de tems pour cela ; mais si-tôt que la nuée faisoit place aux rayons du Soleil, la séve recommençoit à monter, & suivoit dans ses alternatives le Soleil & l'ombre comme la liqueur du Thermometre suit dans les siennes le chaud & le froid, ce qui doit nous porter à croire que probablement l'élévation de la séve dans la saison des pleurs, se fait de la même manière.

Dans trois tuiaux fixez au tour de mon vestibule, à des Vignes plantées, l'une à l'aspect de l'Est, l'autre à celui du Sud, & la derniere à celui de l'Ouest, la séve commença le matin à s'élever d'abord dans le tube à l'Est, ensuite dans celui du Sud, & enfin dans celui de l'Ouest, & consequemment elle baissa vers l'heure de midy, d'abord dans le tube à l'Est, ensuite dans le tube au Sud, & à la fin dans le tube à l'Ouest.

De deux branches qui sortoient à 15 pouces de terre d'un vieux cep, aspect de l'Ouest, si l'une étoit tournée au Sud, & l'autre à l'Ouest, & qu'on leur fixât les tuiaux de verre, en même tems la séve s'élevoit le matin comme le Soleil; mais d'abord dans le tube au Sud, & ensuite dans le tube à l'Ouest, & consequemment elle commençoit à baisser dans le tube au Sud, & ensuite dans le tube à l'Ouest.

La pluie & la chaleur moderée après un jour sec & froid faisoient monter la séve continuellement le jour suivant; ainsi au lieu de descendre à midy, elle montoit seulement plus doucement; dans ce cas la racine tire de la terre & fait sortir par la coupe de la tige plus d'humidité que la tige n'en peut transpirer.

La séve monte de meilleure heure le matin dans des tems frais qu'après des chaleurs, peut-être parce que dans les tems chauds, comme il s'en fait une grande évaporation, les racines ne peuvent pas y suppléer si vîte que dans des tems frais, où il s'en fait beaucoup moins.

O ij

Dans le commencement de la saison des pleurs, je coupai à deux pieds de terre un sarment vigoureux de deux ans, & je lui fixai un tuiau de 25 pieds de longueur : la séve monta si vigoureusement, qu'au bout de deux heures elle s'en alloit par dessus le sommet du tuiau qui étoit de 7 pieds plus haut que celui de la Vigne, & sans doute elle auroit encore monté plus haut, si on avoit adapté un plus long tube à la branche.

Dans des tuiaux fixez à deux sarmens de la même tige, mais quatre ou cinq jours l'un après l'autre, la séve montoit plus haut dans le dernier fixé, si cependant tandis qu'on fixoit le second tube, la branche perdoit beaucoup de séve, elle baissoit dans le premier tube ; mais ensuite leurs séves ne se mettoient point en équilibre, elles étoient dans leurs tuiaux à des hauteurs bien inégales, ce que l'on doit attribuer à la difficulté que trouve la séve à passer par les vaisseaux capillaires, contractez & retrécis par la réplétion de la tige la premiere coupée.

Dans les tems fort chauds, il s'élevoit une si grande quantité de bulles d'air, qu'elles faisoient une mousse haute d'un pouce dans le tuiau, au-dessus de la séve.

Je fixai une petite machine pneumatique au sommet d'un long tuiau, dans lequel la séve étoit à 12 pieds de hauteur ; il en sortit une grande abondance de bulles d'air, quoique la séve ne s'élevât pas, mais même baissât un peu après que j'eus pompé.

Dans l'Expérience XXXIV. où le tube étoit fixé

à un chicot de Vigne fort court & fans aucun rameau, nous trouvons que la féve monta continuellement tout le jour, & le plus vîte dans la plus grande chaleur du jour, au lieu que dans les Expériences XXXVII. & XXXVIII. nous trouvons que la féve baiffe conftamment par la chaleur vers le milieu du jour, & toûjours plus vîte dans le tems de cette plus grande chaleur; ainfi nous pouvons raifonnablement conclure (en nous fouvenant auffi de la grande tranfpiration des Arbres dans le premier chapitre) que l'abbaiffement de la féve par la chaleur vers le milieu du jour, doit s'attribuer à la tranfpiration des branches, plus grande alors qu'à toute autre heure du jour, puifqu'elle décroît avec la chaleur vers le foir, & que probablement elle ceffe tout-à-fait la nuit, lorfque les rofées tombent ; mais lorfque vers la fin d'Avril le Printems eft avancé, & que la Vigne a beaucoup augmenté fa furface par la pouffe de plufieurs petits rameaux, & l'expanfion de plufieurs feuilles, la tranfpiration augmente proportionnellement, & par confequent fait ceffer, jufqu'au Printems fuivant, cette abondance de féve qui forme les pleurs.

Cela fe fait de la même façon dans tous les Arbres qui pleurent ; car ces pleurs ceffent auffi-tôt que les jeunes feuilles font affez étendues pour tranfpirer abondamment, & faire fortir la féve fuperflue, auffi voyons-nous que l'écorce des Chênes & de plufieurs autres Arbres fe fépare aifément au Printems par la lubricité que lui donne cette abondance de féve superflue ; mais auſſi-tôt que les feuilles ſe trouvent ſuffiſamment étendues pour laiſſer tranſpirer cette féve, l'écorce ne ſe ſépare plus facilement, & même s'attache fermement au bois.

Expérience XXXIX.

Je voulus eſſayer de ſçavoir ſi la tige de la Vigne ſe contractoit & ſe dilatoit par la chaleur, le froid, l'humidité, la ſéchereſſe, dans la ſaiſon des pleurs ou dans une autre ſaiſon, & pour cela je fixai en Février à la tige d'une Vigne un inſtrument tel, que ſi elle ſe fût dilatée ou contractée ſeulement de la centiéme partie d'un pouce, elle auroit fait baiſſer ou hauſſer fort ſenſiblement d'un dixiéme de pouce l'extrémité de l'inſtrument qui étoit fait d'un fil de cuivre long de 18. pouces ; mais je ne m'apperçus pas du moindre mouvement, ſoit par la chaleur ou le froid, dans la ſaiſon des pleurs ou dans les autres ſaiſons ; ſeulement toutes les fois qu'il pleuvoit, la tige ſe dilatoit aſſez pour élever l'extrémité de l'inſtrument ou du levier de $\frac{1}{10}$ de pouce, & lorſque la tige étoit ſéche elle baiſſoit d'autant.

Cette Expérience montre que la féve eſt même dans la ſaiſon des pleurs retenue dans ſes propres vaiſſeaux, & qu'elle ne traverſe pas en tous ſens les interſtices de la tige, comme il eſt probable que le fait la pluie, qui en pénetrant par les pores de la tranſpiration dans tous les interſtices de la tige, en cauſe la dilatation.

CHAPITRE IV.

Expériences sur le mouvement lateral de la séve, la communication laterale des vaisseaux séveux, & le libre passage de la séve des petites branches à la tige, comme de la tige aux petites branches, avec quelques Expériences concernant la circulation ou la non circulation de la séve.

EXPERIENCE XL.

AFIN de trouver s'il y a dans les Vegetaux une communication laterale de la séve, & des vaisseaux séveux, telle que la communication du sang dans les animaux par les ramefications laterales de leurs vaisseaux sanguins.

Le 15. d'Août, je pris une jeune branche de Chêne chargée de feuilles de $\frac{7}{8}$ de pouce de diametre à sa coupe, & de 6 pieds de longueur; à 7 pouces du bout de la tige je fis une grosse entaille d'un pouce de long d'une profondeur égale, & qui pénetroit jusqu'à la moëlle ; à 4 pouces plus haut du côté opposé je fis une autre entaille toute pareille, ensuite je mis le bout de la tige dans l'eau, la branche tira & transpira en deux nuits & deux jours 13 onces, tandis qu'une autre branche de Chêne pareille à la premiere, mais un tant soit peu plus grosse & sans entaille dans sa tige, transpira 25 onces d'eau.

J'essayai dans le même tems la même Expérience sur une branche de Cerisier *, elle tira & transpira 23 onces en neuf heures le premier jour, & 15 onces le jour suivant.

Duke Cherry.

Dans le même tems je pris une autre branche du même Cerisier, & je fis sur la tige 4 entailles quarrées & pareilles à celles que je viens de décrire, de 4 pouces au-dessus les unes des autres, & qui pénetroient jusqu'à la moëlle; la premiere au Nord, la seconde à l'Est, la troisiéme au Sud, & la quatriéme à l'Ouest, la tige de cette branche étoit menue de 4 pieds de longeur sans rameaux, excepté à son sommet, cependant elle ne laissa pas de tirer en sept heures de jour 9 onces, & en deux jours & deux nuits 24 onces.

Nous voyons dans ces Expériences que la féve se communique lateralement avec une très-grande liberté, & que par conséquent il y a des vaisseaux séveux lateraux; car ces grandes quantitez de liqueurs ont nécessairement passé lateralement par les entailles, aussi par les Expériences XIII. XIV. & XV. sur les bâtons, il s'en évaporoit peu par les entailles.

Et afin d'essayer s'il arriveroit la même chose à des branches sur l'arbre dans leur état naturel, je fis à une branche de Cerisier deux semblables entailles opposées, & à 3 pouces l'une de l'autre : les feuilles de cette branche conserverent leur verdure pendant

huit

DES VEGETAUX, Chap. IV.

huit ou dix jours aussi long-tems que les feuilles de toutes les autres branches du même Arbre, conserverent la leur.

Le même jour, je veux dire le 15. d'Août, je fis deux semblables entailles opposées, à 4 pouces l'une de l'autre, sur une jeune branche de Chesne, dont la situation étoit horisontale; elle étoit vigoureuse, & avoit un pouce de diametre: dix-huit jours après plusieurs feuilles de cette branche commencerent à jaunir, tandis que toutes les feuilles des autres branches conserverent leur verdure.

Le même jour j'enlevai de l'écorce de la largeur d'un pouce tout autour d'une semblable branche du même Chêne; dix-huit jours après les feuilles étoient aussi vertes que celles de toutes les autres branches du même Arbre; mais les feuilles de cette branche & de la précedente, tomberent en Hiver de bonne-heure, tandis que toutes les autres, excepté celles du sommet, demeurerent sur l'Arbre pendant tout l'Hiver.

Le même jour, je fis quatre entailles semblables de 2 pouces de largeur, à neuf pouces les unes des autres sur une branche perpendiculaire à l'horison d'un Pommier de Reinette doré; le diametre de cette branche avoit deux pouces $\frac{1}{2}$, & les entailles faisoient face aux 4 points cardinaux; les Pommes & les feuilles se portoient aussi bien que celles des autres branches du même Arbre.

Nous voyons encore ici la liberté du passage latéral de la séve, lorsque le passage direct est plusieurs fois interrompu.

P

LA STATIQUE

Experience XLI.

Le 13. d'Août à midy, je pris une grosse branche de Pommier, dont je cimentai la coupe transversale x (fig. 22.) du gros bout de la tige, & je couvris le ciment avec une vessie mouillée que je liai bien par dessus, ensuite je coupai le maître rameau du sommet en b, où il avoit $\frac{6}{8}$ de pouces de diametre, après quoi j'en mis l'extrémité dans une bouteille d'eau b; en sorte que la branche étoit renversée, & avoit la grosse extrémité x de sa tige en haut.

En trois jours & deux nuits la branche tira & transpira 4 livres 2 onces $\frac{1}{2}$ d'eau, & les feuilles conserverent leur verdure; celles d'un rameau separé du même arbre dans le même tems, & qui n'avoit pas été mis dans l'eau, se fanerent quarante heures auparavant celles-ci; d'où l'on voit, aussi-bien que par la grande quantité de liqueur tirée & transpirée, que l'eau passoit avec une grande liberté de b en $efgh$, & de-là descendoit dans les branches respectives pour s'exhaler par les feuilles.

Cette Expérience peut servir à nous expliquer la raison pourquoi la branche b (fig. 23.) qui a poussé de la racine cx se porte fort bien, quoique l'on suppose ici la racine hors de terre & coupée en c; car nous voyons par plusieurs Expériences du premier & du second chapitre, que la branche b attire la séve en x avec une grande force; & il est clair par cette Expérience-ci, que la séve seroit aussi aisément

tirée en bas de l'arbre à *x*, qu'elle feroit tirée en haut de *c* en *x*, fi l'extrémité *c* de la racine étoit en terre. Il n'eſt donc pas merveilleux que la branche *b* ſe porte bien, quoiqu'il n'y ait point là de circulation de ſéve.

Cette Expérience XLI. & l'Expérience XXVI. montrent auſſi comment de trois Arbres (fig. 24.) qui ſont arquez & greffez les uns aux autres en *x* & *z*, celui du milieu croît & ſe porte bien, ſoit qu'on l'ait coupé par les racines, ou que l'ayant déraciné on l'ait tellement greffé avec les autres, qu'il ſoit ſuſpendu en l'air; car il tire ſa nourriture avec grande force en *x* & *z* des deux autres Arbres *a* & *c*, auxquels il eſt anaſtomoſé, & cela de la même maniere que les branches renverſées tirent l'eau dans les Expériences XXVI. & XLI.

Et c'eſt par la même raiſon que les Sureaux, les Saules, les Marſaules, les Ronces, les Vignes, & la plûpart des Arbriſſeaux, croiſſent dans un état renverſé avec le ſommet de leurs branches en bas dans la terre.

Expérience XLII.

Le 27. Juillet, je répétai l'Expérience de M. Perault, & pour cela je pris des branches de Ceriſier*, * Duke Cherry. de Pommier, de Groſelier rouge avec deux rameaux ſur chacune; j'en plongeai l'un *a c* (fig. 25.) dans un grand vaiſſeau *c d* plein d'eau; l'autre rameau *b* étoit à l'air en toute liberté; je pendis en même tems à une baluftrade des branches de même efpéce que je venois de couper : elles fe fanerent & moururent trois jours après, tandis que les rameaux *b* conferverent leur vigueur & leur verdeur ; cependant au bout de huit jours le rameau *b* du Cerifier fe fana, mais les rameaux *b* de Grofelier rouge & de Pommier ne fe fanerent qu'au onziéme jour; d'où il eft clair, foit par la quantité que la tranfpiration doit diffiper en onze jours, & que les feuilles *b* doivent tirer pour conferver leur verdeur, foit par la confommation de l'eau dans le vaiffeau, que les rameaux *b* avoient tiré toute cette quantité à travers les feuilles, & l'autre rameau *c* qui étoit plongé dans l'eau.

Je répetai la même Expérience fur des branches de Vigne & de Pommier, dont je mis les rameaux d'eau, les dans de grandes retortes de verre pleines feuilles y conferverent leur verdeur pendant plufieurs femaines; & tirerent des quantitez confidérables d'eau.

Ceci montre combien il eft probable que les Vegetaux tirent la pluie & la rofée, fur tout dans les faifons féches.

Ce qui eft de plus confirmé par des Expériences faites depuis peu fur des Arbres plantez nouvellement; car en lavant fréquemment les troncs des Arbres qui promettoient le moins, on a fçû leur faire égaler & même furpaffer les autres Arbres de la même plantation; & M. Miller confeille » de mouil-
» ler le foir la tête des Arbres, & de laver & net-
» toyer avec une broffe l'écorce tout au tour du

tronc, ce qui est, *dit-il,* d'une très-grande utilité, « & que j'ai souvent éprouvé, *Dictionaire du Jardinier,* « *Supplément volume 2. sous le titre Of Planting.* »

EXPERIENCE XLIII.

LE 20. d'Août, à une heure après midi, je pris une branche *b* (fig. 26.) de 9 pieds de longueur, 1 pouce $\frac{3}{4}$ de diametre, chargée de ses rameaux & de ses feuilles ; je la cimentai bien au tuiau de verre *a*, par le moyen d'un syphon de plomb en *l*, mais auparavant j'enlevai l'écorce & la couche ligneuse de l'année précedente, jusqu'à 3 pouces de hauteur en *r*; je remplis ensuite d'eau le tuiau *a* qui avoit 12 pieds de hauteur, & un demi pouce de diametre, après avoir fait une entaille *y* dans l'écorce, & la couche ligneuse de l'année précedente à 12 pouces au-dessus de l'extrémité de la tige : l'eau fut tirée par la branche à raison de 3 pouces $\frac{1}{2}$ dans une minute. Une demie heure après je vis clairement que le bas de l'entaille *y* devenoit plus humide, tandis que la partie supérieure de l'entaille paroissoit dans le même tems blanche & séche.

Mais dans ce cas l'eau monte du tuiau dans la branche en passant nécessairement à travers le bois de l'intérieur de la branche, puisque celui de la derniere année avoit été enlevé de 3 pouces tout autour de la tige, si donc la séve dans son cours naturel descendoit par cette couche ligneuse de la derniere année, ou par un chemin pris d'entr'elle & l'écorce

(comme bien des gens l'ont cru), l'eau feroit auſſi deſcendue par cette même couche ligneuſe, ou par l'écorce, & auroit par conſéquent humecté d'abord la partie ſupérieure de l'entaille *y*, tandis qu'au contraire ce fut la partie inférieure qui devint humide, & non pas la ſupérieure.

Je répetai cette Expériénce avec une groſſe branche de Ceriſier*, mais je ne vis pas plus d'humidité à la partie ſupérieure qu'à l'inferieure de l'entaille, ce qui ſeroit cependant néceſſairement arrivé ſi la ſève fût deſcendue par la couche ligneuſe de la derniere année, ou par l'écorce.

* *Duke Cherry.*

Ce fut la même choſe ſur une branche de Coignaſſier.

Remarquez, que lorſque dans l'une de ces branches je faiſois une entaille en *q*, 3 pieds au-deſſus de *r*, je n'y voyois ni ne pouvois y ſentir aucune humidité, quoiqu'il paſſât dans le même tems par cette entaille une grande quantité d'eau ; car la branche tiroit à raiſon de 4, 3, ou 2 pouces par minute d'une colomne d'eau d'un demi pouce de diametre : la raiſon de cette ſécherefſe de l'entaille *q* paroît claire par l'Expérience XI. parce que la partie ſupérieure de la branche au-deſſus de l'entaille tire & tranſpire trois ou quatre fois plus d'eau que la peſanteur d'une colomne d'eau de 7 pieds de hauteur dans le tuiau, ne peut en pouſſer du bas de la tige juſqu'à *q*, qui en eſt éloigné de 3 pieds : donc l'entaille doit être néceſſairement ſéche, malgré la grande quantité d'eau qui y paſſe, puiſque la tige & les branches au-deſſus

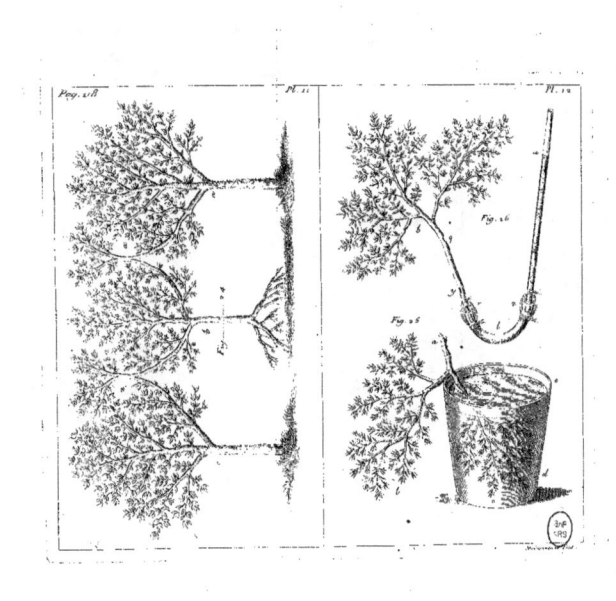

de l'entaille tirent avec vigueur l'humidité, afin de suppléer à la grande transpiration des feuilles.

Experience XLIV.

Le 9. d'Août, à dix heures du matin, je fixai, comme dans l'Expérience précédente, une branche de Cerisier * de 5 pieds de hauteur & d'un pouce de diametre, mais je n'enlevai point l'écorce, non plus que la couche ligneuse au bout de la tige, je me contentai après avoir rempli d'eau le tuiau, d'enlever 3 pouces au-dessus du bout de la tige, une tranche d'écorce large d'un pouce ; la partie inferieure devint très-humide, tandis que la supérieure demeura séche.

* Duke Cherry.

Le même jour la même Expérience réussit de la même façon sur une branche de Pommier.

Il est donc probable que la séve monte entre l'écorce & le bois, aussi-bien que dans les autres parties ; & puisque par les autres Expériences, nous avons trouvé que la plus grande partie de la séve est élevée par la chaleur du Soleil sur les feuilles qui semblent avoir été faites larges & minces à ce dessein, il est donc très-probable que la séve monte aussi par les parties les plus exposées au Soleil, telle qu'est l'écorce ; & lorsque nous considérons que les vaisseaux séveux sont si fins, que la séve doit pour y entrer être presque réduite en vapeur, nous voyons aisément que la chaleur du Soleil sur l'écorce doit plûtôt disposer cette liqueur ainsi raréfiée à monter, qu'à descendre.

Experience XLV.

Le 27. de Juillet, je pris plusieurs branches de Groselier rouge, de Vigne, de Cerisier, de Pommier, de Prunier & de Poirier ; je mis le bout des tiges dans des vaisseaux remplis d'eau x (figure 31.) après avoir auparavant enlevé l'écorce de la largeur d'un pouce à l'une des branches comme en z, pour voir si les feuilles b au-dessus de z conserveroient leur verdeur, autant ou plus de tems que les feuilles des autres rameaux $a\ c\ d$, mais je n'y vis aucune difference ; car les feuilles se fanerent toutes en même tems : cependant si le retour de la séve étoit arrêté en z (comme on le doit supposer, en admettant sa circulation), on auroit dû s'attendre à voir les feuilles b vertes plus long-tems que celles des autres rameaux, ce qui cependant n'arriva pas : il n'y eut non plus aucune marque d'humidité en z.

Experience XLVI.

Au mois d'Août, j'enlevai l'écorce d'un pouce de largeur autour d'une jeune branche de Chêne vigoureuse, & située sur l'arbre au Nord Ouest, les feuilles de cette branche, & d'une autre qui avoient été toutes deux dans le même tems dépouillées de cette partie de leur écorce tomberent de bonne heure, c'est-à-dire vers la fin d'Octobre, tandis que les feuilles de toutes les autres branches du même Arbre, excepté celles

celles de la cime, resterent dessus tout l'Hiver; ceci est encore une preuve qu'il va moins de séve aux branches dont on a enlevé de l'écorce qu'aux autres.

Le 19. Avril suivant, les boutons de cette branche partirent cinq ou six jours plûtôt que ceux des autres branches sur le même Arbre : on peut en attribuer la cause avec assez de vraisemblance à la moindre quantité de séve crue que tirent ces branches écorcées ; car la transpiration dans toutes les branches étant (toutes choses pareilles) à peu près égale dans les branches dont la séve est en plus petite quantité, elle s'épaissira bien plûtôt, & pourra bien plus facilement se convertir dans cette substance glutineuse propre & nécessaire aux productions que la séve plus crûe & plus abondante des autres branches.

C'est par cette même raison que les Pommes, les Poires, & plusieurs autres fruits, dont les insectes ont rongé & coupé quelques-uns des grands vaisseaux séveux pour s'y loger & s'y nourrir, sont en maturité plusieurs jours avant les autres fruits des mêmes Arbres : & c'est aussi pour cela que le fruit cueilli quelque tems avant sa maturité y viendra plus vîte que si on l'avoit laissé sur l'Arbre, quoiqu'à la vérité il en soit moins bon : la cause de ces deux effets vient de ce que le fruit rongé du ver, est privé d'une partie de sa nourriture, & que le fruit cueilli verd est privé du tout.

Aussi les fruits sont-ils plûtôt mûrs à la cime des Arbres, non seulement, parce qu'ils sont plus exposez au Soleil, mais aussi parce qu'étant plus éloi-

Q

gnez de la racine, ils en tirent un peu moins de nourriture.

C'est sans doute aussi par la même raison que les Plantes & les fruits, sont plus hâtifs dans les terreins secs, sabloneux ou graveleux, que dans les terres humides; sçavoir non seulement, parce que ces terres sont plus chaudes à cause de leur sécheresse, mais aussi parce que la Plante n'en tire qu'une plus petite quantité de nourriture; car l'abondance de la séve en augmentant leur accroissement, retarde cependant leur maturité.

C'est encore par la même raison que les fruits sont considérablement plus hâtifs sur les Arbres, dont les racines ont été découvertes pendant quelque tems.

Au lieu que lorsque les Arbres abondent trop en séve crûe, comme lorsque leurs racines sont trop profondément plantées dans une terre humide & froide, ou lorsque les Pêchez & les autres Espaliers sont trop gourmands en bois, ou bien encore, ce qui revient à peu près au même, lorsque la séve ne peut pas être transpirée dans une proportion louable, comme dans les vergers où les Arbres sont trop près les uns des autres, pour que la transpiration se fasse abondamment, ce qui laisse la séve de ces Arbres dans un état trop crû & trop peu digeré; dans tous ces cas ils ne produisent que très-peu ou point du tout de fruit.

Ainsi dans les Etés modérément secs (toutes choses égales d'ailleurs), il y a ordinairement grande abondance de fruits, parce qu'alors la féve est plus digerée, & a plus de consistance, de vigueur & de fermeté pour pousser au dehors les boutons à fruit que dans les Etés frais & humides. Cette observation s'est trouvée vraie dans les années 1723. 1724. & 1725. *Voyez* l'Expérience XX.

Mais revenons au mouvement de la féve, après qu'elle a passé par le tissu fin & serré de l'écorce des racines, on la trouve en abondance dans les parties les plus lâches, entre l'écorce & le bois, tout le long de l'Arbre; & si de bonne heure au Printems, lorsque la féve commence à se mouvoir, & qu'on peut aisément séparer l'écorce des Chênes & de plusieurs autres Arbres, on les examinoit près du sommet & du pied, je crois qu'on trouveroit l'écorce du pied humectée avant celle des branches supérieures, tandis que ce devroit être celle-ci, si la féve descendoit par l'écorce. Je me suis presque assuré sur la Vigne, que l'écorce du pied est humectée la premiere.

Nous avons vû dans les Expériences précedentes la grande quantité d'humidité que les Arbres tirent & transpirent, quelle prodigieuse vîtesse aura donc la féve si cette humidité, ou du moins sa plus grande partie doit absolument monter au sommet de l'Arbre, descendre ensuite, & enfin monter encore avant que de s'exhaler par la transpiration?

Le défaut de circulation dans les Vegetaux, est en quelque façon compensé par la quantité de liqueur que tire le vegetal, beaucoup plus grande que celle de la nourriture qui entre dans les veines de l'animal;

c'est aussi ce qui accélére le mouvement de la séve : on peut se souvenir que dans l'Expérience premiére, masse pour masse, le Soleil tire & transpire en vingt-quatre heures, dix-sept fois plus que l'Homme.

Outre cela le principal but de la nature dans les Vegetaux, n'étant que de leur conserver & de maintenir cette espece de vie vegetale, il n'étoit pas besoin de donner à la séve le mouvement rapide & nécessaire au sang des Animaux.

Dans ceux-ci, c'est le cœur qui met le sang en mouvement, & le fait continuellement circuler; mais dans les Vegetaux nous ne pouvons découvrir d'autre cause du mouvement de la séve, que la forte attraction des tuiaux séveux capillaires, aidez des vives ondulations causées par la chaleur du Soleil qui éleve la séve jusqu'au sommet des plus hauts Arbres, où elle s'exhale par les feuilles; mais lorsque la surface de l'Arbre est devenue beaucoup plus petite par la perte de ses feuilles, la transpiration & le mouvement de la séve est aussi diminuée à proportion, comme il est évident par plusieurs des Expériences précedentes. Donc le mouvement d'élevation de la séve est accéléré principalement par l'abondante transpiration des feuilles qui donnent aux tuiaux capillaires la liberté d'exercer leur grande puissance attractive : or ces vives ondulations de la chaleur qui raréfient la séve & causent la transpiration, me paroissent de toutes façons des puissances très-peu propres pour faire descendre la séve de la cime des Vegetaux jusqu'à leurs racines.

DES VEGETAUX, Chap. IV.

Si la féve circule, ne l'auroit-on pas vû defcendre & humecter les parties fupérieures de ces larges entailles coupées dans ces branches qui trempoient dans l'eau , & dont l'extrémité des tiges fixées dans de longs tubes de verre (Expériences XLIII. & XLIV.) étoient preffées par de grandes colomnes d'eau : il eft fûr que dans ces deux cas il paffoit à travers la tige une très-grande quantité d'eau : on l'auroit donc néceffairement vû defcendre fi le retour de la féve en bas fe fût fait par un mouvement de pulfion & de trufion , comme fe fait le retour du fang par les veines au cœur des Animaux. En fuppofant cette pulfion, il faudroit qu'elle s'exerçât avec une force prodigieufe pour pouvoir pouffer la féve à travers les tuiaux capillaires les plus fins : donc s'il y a un retour de féve en bas, il faut qu'il fe faffe par attraction , & même par une attraction très forte, comme nous pouvons le voir par plufieurs des Expériences précedentes , fur-tout par l'Expérience II. mais il eft difficile de concevoir où réfide & quelle eft cette énergie qui peut contrebalancer cette vafte puiffance que la nature exerce pour l'afcenfion de la féve dans la grande tranfpiration des feuilles.

Les exemples du Jafmin & de la fleur de la Paffion, ont été regardez comme de fortes preuves de la circulation de la féve, parce que leurs branches, quoique beaucoup au-deffous de celles qui portent le bouton inoculé, prennent la même couleur que celles qui font au-deffus ; mais nous avons plufieurs preuves évidentes dans la Vigne & dans d'autres

Arbres qui pleurent, de l'alternative des mouvemens, tantôt progressifs & tantôt rétrogrades de la séve, selon les differens tems du jour & de la nuit : il est donc fort croyable que la séve de tous les autres Arbres subit les mêmes alternatives de mouvement par celles du jour, de la nuit, du chaud, du froid, de l'humidité & de la sécheresse ; car dans tous les Vegetaux la séve doit probablement reculer & se retirer en partie du sommet des branches lorsque le Soleil les abandonne ; car la raréfaction cessant avec la chaleur, la séve raréfiée, & qui contenoit beaucoup d'air, se condensera & occupera moins d'espace qu'elle ne faisoit : la rosée & la pluie seront même alors fortement tirées par les feuilles, comme il paroît par l'Expérience XLII. & par plusieurs autres, qui nous montrent que le tronc & les branches des Vegetaux épuisez par la grande évaporation du jour, tirent des feuilles la séve & la rosée qu'elles avoient succé la nuit, puisque par plusieurs Expériences du premier chapitre, nous trouvons que les Plantes augmentent considérablement en pesanteur pendant les nuits de pluie & de rosée, & que par d'autres Expériences sur la Vigne dans le troisiéme chapitre, nous trouvons, qu'excepté la saison des pleurs, le cep & les branches sont toûjours dans un état de succion, causé par la grande transpiration des feuilles ; mais que la nuit où cette transpiration cesse, la puissance de succion contraire prévaut, & tire aussi-bien la séve & la rosée par les feuilles, que l'humidité par les racines.

DES VEGETAUX, Chap. IV. 127

Nous avons encore la preuve de ceci dans l'Expérience XII. où en fixant des jauges à mercure aux tiges de differens Arbres qui ne pleurent pas, nous avons trouvé qu'ils étoient toûjours dans un état de forte succion, puisqu'ils élevoient le mercure à plusieurs pouces ; d'où il est aisé de concevoir comment une partie de la séve du bouton du Jasmin jaune ou doré, qui a été greffé, peut être absorbée par le Jasmin qui sert de sujet, & communiquer ainsi la même couleur aux autres branches, sur-tout si quelques mois après l'inoculation l'on coupe la teste du Jasmin un peu au-dessus de la greffe ; car les branches qui font la contre-partie de la tige en étant séparées, la tige tire avec plus de force la liqueur du bouton.

Un autre argument pour la circulation de la séve, c'est qu'il y a des espéces de greffes qui infectent les sujets, & leur causent des chancres ; mais par les Expériences XII. & XXXVII. dans lesquelles les jauges à mercure étoient fixées à des tiges d'Arbres nouvellement coupées, il est clair que ces tiges font dans un état de forte succion, & que par conséquent les sujets infectés de chancres, peuvent aussi bien tirer la séve de la greffe que la greffe peut elle-même la tirer du sujet, comme on voit que les feuilles & les branches le font alternativement dans les vicissitudes du jour & de la nuit.

Cette puissance de succion dans le sujet est si grande, lorsque l'on a seulement greffé quelques branches d'un Arbre, que les autres font, par leur forte attraction, mourir ces greffes ; & c'est pour cela que l'on a coûtume de retrancher la plus grande partie des branches du fujet, on en laiffe feulement quelques petites pour tirer la féve en haut.

L'exemple du Chêne verd greffé fur le Chêne Anglois, femble nous fournir un très-fort argument contre la circulation; car s'il y avoit une circulation libre & uniforme & à travers le Chêne, & le Chêne verd, pourquoi les feuilles du Chêne tomberoient-elles en Hiver, & non pas celles du Chêne verd.

L'on peut tirer de l'Expérience XXXVII. un autre argument contre la circulation uniforme de la féve dans les Arbres, telle qu'eft celle du fang dans les Animaux; car nous avons trouvé par les trois jauges à mercure, toutes trois fixées à la même Vigne, que les unes repompoient la féve, tandis que les autres continuoient à la pouffer.

Dans le fecond volume de l'Abregé des Tranfactions Philofophiques de M. *Lewtorp*, *pag. 708.* on y rapporte une Expérience de M. Brotherfon que voici.

Il fit au tronc d'un jeune Noifetier *n* (fig. 27.) une fente profonde en xz, dont il ouvrit & fépara du tronc les parties xz, l'une en haut & l'autre en bas; il les empêcha de fe toucher & de toucher au tronc par des coins *t* & *q*; l'année fuivante la partie où l'éclat fupérieur *x* avoit beaucoup crû, l'éclat inférieur *z* n'avoit pas crû; pour l'accroiffement du refte de l'Arbre, il fut le même qu'il auroit été s'il n'y avoit point eû de fente faite au tronc: je n'ai pas encore réuffi dans cette Expérience, le vent a rompu à xz,

tous

tous les Arbres que j'ai préparé de la sorte; mais s'il y avoit en x un bouton à feuilles, & s'il n'y en avoit point en z, il est clair par l'Expérience XLI. que ces feuilles devoient tirer beaucoup de nourriture à travers tx, & par là le faire croître; & je pense que si au contraire il s'étoit trouvé un bouton à feuille en z, & qu'il n'y en eût point eû en x, l'éclat z auroit alors crû davantage que l'éclat x.

Je fonde la raison de ma conjecture sur l'Expérience suivante.

Je choisis deux pousses vigoureuses $llaa$ (fig. 28. & 29.) d'un Poirier nain : à la distance de $\frac{3}{4}$ de pouce, je leur enlevai l'écorce d'un demi pouce de largeur tout autour en plusieurs endroits, 2 4 6 8 & 10 12 14; chaque couche d'écorce qui restoit avoit un bouton à feuille qui en produisit l'Eté suivant, la seule couche 13 étoit sans bouton; les couches 9 & 11 de aa crûrent & se gonflérent à leurs extrémitez inférieures jusqu'au mois d'Août; mais la couche 13 n'augmenta point du tout, & au mois d'Août toute la pousse aa se fana & mourut; mais la pousse ll vécut & se porta fort bien : toutes ces couches se gonflérent beaucoup à leurs extrémitez inférieures; ce que l'on doit attribuer à quelqu'autre cause qu'à la séve arrêtée dans son retour en bas, puisque ce retour dans la pousse ll est intercepté trois differentes fois par l'enlevement de l'écorce en 2 4 6. Plus le bouton à feuille étoit gros & vigoureux, plus il produisoit de feuilles, & plus l'écorce adjacente se gonfloit à son extrémité inferieure.

R

La figure 30. repréſente le profil de l'une des parties 7 8 7 6 couverte d'écorce de la figure 28. Elle la repréſente, dis-je, fendue en deux, & nous pouvons y voir de quelle façon croît la couche ligneuſe de l'année précedente, qui pouſſe un peu en haut vers xx, mais pouſſe & groſſit plus en bas vers zz; nous pouvons y obſerver, que ce qui a pouſſé aux extrémitez, eſt évidemment ſorti du bois de l'année précedente par les interſtices ſerrez xr, zr; d'où il ſemble que l'accroiſſement des nouvelles couches ligneuſes de l'année conſiſte dans l'extenſion de leurs fibres en long ſous l'écorce : il paroît encore évident que la ſéve ne deſcend pas entre l'écorce & le bois, comme le ſuppoſent ceux qui admettent la circulation, quand on penſe que ſi l'écorce eſt enlevée de 3 ou 4 pouces de largeur tout autour les pleurs de l'Arbre au-deſſus de cet endroit dépouillé, diminueront beaucoup ; car le contraire devroit arriver par l'interception de la ſéve refluante, en ſuppoſant qu'elle deſcend par l'écorce; au lieu que dans ce cas nous pouvons fort bien rapporter la raiſon de cette diminution de pleurs aux preuves manifeſtes que nous avons dans ces Expériences de l'action vigoureuſe des feuilles tranſpirantes, & des tuiaux capillaires pour élever la ſéve ; mais lorſque l'on a enlevé une bande d'écorce au-deſſous de l'endroit qui pleure, alors la ſéve qui eſt entre l'écorce & le bois au-deſſous de l'endroit écorcé, n'eſt plus ſoûmiſe à l'action de la puiſſance attractive des feuilles, &c. & conſéquemment la playe qui pleure ne reçoit pas auſſi vîte

DES VEGETAUX, Chap. IV. 131
qu'avant l'écorcement, les nouveaux fupplémens de féve.

De-là nous pouvons auffi tirer l'idée d'une conjecture probable fur le gonflement plus grand à la partie fupérieure des endroits écorcez qu'à l'inférieure dans les bâtons alternativement écorcez *ll a a* (fig. 28. & 29.) car ces parties inférieures étoient privées par l'écorcement de l'abondance de nourriture qui étoit portée aux parties fupérieures des endroits écorcez par la forte attraction des feuilles des boutons 7, &c. La couche d'écorce 13 (fig. 29.) qui ne crut ni ne fe gonfla point du tout en haut, non plus qu'en bas, nous confirme encore dans cette idée ; car comme elle étoit non feulement privée de l'attraction des feuilles fupérieures par l'écorcement de l'endroit 12. mais qu'elle étoit auffi fans aucun bouton à feuille, qui par fes vaiffeaux féveux enracinez dans le bois, comme le font ceux de tous les boutons à feuilles, lui auroit apporté de la nourriture, il n'eft pas étonnant que cette écorce en manquât. Si ces vaiffeaux féveux des boutons fe portoient en haut, au lieu de fe porter en bas, comme ils font ordinairement, il eft très-probable que dans ce cas les parties fupérieures de chaque couche d'écorce, & non pas les inférieures, fe gonfleroient par la nourriture qui leur eft apportée de l'intérieur du bois.

De-là nous pouvons voir auffi les raifons pourquoi, lorfqu'un Arbre eft infructueux, on l'amene à fruit en enlevant de l'écorce à fes branches ; car comme il paffe alors une moindre quantité de féve

R ij

elle eſt mieux digerée & mieux préparée pour la nourriture du fruit, dont la production ſemble demander plus de ſouffre & d'air, que la production du bois & des feuilles : cette conjecture eſt fondée ſur la grande quantité d'huile, qui ſe trouve d'ordinaire plus abondamment dans les ſemences & dans leurs vaiſſeaux contenans, que dans les autres parties des Plantes.

L'objection la plus conſidérable contre ce mouvement progreſſif de la ſéve ſans circulation, eſt priſe de ce que, s'il n'y a point de circulation de ſéve, ſon cours eſt trop précipité pour qu'elle puiſſe acquerir un degré de digeſtion, & de conſiſtance propre & convenable à la nutrition, tandis que dans les Animaux, la nature perfectionne les parties du ſang en leur faiſant faire un long cours avant que de les appliquer à la nutrition, ou de les chaſſer par les ſécrétions.

Mais lorſque nous conſidérons, que le grand ouvrage de la nutrition dans les Végétaux, auſſi-bien que dans les Animaux (après que la nourriture eſt entrée dans les veines & les artéres), ſe manœuvre principalement dans les petits tuiaux capillaires où la nature combine & choiſit, comme les plus propres à ſes differens deſſeins, les particules nutritives & actives que le mouvement du fluide qui leur ſert de vehicule avoit juſques-là tenues ſeparées. Nous trouvons que la nature a formé & placé dans la ſtructure des Végétaux tous les principes néceſſaires pour la perfection de cet ouvrage, puiſqu'ils ne ſont composez que d'un nombre infini de petits vaisseaux capillaires, de vesicules & de parties glanduleuses.

De toutes ces Expériences & ces observations, nous pouvons raisonnablement conclure, qu'il n'y a point de circulation de séve dans les Végétaux, quoique beaucoup de gens d'esprit ayent été portez à croire le contraire par plusieurs expériences & observations curieuses; mais si l'on y fait attention, ces observations & ces expériences prouvent seulement le mouvement rétrograde d'une partie de la séve du sommet des Plantes vers les parties inférieures; ce qui, sans doute, a fait croire la circulation.

L'inspection seroit le meilleur moyen de décider cette question de la circulation de la séve; & je ne vois pas de raison qui doive nous faire désespérer d'en venir à bout, puisque nous en avons beaucoup pour croire que le mouvement progressif de la séve doit être considérable dans les plus gros vaisseaux de la queue transparente des feuilles, où il passe continuellement une si grande quantité de liqueur; & je ne doute presque point, que si nos yeux armez de microscopes peuvent parvenir à cette connoissance, nous ne voyions la séve progressive dans la chaleur du jour, devenir rétrograde dans les soirées fraîches, & dans le tems des rosées.

CHAPITRE V.

Expériences qui prouvent qu'une quantité considérable d'air est tirée par les Plantes.

Tout le monde sçait que l'air est un fluide élastique & délié, dans lequel flottent des particules de differente nature; qualitez que le grand Auteur de la nature lui a donné, pour en faire le souffle de vie des Animaux & des Végétaux, puisque sans air, ces derniers cesseroient de croître, & périroient aussi-bien que les premiers.

Nous avons déja vû dans les Expériences sur la Vigne, Chapitre III. l'air monter en quantité, & continuellement au-dessus de la séve dans les tuiaux; ce qui prouve évidemment l'abondance de l'air tirée par les Végétaux, & transpirée avec la séve par les feuilles.

Experience XLVII.

Le 9. de Septembre, à neuf heures du matin, je cimentai la branche *b* d'un Pommier, au tuiau de verre *r i e z* (fig. 11.) ; je ne versai point d'eau dans le tuiau, mais j'en mis le bout dans une cuvette *x* qui en étoit pleine. Trois heures après, je trouvai que l'eau avoit été élevée dans le tube à plusieurs pouces en z, ce qui prouve que la branche avoit tiré du tube $r\,i\,e\,z$ une quantité considérable d'air. La branche d'Abricotier, Expérience XXIX. tira de même tous les jours de l'air.

Expérience XLVIII.

Je pris un bâton de bouleau, avec son écorce dessus ; il avoit 16. pouces de longueur, & $\frac{3}{4}$ de pouce de diametre ; je le cimentai bien en z (fig. 32.) au tronc du sommet du récipiant $p\,p$ d'une machine pneumatique, après avoir mis son bout d'en bas dans une cuvette pleine d'eau x, & couvert de ciment fondu, son bout du dessus n.

Je pompai alors l'air du récipiant, cela fit sortir continuellement un nombre infini de bulles d'air hors du bâton dans l'eau x, ce qui continua tout ce jour-là, la nuit suivante & jusqu'au lendemain à midy, que je gardai mon récipiant vuide d'air ; je le conservai même assez long-tems en cet état pour me bien assûrer que l'air passoit à travers les pores de l'écorce, & suppléoit ainsi à cette longue succession d'air qui paroissoit en x. Je couvris de mastic cinq vieux yeux sur mon bâton entre z & n, d'où il étoit sorti des petits rejettons qui avoient péri ; l'air ne laissa pas de continuer toujours à passer librement en x.

Dans cette Expérience & dans plusieurs autres sur des bâtons d'autres Arbres, j'observai que l'air, qui ne pouvoit entrer qu'à travers l'écorce entre z & n, ne sortoit pas dans l'eau au bout du bâton par l'écorce ou par ses parties voisines seulement, mais qu'il sortoit aussi de la substance totale & intérieure du bois, & même un des plus gros vaisseaux de ce bois, comme j'en jugeai par la grandeur des bases des hémisphères d'air attachez à la coupe du bâton. Cette observation donne de la force à l'opinion du Docteur Grew, & de Malpighi, sur la trachée des Arbres.

Je cimentai ensuite sur le récipiant le verre cylindique gg, & je le remplis d'eau; de sorte qu'elle étoit d'un pouce au-dessus du sommet n du bâton.

L'air continua toûjours à couler en x, mais le courant d'air diminua beaucoup en une heure, & en deux il cessa absolument: tous les passages qui pouvoient laisser entrer l'air frais pour suppléer à celui qui étoit tiré par le bâton, ayant été bouchez par l'eau.

Je tirai alors avec un syphon de verre, l'eau du cylindre yy; malgré cela il ne parut point d'air en x.

Je portai donc le récipiant avec le bâton dedans, auprès du feu, où je le laissai jusqu'à ce que l'écorce fût bien séche; ensuite je le mis sur la machine pneumatique, & je le vuidai d'air: après cela l'air sortit en x avec autant de liberté que d'abord, avant que l'écorce eût été mouillée, & continua ainsi pendant plusieurs heures, que je gardai le récipiant vuide d'air.

Je fixai, comme le bâton de bouleau, un sarment de Vigne de trois ans, & qui avoit deux nœuds; je

mis

mis la partie où étoit le nœud supérieur *r* au-dedans du récipient, ensuite je pompai; l'air passoit fort librement dans l'eau *x*.

Je cimentai bien le bout du dessus *n* de la branche; je pompai de même, & l'air sortit encore à *x*, quoique je pompasse fort long-tems; mais il n'en passoit pas la vingtiéme partie à *x*, de ce qu'il en passoit lorsque l'extrémité *n* n'étoit pas couverte de mastic.

Je renversai alors la branche, & j'en mis le bout *n* à 6 pouces de profondeur dans l'eau *x*, je couvris de mastic toute l'écorce depuis *z*, sommet du récipient, jusqu'à la surface de l'eau *x*; ensuite je pompai, & l'air qui entroit par le sommet du bâton au-dessus de *z* sortoit à travers l'écorce qui étoit plongée dans l'eau *x*; lorsque je cessois de pomper pour quelque tems, l'air cessoit de sortir aussi; mais si je pompois de nouveau, il ressortoit encore.

J'ai trouvé la même chose sur des bâtons de bouleau & de mûrier, l'air sortoit plus abondamment aux vieux yeux, comme s'ils eussent été les endroits & les organes principaux de la respiration des Arbres.

Le Docteur *Grew* observe « Que les pores sont si larges dans les tiges de quelques Plantes, comme « dans la plus belle espece des joncs épais, dont on « fait les cannes, qu'un bon œil peut les voir sans « l'aide des verres; mais qu'avec ce secours le jonc « paroît comme tout percé avec de grosses épingles; « ses trous ressemblent assez aux pores de la peau «

S

„ dans l'extrémité des doigts, & de la paume de la
„ main.
„ Dans les feuilles de Pin, qui sont aussi percées,
„ les trous offrent un fort joli spectacle à l'observa-
„ teur, ils sont tous exactement rangez par ordre &
„ de file, dans la longueur des feuilles. „ *Grew*
Anat. des Plantes, *page 127*.

Il est donc très-probable que l'air entre avec beaucoup de liberté dans les Plantes, non-seulement avec le fond principal de la nourriture par les racines, mais aussi à travers la surface de leurs tiges & de leurs feuilles, sur-tout la nuit, lorsqu'elles passent de l'état de transpiration, à celui d'une forte succion.

Je fixai de la même maniere au sommet du récipient d'une machine pneumatique, mais sans le verre cylindrique *y y*, des jeunes rejettons de bout & renversez de Vignes, de Pommiers, de Chevrefeuilles; mais il ne sortit que peu ou point du tout d'air des branches ou des feuilles, excepté celui qui est contenu dans les sillons & dans les petits pores innombrables des feuilles qui sont visibles au mycroscope. J'essayai aussi sur une simple feuille de Vigne, soit en la trempant dans l'eau *x*, & plaçant la queue hors du récipient, soit en mettant la queue dans le verre d'eau *x*, & la feuille hors du récipient; mais je n'eus point du tout, ou du moins que très-peu d'air par ce moyen.

J'observai dans toutes ces Expériences, que l'air entre fort lentement par l'écorce des jeunes branches & des rejettons, & qu'il passe bien plus librement à travers la vieille écorce, & que selon les differentes especes d'Arbres, il les pénétre avec plus ou moins de liberté.

Je fis la même Expérience sur differentes racines d'Abres, l'air passoit très-librement de n à x; & lorsque le vaisseau de verre yy étoit plein d'eau, & qu'il n'y en avoit point en x, l'eau passoit à raison de trois onces en cinq minutes; & lorsque le bout du dessus n étoit couvert de mastic, & qu'il n'y avoit point d'eau dans yy, il entroit par l'écorce en zf de l'air, quoiqu'en petite quantité, qui passoit à travers l'eau en x.

J'ai trouvé en mettant de la terre, prise dans une allée de jardin, sous le verre renversé $zzaa$ plein d'eau (fig. 35.), qu'il y a dans la terre de l'air dans un état d'élasticité, aussi-bien que dans un état de non élasticité, qui peut par conséquent fort bien entrer par les racines avec la nourriture: cette terre après avoir trempé pendant plusieurs jours rendit un peu d'air élastique, quoiqu'elle ne fût pas à moitié dissoute; & dans l'Expérience LXVIII. nous trouvons qu'un pouce cubique de terre rendit 43 pouces cubiques d'air par la distilation, dont une bonne partie, de fixe qu'elle étoit, devint élastique par l'action du feu.

Je fixai de la même maniere de jeunes racines tendres & fibreuses, avec le petit bout tourné en haut vers n, & le vaisseau yy étant plein d'eau: à mesure que je pompois, je voyois de grosses goutes d'eau se succeder promptement, & tomber dans la cuvette x, où il n'y avoit point d'eau.

CHAPITRE VI.

Expériences chymico-statiques, pour tâcher de faire l'analyse de l'air, & pour connoître au juste la grande quantité d'air qui est contenue dans les substances animales, végétales & minerales, & juger de la grande liberté avec laquelle il reprend son élasticité, lorsque dans la dissolution de ces substances il s'en trouve séparé.

APrès avoir fait plusieurs Expériences (comme on a vû dans le Chapitre précedent) pour prouver que l'air est tiré par les Végétaux, nom seulement vers les racines, mais aussi en plusieurs endroits du tronc & des branches ; & après avoir vû très-clairement monter cet air en grande abondance dans le tems des pleurs de la Vigne au-dessus de la séve dans les tuiaux où elle étoit reçûe, je me sentis porté à faire des recherches plus particulieres sur la nature de ce fluide si nécessaire à la vie & à l'accroissement des Animaux & des Végétaux.

L'illustre M. Boyle a fait plusieurs Expériences sur l'air, & entr'autres découvertes il trouva, que les Végétaux en peuvent produire une bonne quantité ; il mit des Raisins, des Prunes, des Groseilles, des

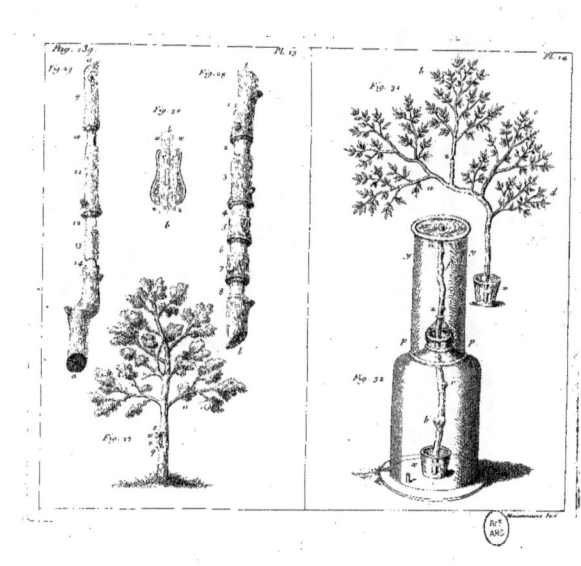

Cerises, des Pois, & differentes autres sortes de grains & de fruits dans des récipients pleins & vuides d'air, tous ces Végétaux produisirent une grande quantité d'air pendant plusieurs jours.

Dans le dessein de faire des recherches un peu plus profondes sur cette matiere, & afin de trouver au juste la quantité d'air que je pourrois tirer des differentes substances dans lesquelles il étoit logé & incorporé, je fis les Expériences Chymico-statiques qui suivent.

Cette méthode étoit assez naturelle, puisque tout le progrès que l'on a fait ici dans la connoissance de la nature des Végétaux est dû aux Expériences statiques. D'ailleurs comme la nature dans toutes ses opérations agit conformément aux loix du méchanisme établi dans sa premiere institution, l'on doit raisonnablement conclure, que la voye la plus convenable de faire des recherches par des opérations chymiques sur la nature d'un fluide trop délié pour être l'objet de notre vûe, doit nous conduire d'abord à trouver quelque moyen pour connoître les influences de la méthode ordinaire d'analiser les régnes animaux, végétaux & mineraux sur ce même fluide ; ce que j'ai fait en fixant, comme on va voir, des jauges hidrostatiques à des retortes & des matras.

Pour connoître la quantité d'air qui sort d'un corps quelconque, par la distilation ou par la fusion, je mis premierement la matiere que j'avois envie de distiler dans une petite retorte r (fig. 33.) à laquelle je lutai bien en a un vaisseau de verre $a\ b$ d'une très-grande capacité en b, avec un trou à son fond : souvent au lieu de ce vaisseau de verre je me servois d'un grand matras, au fond duquel je faisois un trou, par le moyen d'un anneau de fer rouge ; le lut étoit de terre dont on fait les pippes, & de fleur de farine de fèves, bien mêlée avec du crin, je le couvris de plusieurs vessies, liant sur le tout quatre petits bâtons qui servoient d'atelles, pour renforcer la jointure. Par le trou pratiqué au fond du matras, je faisois passer la jambe d'un syphon renversé, dont l'extrémité aboutissoit en z. Les choses étant ainsi préparées, je soulevois la retorte, & je plongeois le matras jusqu'à son sommet a dans un grand vaisseau plein d'eau : comme l'eau entroit avec force par le fond du matras, l'air en étoit chassé, & sortoit par le syphon ; ensuite lorsque le matras étoit plein d'eau jusqu'à z où aboutissoit l'extrémité de la jambe du syphon, je bouchois avec mon doigt l'orifice de la jambe extérieure du syphon, & dans le même tems je tirois hors du matras l'autre jambe du syphon; ainsi l'eau demeuroit dans le matras jusqu'à z, sans pouvoir descendre : je plaçai ensuite sous le matras, toûjours pendant qu'il étoit dans l'eau, le vaisseau xx; après quoi j'ôtai de dedans l'eau le vaisseau xx avec le matras qu'il contenoit, & je liai en z un fil ciré pour marquer la hauteur de l'eau ; enfin j'approchai la retorte du feu par degrés, & prenant bien garde de tenir toûjours le matras bien à couvert de la chaleur du feu.

L'abaissement de l'eau dans le matras montroit en

quelle raison l'air, & la matiere qui étoit en distilation, se dilatoient dans la retorte : lorsque le fond de la retorte commençoit à être bien rouge, l'expansion de l'air seul, prise sur le pied moyen, étoit à très peu près égale à la capacité des retortes ; de sorte que l'air occupoit alors un espace double : lorsque la retorte étoit exposée à un feu clair, & presque prête à se fondre, l'air occupoit un espace triple, & quelquefois davantage ; & c'est pour cette raison que les plus petites retortes sont les meilleures pour faire ces Expériences.

L'expansion des matieres en distillations étoit tantôt de fort peu, & tantôt de beaucoup de fois plus grande que celle de l'air dans la retorte, suivant les differentes natures de ces substances.

Quand la matiere que contenoit la retorte étoit suffisamment distilée, l'on éloignoit graduellement du feu la retorte, le matras, &c. lorsqu'elle étoit un peu refroidie, on les portoit dans une autre chambre où il n'y avoit point de feu, & le jour suivant, quelquefois même trois ou quatre jours après, lorsque tout étoit entierement froid, je marquois le point y, où l'eau se trouvoit alors dans le matras : si l'eau étoit au-dessous de z, l'espace vuide entre y & z montroit combien l'action du feu dans la distilation avoit produit d'air, ou plûtôt combien elle en avoit fait changer de l'état fixe à l'état élastique ; mais si l'eau y se trouvoit au-dessus de z, l'espace entre z & y qui étoit rempli d'eau, montroit la quantité d'air qui avoit été absorbée dans l'opération, ou plûtôt qui avoit changé de l'état élastique à l'état fixe, par la forte attraction des autres particules, que pour cela j'appelle absorbantes.

Lorsque je voulois mesurer la quantité de cet air nouvellement produit, je délutois le matras & la retorte, je bouchois avec du liege l'orifice *a* du matras; je le renversois ensuite, & par le trou du fond je versois de l'eau dedans jusqu'en *z*. J'avois pris dans un autre vaisseau (que j'avois pesé, & qui contenoit une certaine quantité d'eau) l'eau qu'il me falloit pour remplir le matras jusqu'à *y*; ainsi la quantité d'eau qui manquoit au poids du vaisseau, que je reposois ensuite, étoit égale au volume de l'air nouvellement produit. Je mesurai la quantité d'air & celle des matieres dont il sortoit par une mesure commune de pouces cubiques prise de la gravité spécifique des differentes substances, afin de voir plus aisément les raports de la quantité d'air, & de celle de ces matieres.

Voici maintenant les moyens dont je me servis pour mesurer la quantité d'air produit, ou absorbé par la fermentation causée par les differens mélanges des substances fluides & solides, ils me mirent en état de bien juger des effets surprenans de la fermentation sur l'air.

Je mis dans le matras *b* (fig. 34.) les matieres, puis je couvris le long cou du matras, d'un verre cylindrique *ay*, je les inclinai tous deux presque horisontalement dans un grand vaisseau plein d'eau; en sorte qu'elle pouvoit couler dans le verre *ay*;

lorsqu'elle

lorsqu'elle fut presque au-dessus du cou du matras, j'enfonçai le fond *b* avec la partie inférieure *y* du verre cylindrique dans l'eau, élevant en même tems l'extrémité *a* au-dessus de l'eau ; & ensuite, avant de les tirer hors de l'eau, je mis la partie *b y* du matras & du verre dans un vaisseau de terre *x x* plein d'eau, & ayant tiré le tout hors du grand vaisseau d'eau, je marquai la surface *z* de l'eau dans le verre *a y*.

Lorsque les matieres dans le matras produisoient de l'air en fermentant, l'eau baissoit de *z* à *y*, & l'espace vuide *z y* étoit égal au volume d'air produit ; mais si les matieres en fermentant absorboient ou fixoient les particules actives de l'air, l'eau montoit de *z* en *n*, & l'espace *z n* qui étoit rempli d'eau, étoit égal au volume d'air qui étoit absorbé par les matieres ou par les fumées qui s'en élevoient : lorsque la quantité d'air produit ou absorbé étoit fort grande, je me servois d'un gros balon, au lieu du verre *a y* ; mais lorsque cette quantité étoit fort petite, alors, au lieu du matras & du verre cylindrique *a y*, je me servois d'une phiole & d'un verre à bierre par dessus, ayant soin d'empêcher l'eau, dans tous ces cas, de tomber sur les matieres ; ce qu'il m'étoit aisé de prévenir en tirant l'eau sous le verre renversé *a y*, à telle hauteur qu'il me plaisoit, par le moyen d'un syphon.

Je mesurois les volumes que contenoient les espaces *z y* & *z n*, en versant comme dans l'Expérience précédente, dans le verre *a y*, une certaine quantité d'eau, & faisant une târe pour le volume du cou du

T

matras compris au-dedans des espaces $z\,y$ ou $z\,n$.

Lorsque je voulois connoître la quantité d'air absorbé ou produit par une chandelle allumée par du soulphre ou du nitre brûlant, ou bien par la respiration d'un animal vivant, je plaçois d'abord dans le vaisseau plein d'eau $x\,x$ (fig. 35.) une espece de petit guéridon ou piédestal, qui s'élevoit un peu plus haut que $z\,z$. Sur ce piédestal je mettois la chandelle ou l'animal vivant, & ensuite je couvrois le tout d'un grand verre renversé $z\,z\,a\,a$, qui étoit suspendu par une corde ; de sorte que son orifice $r\,r$ étoit à 3 ou 4 pouces sous l'eau ; je tirois ensuite, avec un syphon, l'air hors du vaisseau de verre $z\,z\,a\,a$, jusqu'à ce que l'eau montât en $z\,z$. Quand je n'osois sucer avec ma bouche par le syphon, comme lorsqu'il y avoit des matieres nuisibles, telles que le soulphre brûlant, l'eau forte, &c. sous le verre, je me servois pour tirer l'air, d'un grand soufflet, dont je fixois au syphon le tuiau, après en avoir exactement bouché les ouies ou soupapes ; car en ouvrant le soufflet, il tiroit par le syphon l'air hors du verre $z\,z\,a\,a$; & après que j'avois ainsi tiré cet air, j'ôtois tout de suite l'autre jambe du syphon de dessous le verre, & je marquois la hauteur $z\,z$ de l'eau.

Lorsque les matieres qui étoient sur le piédestal produisoient de l'air, l'eau baissoit de $z\,z$ vers $a\,a$, & cet espace $z\,z\,a\,a$ étoit égal au volume de l'air produit ; mais lorsque ces matieres détruisoient une partie de l'élasticité de l'air, alors l'eau montoit de $a\,a$ (hauteur à laquelle dans ce cas je l'avois fait s'arrêter par la succion) vers zz, & l'espace $aazz$ étoit égal au volume d'air, dont l'élasticité étoit détruite.

J'ai, par le moyen d'un verre ardent, quelquefois enflammé des matieres sur le piédestal, telle que le phosphore, & le papier gris, trempé d'abord dans une forte solution de nitre dans l'eau, & ensuite séché.

Quelquefois j'allumois la chandelle ou de longues méches de soulphre, avant de les couvrir du verre $aazz$; dans ce cas je tirois en un instant par le moyen du syphon, l'eau jusqu'à aa; elle baissoit d'abord un peu par l'expansion de l'air échauffé; mais elle montoit un instant après, quoique la flamme continuât d'échauffer & de raréfier l'air pendant deux ou trois minutes, que la chandelle demeuroit enflammée; aussi-tôt qu'elle s'éteignoit, je marquois la hauteur de l'eau zz qui continuoit pendant vingt ou trente heures de s'élever beaucoup au dessus de zz.

Quelquefois, lorsque je voulois verser sur les matieres, de l'eau forte ou quelqu'autre substance qui pouvoit causer une fermentation violente, je mettois l'eau forte dans une phiole au sommet du vaisseau de verre $zzaa$; en sorte que par le moyen d'un cordon, dont le bout pendoit dans le vaisseau xx, je pouvois incliner la phiole & verser l'eau forte sur les matieres contenues dans le vaisseau placé sur le piédestal.

Je vais maintenant rapporter le résultat d'un très-grand nombre d'Expériences que j'ai faites par le

moyen de ces inſtrumens ; j'ai voulu les décrire auparavant, pour éviter la répétition trop fréquente
que j'aurois été obligé d'en faire.

 Il convient, dans les recherches Phyſiques, d'a-
naliſer d'abord le ſujet ſur la nature, & les proprie-
tez duquel nous avons intention d'en faire ; de l'ana-
liſer, dis-je, par une ſuite nombreuſe & réguliere
d'Expériences, & de nous en repréſenter ſous un
ſeul point de vûe tous les réſultats pour tirer de-là
les lumieres que peut nous fournir leur commun
accord, & la force réunie de leur évidence. La ſuite
de ces Expériences montrera combien cette méthode
eſt raiſonnable.

 L'illuſtre Chevalier Newton (queſtion 31. de ſon
Optique) obſerve ,, Qu'il ſort par la fermentation
,, & par la chaleur du véritable air de ces corps, dont
,, les parties ſont jointes par une forte attraction, &
,, que les Chymiſtes appellent fixes, qui par cette
,, raiſon ne ſe ſéparent & ne ſe raréfient pas ſans fer-
,, mentation.

,, Les particules qui s'éloignent les unes des autres
,, avec la plus grande force répulſive, étant celles
,, que l'on réunit le plus difficilement, & qui ce-
,, pendant adhérent le plus fortement dans le contact.
,, *Et queſtion trentieme*, il dit que les corps denſes ſe
,, raréfient par la fermentation en pluſieurs eſpeces
,, d'air, & que cet air par la fermentation, & quel-
,, fois ſans elle, ſe convertit en corps denſe. ,, Les
Expériences ſuivantes vont en démontrer la vérité.

 Afin d'être bien aſſuré que l'air nouvellement

DES VEGETAUX, CHAP. VI. 149
produit dans la diſtilation des matieres ne venoit ni de l'air beaucoup échauffé dans les retortes, ni de la ſubſtance même de ces retortes échauffées, je fis rougir au feu une retorte vuide de verre, & une retorte de fer faite avec le canon d'un mouſquet : quand elles furent refroidies, je trouvai que l'air n'occupoit pas plus d'eſpace qu'auparavant, ainſi j'étois ſûr qu'il n'étoit point ſorti d'air, ni de la ſubſtance des retortes, ni de celle de l'air échauffé.

Les ſubſtances animales, comme le ſang, la graiſſe & même les parties les plus ſolides des animaux, produiſirent par la diſtilation une quantité conſidérable d'air.

EXPERIENCE XLIX.

UN pouce cubique de ſang de Cochon diſtilé juſqu'aux ſcories ſéches, produiſit 33 pouces cubiques d'air qui en ſortit lorſque les vapeurs blanches commencerent à monter ; ce que l'on vit clairement par le grand abaiſſement de l'eau qui ſe fit alors dans le récipient 4 z y (fig. 33.).

EXPERIENCE L.

MOINS d'un pouce cubique de ſuif abſolument diſtilé, produiſit 18 pouces cubiques d'air.

EXPERIENCE LI.

DEUX cens quarante-un grains, ou la moitié

d'un pouce cubique de la pointe des cornes d'un Dain, diftilez dans une retorte de fer, faite d'un canon de moufquet, que j'échauffai jufqu'à feu blanc dans la forge d'un Serrurier, produifirent 117 pouces cubiques d'air; c'eft-à-dire, 234 fois leur volume: cet air ne commença de fortir, que lorfque les vapeurs blanches s'éleverent; mais auffi il fortit alors en grande abondance, & enfuite en affez bonne quantité, lorfque vint l'huile fœtide ; de la chaux qui reftoit, les $\frac{2}{3}$ étoient noirs, & l'autre tiers couleur de cendre ; elle pefoit en tout 128 grains : en forte que la matiere de la corne n'avoit pas été la moitié détruite, ainfi il devoit demeurer beaucoup de foulfre. Le poids de l'eau étant à celui de l'air, comme 885 font à 1 (comme M. Hawkfbec l'a trouvé par une Expérience exacte), un pouce cubique d'air pefe $\frac{2}{7}$ d'un grain ; ainfi le poids de l'air contenu dans la corne étoit de 33 grains, c'eft-à-dire, environ une feptiéme partie de toute la corne.

Nous pouvons obferver ici, comme dans les Expériences précedentes & dans plufieurs des fuivantes, que les particules du nouvel air fe détacherent du fang & de la corne, lorfque les vapeurs blanches qui font le fel volatil, s'éleverent; mais ce fel volatil qui monte dans l'air avec une fi grande activité, loin de produire du véritable air élaftique, en abforbe au contraire, comme je l'ai trouvé dans l'Expérience fuivante.

DES VEGETAUX, Chap. VI. 151

EXPERIENCE LII.

Une dragme de sel volatil, de sel ammoniac, se dilata en peu de tems à chaleur douce; mais quoique l'expansion dans le récipient fût double de celle de l'air échauffé seul, cependant il ne sortit point d'air; mais au contraire il y en eut 2 pouces $\frac{1}{2}$ cubiques d'absorbez.

EXPERIENCE LIII.

Un demi pouce cubique de poudre d'écailles d'Huître, ou 266 grains distilez dans la retorte de fer, produisirent 162 pouces cubiques ou 46 grains d'air, ce qui est un peu plus de $\frac{1}{6}$ partie du poids des écailles.

EXPERIENCE LIV.

Deux grains de phosphore se fondirent aisément à quelque distance du feu; ils s'enflammerent & remplirent la retorte de vapeurs blanches, & ils absorberent 3 pouces cubiques d'air. Une pareille quantité de phosphore enflammée dans le grand récipient (fig. 35.) s'étendit dans un espace égal à 60 pouces cubiques, & absorba 28 pouces cubiques d'air : je pesai 3 grains de phosphore aussi-tôt après la déflagration, ils n'avoient pas perdu un demi grain; mais deux grains de phosphore que je pesai quelques heures après qu'ils eurent été enflammez comme ils avoient coulez par défaillance, & qu'ils avoient par conséquent absorbé l'humidité de l'air, avoient augmentez d'un grain.

Expérience LV.

Des substances Végétales.

Un demi pouce cubique ou 135 grains de cœur de Chêne fraîchement coupé d'un arbre vigoureux & croissant, produisit 128 pouces cubiques d'air; c'est-à-dire, une quantité égale à 216 fois le volume du morceau de Chêne; son poids qui étoit de plus de 30 grains, étoit comme l'on voit à peu près le quart du poids des 135 grains du Chêne. Une pareille quantité de petits coupeaux déliez du même morceau de Chêne séchez doucement, à quelque distance du feu pendant vingt-quatre heures, perdit, en séchant pendant ce tems, 44 grains d'humidité, ce qui étant déduit des 135 grains, il en reste 91 pour les parties solides de Chêne; & alors les 30 grains d'air sont un tiers du poids des parties solides du Chêne.

Onze jours après que cet air eût été produit, je mis dedans un Moineau en vie, il mourut sur le champ.

Expérience LVI.

De 388 grains de bled de Turquie, qui avoit crû dans mon jardin, mais qui n'étoit pas venu à une maturité

DES VEGETAUX, Chap. VI. 153
maturité parfaite, il en fortit 270 pouces d'air ou 77 grains; c'eſt-à-dire $\frac{1}{4}$ du poids total du Bled.

Experience LVII.

D'un pouce cubique ou de 398 grains de Pois, il fortit 396 pouces cubiques d'air ou 113 grains, c'eſt-à-dire, quelque choſe de plus du tiers de la peſanteur des Pois.

Neuf jours après la production de cet air, je tirai hors de l'eau l'orifice renverſé du récipient ; je laiſſai couler l'eau, & je mis enſuite une chandelle allumée dans cet air ſous le récipient ; l'air s'enflamma dans l'inſtant ; je trempai tout de ſuite l'orifice du récipient dans l'eau, pour éteindre la flamme : en remettant la chandelle dans l'air il ſe rallumoit, ce que je fis huit ou dix fois, juſqu'à ce qu'il ceſſât de s'enflammer, c'eſt-à-dire, juſqu'à ce que l'eſprit ſulphureux fût conſommé.

La même choſe arriva à l'air des écailles d'Huîtres diſtilées, à celui de l'Ambre, & à celui des Pois, & de la Cire nouvellement diſtilée. Et ce fut encore la même choſe dans une pareille quantité d'autre air de Pois, que je lavai au moins onze fois en le verſant ſous l'eau hors du vaiſſeau qui le contenoit, dans un autre vaiſſeau renverſé, plein d'eau.

Experience LVIII.

Il fortit d'une once ou de 437 grains de graine de

V

Moutarde 270 pouces cubiques d'air, ou 77 grains, ce qui est un peu plus de $\frac{1}{6}$ partie d'une once. Il y avoit sans doute beaucoup plus d'air dans cette graine; mais il monta dans un état non élastique avec l'huile, & sans en être dégagé : elle étoit en telle quantité au-dedans de ma retorte, ou plûtôt de mon canon de fer, qu'en le faisant rougir tout entier, afin de brûler cette huile, la flamme sortoit au dehors par l'orifice du canon. L'huile s'attachoit aussi au-dedans du canon dans la distilation de plusieurs autres substances animales, minerales & végétales ; ainsi l'air élastique que je mesurois dans le récipient, n'étoit pas tout l'air contenu dans ces substances distilées ; il en restoit une partie dans l'huile (car l'huile contient de l'air non élastique) ; & une autre partie de cet air nouvellement produit, étoit absorbé par les fumées sulphureuses dans le récipient.

Experience LIX.

Un demi pouce cubique ou 135 grains d'Ambre produisirent 135 pouces cubiques d'air ou 38 grains, sçavoir $\frac{38}{135}$ du poids total.

Experience LX.

De 142 grains de Tabac sec, il s'éleva 153 pouces cubiques d'air, ce qui est un peu moins du $\frac{1}{3}$ de tout le poids du tabac ; cependant il n'étoit pas tout brûlé; car une partie se trouva hors de l'atteinte du feu.

Expérience LXI.

Le Camphre est une substance sulphureuse, très-volatile, sublimée de la résine d'un Arbre des Indes Orientales; une dragme se fondit en liqueur claire à quelque distance du feu, & se sublima en forme de Cristaux blancs; un peu au-dessus de la liqueur, il ne se dilata que fort peu, & ne produisit ni n'absorba d'air. M. *Boyle* trouva la même chose en le brûlant dans le vuide, *vol. 2. pag. 605.*

Expérience LXII.

D'un pouce cubique ou environ d'huile d'Anis, il sortit 22 pouces cubiques d'air, & d'une pareille quantité d'huile d'Olive, 88 pouces cubiques d'air. Voici, je crois, la raison de cette différence; je m'apperçûs que l'huile d'Anis venoit trop aisément dans le récipient; ainsi dans la distilation de l'huile d'Olive, j'élevai le cou de la retorte un pied plus haut: par ce moyen l'huile ne pouvoit pas monter aisément, mais même retomboit dans le fond de la retorte, ce qui en séparoit une plus grande quantité d'air: malgré cette précaution, il ne laissoit pas que de passer dans le récipient une assez bonne quantité d'huile, qui contenoit sans doute une grande quantité d'air non élastique. En comparant ceci avec l'Expérience LVIII. nous voyons qu'il se sépare une plus grande quantité d'air de l'huile, lorsqu'elle est encore dans la graine de moutarde, qu'il ne s'en sépare d'une huile qui a été tirée par le secours de la Chymie, comme l'huile d'Anis, ou simplement par expression, comme l'huile d'Olive.

Experience LXIII.

D'un pouce cubique ou de 359 grains de Miel mêlé avec de la chaux d'os, il sortit 144 pouces cubiques d'air ou 41 grains; c'est-à-dire, un peu plus d'une neuviéme partie du poids total.

Experience LXIV.

Un pouce cubique ou 243 grains de Cire jaune produisirent 54 pouces cubiques ou 15 grains d'air, la seiziéme partie du poids total.

Experience LXV.

D'un pouce cubique ou de 373 grains de Sucre le plus grossier, qui est le sel essentiel des Cannes de Sucre, il s'éleva 126 pouces cubiques ou 36 grains d'air, un peu plus de $\frac{1}{10}$ partie du poids total.

Experience LXVI.

Je trouvai fort peu d'air dans 54 pouces d'Eau-de-vie, mais dans une pareille quantité d'Eau de puits, j'en trouvai un pouce cubique. Ce fut la même chose dans une petite quantité d'eau chaude de puits de Briſtol & de Holt. Dans l'eau de Piermont, près de Spa, il ſe trouva environ deux fois autant d'air que dans l'eau de pluye, ou dans l'eau commune. Cet air contribue à la vivacité de cette eau & de pluſieurs autres Eaux minérales. Je trouvai ces différentes quantitez d'air dans ces eaux, en renverſant les cols des bouteilles qui en étoient pleines dans de petites cuvettes de verre qui en étoient pleines auſſi, & en mettant le tout ſur un fourneau où ils avoient une chaleur égale, l'air ſe ſépara & monta au-deſſus dans les bouteilles.

Expérience LXVII.

Des Subſtances Minérales.

Un demi pouce cubique ou 158 grains de Charbon de Newcaſtle * fournit dans la diſtilation 180 pouces cubiques d'air qui en ſortit fort vîte, ſur-tout lorſque les vapeurs jaunâtres s'éleverent, le poids de 180. pouces eſt de 51 grains, environ le $\frac{1}{3}$ du point total.

* Le charbon de Newcaſtle que l'on apporte d'Angleterre à Rouen pour les forges.

Expérience LXVIII.

Un pouce cubique de Terre-vierge, & fraîchement enlevée d'une commune, bien brûlée dans la diſtilation, produiſit 43 pouces cubiques d'air. La craye me donna de l'air de la même façon.

Experience LXIX.

D'un quart de pouce cubique d'Antimoine, il sortit 28 fois ce volume d'air, je le diftilai dans une retorte de verre, parce qu'il fe feroit chargé du fer.

Experience LXX.

Je pris une Marcaffitte vitriolique, dure, d'une couleur grife, obfcure, que l'on avoit eue à 7 pieds fous terre, en fouillant pour trouver des fources fur la Commune de Walton : ce mineral abonde, non feulement en Soulfre qui en fut tiré en bonne quantité, mais auffi en Particules falines qui fortoient vifiblement à fa furface. Un pouce cubique de ce mineral fournit dans la diftilation 83 pouces cubiques d'air.

Experience LXXI.

Un demi pouce cubique de Sel marin bien décrepité, mêlé avec une fois autant de Chaux d'os, produifit 64 pouces cubiques d'air : je lui avois donné une fi grande chaleur, qu'après la diftilation, les fcories ne coulerent pas par défaillance. Pour nettoyer le canon, je faifois fortir ces fcories ou d'autres pareilles couchant le canon fur une enclume, & frappant deffus tout le long par dehors avec un marteau.

DES VEGETAUX, Chap. VI.

Experience LXXII.

Un demi pouce cubique ou 211 grains de Nitre mêlez avec de la Chaux d'os, donnerent 90 pouces cubiques d'air, c'est-à-dire, 180 fois leur volume ; ainsi le poids de l'air dans une quantité quelconque de nitre, est environ $\frac{1}{8}$ partie.

Le Vitriol distilé de la même maniere produisit aussi de l'air.

Experience LXXIII.

D'un pouce cubique ou de 443 grains de Tartre de Vin du Rhin, il sortit fort vîte 504 pouces cubiques d'air ; ainsi le poids de l'air dans ce Tartre étoit de 144 grains, c'est-à-dire $\frac{1}{3}$ du poids total. Les scories qui restoient en fort petite quantité, coulerent par défaillance : preuve qu'il y demeuroit encore du Sel de Tartre, & par conséquent de l'air ; car

Experience LXXIV.

Un demi pouce cubique ou 304 grains de Sel de Tartre, fait avec du Tartre & du Nitre, mêlé avec une fois autant de Chaux d'os, donnerent dans la distilation 112 pouces cubiques ou 224 fois leur volume d'air ; ce qui faisoit 32 grains, environ $\frac{1}{9}$ partie du Sel de Tartre. Il faut un plus grand degré de chaleur pour séparer l'air du Sel de Tartre, que pour le séparer du Nitre.

De-là nous voyons que les quantitez d'air dans

des volumes égaux de Sel de Tartre & de Nitre, font comme 224 à 180 : mais poids pour poids, le Nitre contient un peu plus d'air que ce Sel de Tartre-ci fait avec du Nitre ; & le Sel de Tartre fait sans Nitre, contient probablement un peu plus d'air que l'autre ; parce que l'on trouve, que dans la poudre fulminante, il fait une plus grande explosion que le Sel de Tartre fait avec du Nitre. Mais en supposant, comme on le trouve par cette Expérience, que le Sel de Tartre, selon sa pesanteur spécifique contienne $\frac{1}{5}$ plus d'air que le Nitre, cet excès n'est pas à beaucoup près suffisant, pour qu'on puisse le regarder comme la cause de la grande différence de la force des explosions du Sel de Tartre & du Nitre ; ainsi nous devons l'attribuer principalement à la nature plus fixe du Sel de Tartre, à qui par conséquent il faut un plus grand degré de feu qu'au Nitre pour en séparer l'air, & le dégager de ces particules qui sont si fortement unies : ainsi l'air du Sel de Tartre doit nécessairement acquérir par cette résistance une plus grande force élastique, & par conséquent faire une plus violente explosion que celle du Nitre. C'est par la même raison que l'Or fulminant fait une explosion plus violente, que la Poudre fulminante.

Les scories, après cette opération, ne coulerent pas par défaillance : preuve que tout le Sel de Tartre avoit été distilé.

La petite quantité d'air qui sort par la distilation de ce corps très-fixe le Sel marin dans l'Expérience LXXI. en comparaison de ce qui sort

du

du Nitre & du Sel de Tartre, nous montre la raison pourquoi le Sel marin n'a pas une force d'explosion, comme celle des autres lorsqu'ils sont enflammez; & en même tems nous pouvons observer que l'air renfermé dans le Nitre & dans le Sel de Tartre, contribue plus que tout le reste à leur force explosive; car le Sel marin contient un esprit acide, aussi-bien que le Nitre; mais comme il ne contient pas en même tems assez d'air, il ne peut être propre pour l'explosion, quand même on le mêleroit (comme le Nitre dans la composition de la Poudre à Canon) avec le soulfre & le charbon.

M. Boyle a trouvé que l'eau forte versée sur une forte solution de Sel de Tartre, ne tombe en beaux Cristaux de Salpêtre, qu'après avoir été long-tems exposée à l'air libre; d'où il soupçonne que l'air contribue à cette production artificielle de Salpêtre. ,, Quelque chose, dit-il, que l'air ait à faire dans ,, cette Expérience, nous avons reconnu qu'il se fai- ,, soit de tels changemens dans quelques concrétions ,, salines, principalement par l'aide de l'air libre, ,, comme bien peu de gens l'imagineroient. ,, *Vol. 1. pag. 302. & vol. 3. pag. 80.* Et les Chymistes observent que lorsqu'on veut laisser cristaliser les sels essentiels des Végétaux, il est nécessaire d'enlever la pellicule qui couvre la liqueur, pour que les sels puissent former de beaux Cristaux.

La grande quantité d'air que nous avons trouvé dans les sels, nous montre combien il sert à leur formation & à leur cristalisation, sur-tout combien il est nécessaire pour faire le Salpêtre dans le mélange du du Sel de Tartre & de l'esprit de Nitre ; car par l'Expérience LXXII. & LXXIII. il s'éleve une grande quantité d'air en faisant le Sel de Tartre, soit qu'on le fasse du Nitre & du Tartre, ou du Tartre tout seul : il est donc nécessaire, pour former du Nitre par le mélange du Sel de Tartre & de l'esprit de Nitre qu'il s'y incorpore en même tems une plus grande quantité d'air que celle qui est contenue, & dans le Sel de Tartre & dans l'esprit de Nitre.

Experience LXXV.

Un demi pouce cubique ou environ d'Eau forte bouillona, & fit une expansion considérable dans la distilation, qui s'acheva en très-peu de tems : en refroidissant l'expansion diminua fort vîte, & il y eut un peu d'air d'absorbé ; ainsi il est évident que l'air produit par le Nitre dans la distilation ne vient pas des parties spiritueuses & volatiles du Nitre.

D'où il est probable aussi, qu'il y a de l'air dans les esprits acides, mais qu'ils l'absorbent & le fixent dans la distilation : ce qui peut se confirmer encore par le grand nombre des bulles d'air qui sortent de l'eau régale dans la dissolution de l'Or ; car l'Or ne perdant rien de son poids dans cette dissolution, l'air ne peut sortir des parties métalliques de l'Or ; ainsi il doit venir de l'eau régale.

Expérience LXXVI.

Un pouce cubique de Soulfre commun, diſtilé dans une retorte de verre, ſe dilata fort peu, quoiqu'expoſé à un très-grand feu, & quoiqu'il paſſât tout dans le récipient ſans s'enflammer. Il abſorba de l'air, mais le Soulfre enflammé dans l'Expérience CIII. en abſorba beaucoup plus.

Une bonne partie de l'air qui ſortoit ainſi de pluſieurs corps par la force du feu, tendoit à perdre ſon élaſticité par degrés, quand on le gardoit pendant pluſieurs jours, dont la raiſon étoit, comme il paroîtra plus clairement par la ſuite, que les fumées acides ſulphureuſes qui montoient avec cet air en abſorboient & fixoient les particules élaſtiques.

Expérience LXXVII.

Pour tâcher de remédier à cet inconvénient, je fis uſage de la méthode ſuivante de diſtiler; elle eſt même beaucoup plus commode que celle où l'on ſe ſert de retortes de verre, qu'il eſt aſſez difficile de bien luter en *a* (fig. 33.)

Je mettois d'abord les matieres à diſtiler dans la retorte *rr* (fig. 38.) faite du canon d'un mouſquet; au bout de la retorte je fixois un ſyphon de plomb, & ayant plongé le ſyphon dans le vaiſſeau plein d'eau *x x*, je plaçois ſur l'orifice du ſyphon le récipient renverſé *w b* qui étoit plein d'eau; ainſi l'air qui ſortoit des matieres par la diftilation, paffoit de la retorte dans le syphon, & du syphon à travers l'eau jusqu'au sommet du récipient *a b* ; une bonne partie des esprits acides & des vapeurs sulphureuses étoient par ce moyen interceptées & retenues dans l'eau ; aussi l'air nouvellement produit, étoit après cette lotion bien moins sujet à perdre son élasticité : sur la quantité totale il ne s'en perdoit que $\frac{1}{15}$ ou $\frac{1}{18}$ partie, & principalement les vingt-quatre premieres heures ; après quoi le reste demeuroit élastique pour toûjours, excepté l'air du Tartre & du calcul humain, dont un tiers perdoit constamment son élasticité en six ou huit jours ; mais après ce tems il demeuroit aussi élastique pour toûjours ; je garde de l'air de calcul humain depuis trois ans, sans y avoir remarqué aucune altération.

Je m'assurai par les épreuves suivantes, que cette grande quantité d'air qui sort ainsi des corps par la distilation, est du véritable air, & non pas une simple vapeur flatulente.

Je remplis un grand récipient, qui contenoit 540 pouces cubiques avec de l'air de Tartre, & après avoir laissé refroidir cet air, je suspendis le récipient à l'extrémité d'une balance sans le changer de situation ; c'est-à-dire, tandis que son orifice trempoit dans l'eau ; ensuite je tirai cet orifice hors de l'eau, & je le couvris immédiatement avec une vessie ; je le pesai exactement, & ensuite je chassai tout l'air de Tartre hors du récipient, par le moyen d'un soufflet, auquel j'ajoûtai un long tuiau pour atteindre jusqu'au fond du récipient. Ensuite ayant attaché de

DES VEGETAUX, Chap. VI.

nouveau la même veffie fur l'orifice, je pefai le récipient avec grand foin ; mais je ne pus trouver la moindre différence dans la gravité fpécifique de ces deux airs. Je trouvai la même chofe avec de l'air de Tartre, qui avoit été produit dix jours auparavant.

Le poids de cet air nouvellement produit, eft donc le même que le poids de l'air commun, fon élafticité fe trouva auffi la même ; car je remplis deux tuiaux égaux, l'un d'air commun, & l'autre d'air de Tartre que je gardois depuis quinze jours ; ces tuiaux avoient dix pieds de longueur, & étoient fcellés hermétiquement à l'une de leurs extrêmitez : je les plaçai en même tems fous un récipient cylindrique, où je les comprimai avec une pefanteur de deux atmofpheres, pour éviter le danger en cas que le verre fût venu à crever ; je mettois le tout dans un vaiffeau de bois profond ; l'eau monta à des hauteurs égales dans les deux tuiaux ; j'avois rendu le récipient cylindrique moins caffant, en le mettant bouillir dans de l'urine, & en l'y laiffant refroidir.

Je mis auffi dans les mêmes tuiaux de l'air nouvellement produit du Tartre, en les tenant tous deux debout dans des cuvettes où il y avoit de l'eau ; je comprimai l'air de l'un des tuiaux, pendant plufieurs jours, dans la machine pneumatique ; afin d'effayer fi l'élafticité de cet air ainfi comprimé, feroit plûtôt détruite par les vapeurs abforbantes, que celle de l'air non comprimé ; mais je ne pûs y voir aucune différence. M. Lemery, dans fon Cours de Chymie, pag. 592. obtint dans la diftilation de 48 onces de

Tartre, 4 onces de phlegme, 8 onces d'esprit, 3 onces d'huile, & 32 onces, ou les $\frac{2}{3}$ du tout de scories ou résidence ; ainsi il s'étoit perdu une once dans l'opération.

Dans ma distilation de 443 grains de Tartre, Expérience LXXIII. il ne me resta que 42 grains de scories, ce qui est un peu plus de $\frac{1}{10}$ partie du Tartre. Dans ce résidu, il y avoit de l'air par l'Expérience LXXIV. car il y avoit du Sel de Tartre ; puisqu'il coula par défaillance. En comparant donc ma distilation avec celle de M. Lemery, je trouve que dans la sienne il y a 32 onces de scories, & qu'il y a une once de perte ; ce qui suffit pour faire la grande quantité d'air, qui, selon l'Expérience LXXIII. doit sortir du Tartre, sur-tout si nous y ajoûtons l'air contenu dans l'huile, laquelle huile est une seiziéme partie de tout le Tartre ; car on peut assûrer qu'il y a beaucoup d'air dans l'huile.

Je distilai par cette méthode (fig. 38.) de la Corne, la Pierre, où le calcul humain, les écailles d'Huîtres, le Chêne, la graine de Moutarde, le bled de Turquie, les Pois, le Tabac, l'Anis, l'huile d'Olive, le Miel, la Cire, le Sucre, l'Ambre, le Charbon, la Terre, le Minéral de Walton, le Sel Marin, le Salpêtre, le Sel de Tartre, le Plomb, le Minium. La plus grande partie de l'air qui sortit de tous ces corps étoit d'une élasticité très-permanente, excepté celle que perdit en plusieurs jours l'air de Tartre & celui du calcul humain. L'air du Nitre perdit très-peu de son élasticité, au lieu que dans la plûpart des Expé-

DES VEGETAUX, Chap. VI.

riences, l'air qui est sorti du Nitre par la distilation avec le récipient (fig. 33.) a été absorbé en peu de jours, comme l'a aussi été l'air produit par la détonation du Nitre dans l'Expérience 102. ce qui nous donne la raison pourquoi 19 parties sur 20 de l'air, produit par l'inflammation de la Poudre à canon, étoient absorbées en dix-huit jours par les vapeurs sulphureuses de la Poudre à canon, comme Monsieur Hawksbee l'observe dans ses Expériences Physico-méchaniques, pag. 83.

J'observai dans la distilation de la Corne vers la fin de l'opération, lorsque l'huile épaisse & fœtide montoit, qu'il se formoit de fort grosses bulles couvertes de pellicules épaisses & onctueuses qui demeuroient dans cet état pendant quelque tems, & dont il sortoit beaucoup de fumée quand elles venoient à crever. Je vis la même chose dans la distilation de la graine de Moutarde.

Expériences faites sur des pierres tirées de la vessie, de l'urine, & de celles du fiel.

M. Ramby, Chirurgien de la Maison du Roy, me donna de ces pierres, sur lesquelles je fis les Expériences suivantes.

Je distilai une de ces pierres tirée de la vessie dans la retorte de fer (fig. 38) Elle pesoit 230 grains, & il s'en falloit peu que son volume ne fût de $\frac{3}{4}$ de pouces cubiques: il en sortit avec vivacité dans la distilation 516 pouces cubiques d'air élastique; c'est-à-dire, 645 fois le volume de la pierre ; de sorte que par l'action du feu il y eut plus de la moitié de cette pierre qui se convertit en air élastique : cette quantité d'air est à proportion plus grande que celle qui est sortie par le moyen du feu de toute autre substance animale, végétale, ou minérale. La chaux qui resta après l'opération pesoit 49 grains ; c'est-à-dire, $\frac{1}{4.69}$ de la pierre, ce qui est environ la même quantité de chaux que le Docteur Slare a trouvé après la distilation & la calcination de 2 onces de calcul humain, " dont, dit-il, " une once & trois dragmes s'évaporerent dans la " calcination après la distilation, circonstance essen- " tielle, & dont les Chymistes cherchent rare- " ment la cause. " *Transactions philosophiques, abregé de Lowtorp pag. 179.* L'on voit par cette Expérience-ci que la plus grande partie de cette matiere évaporée, étoit du véritable air élastique.

En comparant cette distilation de la Pierre avec celle du Tartre du Vin du Rhin, Expérience LXXIII. nous voyons que ces deux matieres donnent plus d'air qu'aucune autre substance, & l'on peut observer que cet air perdit aussi plus de son élasticité que l'air de tous les autres corps ; & comme ces affections sont communes au calcul humain & au Tartre végétal, il est à présumer que le calcul est un véritable Tartre animal ; je trouvai même que la Pierre contenoit moins d'huile que le sang & les parties solides des Animaux, comme le Tartre du Vin du Rhin en contenoit aussi beaucoup moins que les semences & les parties solides des Végétaux.

Je

DES VEGETAUX, Chap. VI.

Je distilai de la même manière des pierres tirées de la vesficule du fiel d'un Homme : elles pesoient 52 grains, & faisoient à très peu près la sixiéme partie d'un pouce cubique ; ce que je trouvai en prenant leur pesanteur spécifique. Il sortit de ces pierres dans la distilation 108 pouces cubiques d'air élastique ; c'est-à-dire 648 fois leur volume, quantité à peu près proportionnelle à celle qui sortit du calcul. Une sixiéme partie ou environ de cet air élastique fut réduite à un état fixe. Il monta beaucoup plus d'huile dans la distilation de ces pierres, que dans celle du calcul ; une partie de cette huile sortoit du fiel séché & adhérent à la surface des pierres ; elle formoit en s'élevant de grosses bulles comme celles qui s'étoient formées dans la distilation des cornes de Dain.

Une petite pierre de la vesficule du fiel, grosse comme un Pois, s'est dissoute en sept jours dans une lessive de Sel de Tartre ; le Tartre s'est aussi dissout dans la même lessive, mais elle ne put dissoudre le calcul dont les parties sont plus fermement unies.

Un pouce cubique d'esprit de Nitre versé sur 115 grains de calcul le dissout en deux ou trois heures, en faisant beaucoup d'écume ; il en sortit 48 pouces cubiques d'air, qui conserva toute son élasticité, quoiqu'il demeurât plusieurs jours dans les vaisseaux de verre (fig. 34.) Une pareille quantité de Tartre fut dissoute dans le même tems par l'esprit du Nitre, mais il n'en sortit point d'air élastique, quoique le Tartre en contienne une si grande quantité. Des petits morceaux de Tartre & de calcul furent tous diſſous par l'huile de Vitriol en douze ou quatorze jours. De pareils morceaux de Tartre & de calcul furent en peu d'heures diſſous par l'huile de Vitriol, ſur laquelle je verſai graduellement à peu près une quantité égale d'eſprit de corne de Cerf fait avec de la Chaux, ce qui fit une grande ébulition, & cauſa une chaleur conſidérable.

Quoique la Chaux qui reſtoit après la diſtilation du Tartre dans l'Expérience LXXIII. coulât par défaillance, & que par conſéquent elle contînt du Sel de Tartre : & quoique la Chaux du calcul diſtilé ne coulât pas par défaillance, & ne contînt donc pas de Sel de Tartre, on ne peut cependant pas conclure de là que le calcul n'eſt pas une ſubſtance tartareuſe, puiſque par l'Expérience LXXIV. il eſt évident que le Sel de Tartre lui-même, lorſqu'il eſt mêlé avec une Chaux animale, ſe diſtile abſolument; en ſorte que la Chaux ne coule pas par défaillance.

Par la grande analogie qui ſe trouve entre ces Pierres & le Tartre, nous pouvons les regarder comme du véritable Tartre animal, auſſi bien que les concrétions graveleuſes des Gouteux.

La grande quantité d'air que l'on trouve dans ces Tartres, nous montre que les particules d'air non élaſtique, qui en vertu de la forte attraction dont elles ſont douées, travaillent ſi fort à former la matiere nutritive des Animaux & des Végétaux, forment auſſi quelquefois par cette même attraction des concrétions anomales, comme les pierres dans les Animaux, ſur-tout dans les parties où les fluides séjournent sans mouvement comme dans les vessies de l'urine & du fiel. Ces concrétions adhérent aussi fortement au côté des urinoirs, &c. Il s'en forme aussi de Tartareuses dans quelques fruits, & particulierement dans les Poires ; mais ces concrétions se réunissent ensemble en bien plus grande quantité, lorsque les sucs Végétaux sont sans mouvement comme dans les tonneaux de Vin.

Cette grande quantité de particules d'air non élastique qui se trouve dans le calcul, loin de nous décourager, devroit nous animer à chercher quelque dissolvant de la pierre ; son analise nous y découvre en quantité les principes actifs, qui dans la fermentation sont les principaux agens ; car M. Boyle y a trouvé de l'huile & une bonne quantité de sel volatil, & nous voyons ici qu'elle contient de plus une grande quantité de particules d'air non élastique. La difficulté me paroît naître seulement de la proportion demesurée de ces dernieres particules fermement unies ensemble par le soulfre, & le sel aux autres particules de la terre ou de la tête morte, dont la quantité est fort petite.

Experience LXXVIII.

La huitiéme partie d'un pouce cubique de Mercure ne fit qu'une expansion insensible dans la distilation, quoique faite avec la retorte de fer dans la forge d'un Serrurier au feu le plus violent, le Mercure fit une ébulition que l'on entendit à quelque distance, & même ébranla la retorte & le récipient; il ne produisit point d'air. Dans l'Expérience suivante l'expansion de l'air fut aussi tout-à-fait insensible.

Experience LXXIX.

Je mis dans la même retorte un demi pouce cubique de Mercure, & je la fixai à un très-grand récipient qui n'avoit point de trou à son fond, en adaptant l'orifice du récipient au petit bout de la retorte (qui étoit faite d'un canon de mousquet) par le moyen de deux gros morceaux de liége, qui entrant un peu avec force, remplissoient éxactement l'orifice du récipient : j'y avois auparavant fait un trou pour recevoir le coû de la retorte, & j'avois de plus recouvert toutes les jointures par une vessie souple & séche, bien liée & bien jointe par dessus : j'évitai à dessein de me servir d'un lut où j'aurois pû soupçonner de l'humidité, & j'essuiai bien le dedans du récipient, avec un drap que j'avois fait chauffer.

Le Mercure fit une grande ébulition, & il en passa une partie dans le récipient, aussi-tôt que la retorte fut échauffée jusqu'à rougir : je ne laissai pas que d'augmenter le feu jusqu'à blanchir & presque fondre la retorte, & je le conservai à ce degré pendant une demie heure : je cohobai très-souvent pendant ce tems les parties de Mercure qui se condensoient & se logeoient horisontalement vers le milieu du coû de la retorte : en soulevant le récipient, elles retomboient au fond de la retorte, où elles faisoient une

DES VEGETAUX, Chap. VI.

nouvelle ébulition, ce qui ne cessa que lorsque tout fut distilé du fond de la retorte. Je laissai tout refroidir, & je trouvai dans la retorte deux dragmes de Mercure, je perdis en tout 43 grains ; mais il n'y avoit pas la moindre humidité dans le récipient.

Ainsi il est à croire, que M. Boyle & d'autres ont été trompez par quelques circonstances auxquelles ils n'ont pas pris garde, lorsqu'ils ont crû avoir tiré de l'eau du Mercure par la distilation : » Cela m'arriva une fois, dit M. Boyle, mais je n'ai pû faire réussir « cette Expérience une seconde. » *Boyle*, *vol. 3. pag. 416.* Je me souviens, qu'il y a environ vingt ans, nous convînmes plusieurs personnes ensemble de faire cette Expérience dans le laboratoire du Collége de la Trinité à Cambridge ; & comme nous crûmes qu'il se feroit une fort grande expansion, nous lutâmes une retorte de terre d'Allemagne à trois ou quatre grands vaisseaux en forme d'aludels, qui aboutissoient à un grand récipient, comme a fait M. Wilson dans son Cours de Chymie. Quand la retorte fut rouge, nous y fîmes entrer peu à peu, & par le trou d'une pipe à tabac qui y avoit été lutée à ce dessein, quatre livres de Mercure. Après la distilation nous trouvâmes de l'eau avec du Mercure dans les vaisseaux. Je soupçonnai dès ce tems-là qu'elle pouvoit venir de l'humidité de la retorte & du lut, & je me trouve aujourd'hui confirmé dans cette idée par cette Expérience-ci : il a plû tout le jour que je l'ai faite, & cependant je n'ai point eu d'eau dans la distilation du Mercure ; ainsi quand il en vient, on ne doit pas l'attribuer à l'humidité de l'air.

Expériences sur les differentes altérations de l'air dans les fermentations.

Nous avons vû dans les Expériences précédentes la grande quantité de véritable air élastique que l'on obtient des liqueurs & des corps solides par le moyen du feu, les suivantes nous montreront que la fermentation causée par le mélange des differentes matieres, produit & absorbe aussi une grande quantité d'air. Cette méthode même de rendre & d'ôter à l'air son élasticité par la fermentation, paroît plus conforme à celle de la nature.

Experience LXXX.

Je mis dans le matras b (fig. 34.) 16 pouces cubiques de sang de Mouton avec un peu d'eau pour le faire mieux fermenter ; j'y trouvai par l'abaissement de l'eau de z en y, qu'il en étoit sorti en dix-huit jours 14 pouces cubiques d'air.

Experience LXXXI.

Du Sel volatil de Sel ammoniac mis dans une petite cuvette de verre, sous le verre renversé $zz\ aa$ (fig. 35.) ne produisit ni n'absorba d'air, non plus que plusieurs autres liqueurs de Sels volatils, tels que les esprits de corne de Cerf ; l'esprit de Vin & l'Eau-

DES VEGETAUX, Chap. IV. 175

forte ne donnerent aussi point d'air ; mais le Sel ammoniac, le Sel de Tartre & l'esprit de Vin, tous trois mêlez ensemble, produisirent 26 pouces cubiques d'air, dont ils en absorberent 2 pouces en quatre jours, qu'ils reproduisirent ensuite.

Experience LXXXII.

Un demi pouce cubique de Sel ammoniac avec un pouce cubique d'huile de Vitriol, donna le premier jour 5 ou 6 pouces cubiques d'air ; mais les jours suivans il en absorba 15 pouces cubiques, & demeura plusieurs jours dans cet état.

Avec autant d'huile de térébenthine & de Vitriol, ce fut à peu près la même chose ; mais ce dernier mélange absorba plûtôt que le premier.

M. Geoffroy nous a montré, que le mélange des acides vitrioliques avec des substances inflammables, donne du Soulfre commun, par les differentes compositions du Soulfre qu'il a faites ; sur-tout par le mélange de l'huile de Vitriol & de Térébenthine ; & par leur analise après cette préparation, il a découvert que le Soulfre n'etoit qu'un acide vitriolique, joint à une substance inflammable. *Mémoire de l'Académie des Sciences, années 1704. pag. 381.* & *Ouvrages de Boyle, vol. 3. pag. 273. Notes.*

Experience LXXXIII.

Au mois de Février, je versai sur 6 pouces cubiques de poudre d'écaille d'Huître, autant de Vinaigre de vin blanc; ce mélange en cinq ou six minutes produisit 17 pouces cubiques d'air, & en quelques heures 12 pouces cubiques de plus, en tout 29 pouces : en neuf jours il reprit & absorba doucement 21 pouces cubiques d'air : le neuviéme jour je versai de l'eau tiéde dans le vaisseau xx (fig. 34.) & le jour suivant que tout étoit refroidi, les 8 pouces cubiques qui restoient avoient encore été absorbés ; ainsi la tiédeur aide quelquefois à la vertu absorbante des mélanges, aussi bien qu'à leur vertu productrice ; & cela en élevant les vapeurs absorbantes, comme on le verra plus clairement dans la suite.

Un demi pouce cubique d'écailles d'Huître avec un pouce cubique d'huile de Vitriol, produisit 32 pouces cubiques d'air.

Les écailles d'Huître, avec 2 pouces cubiques de Présure aigre qui sortoit de l'estomac d'un Veau, produisirent en quatre jours 11 pouces cubiques d'air. Mais les écailles d'Huître avec la liqueur de l'estomac d'un Veau qui avoit été nourri de foin, ne donnerent point d'air, non plus qu'avec le fiel de Bœuf, l'urine & la salive.

Un demi pouce cubique d'écailles d'Huître & de jus de Bigarades, donnerent le premier jour 18 pouces cubiques d'air : les jours suivans ils les absorberent, & même trois ou quatre pouces de plus, & quelquefois ils les reproduisirent encore.

Ce fût la même chose avec du jus de Citron.

Il sortit un peu d'air des écailles d'Huître & du lait; mais dans le même tems le lait & le jus de Citron
absorberent

DES VEGETAUX, Chap. VI. 177
abforberent un peu d'air, ce que fit auffi la preffure & le Vinaigre. La preffure feule produifit un peu d'air, qu'elle abforba le jour fuivant, & fit auffi la même chofe lorfque je la mêlai avec de la mie de pain.

Expériénce LXXXIV.

Un pouce cubique de jus de Citron avec autant d'efprit de corne de Cerf (fait fans addition d'aucune matiere étrangere, comme Chaux, &c.) abforba en quatre heures, 3 ou 4 pouces cubiques d'air : le jour fuivant il en produifit 2 pouces; & le troifiéme jour comme le tems changea & paffa d'une chaleur modérée au froid, le mélange abforba encore cet air, & demeura dans cet état pendant un jour ou deux.

L'on verra clairement par les Expériences fuivantes, qu'il fe trouve dans la fubftance des Végétaux, une grande quantité d'air incorporé avec eux, & que l'on en fépare par la fermentation qui le rend élaftique.

Experience LXXXV.

Le 2. de Mars je verfai dans le matras *b* (fig. 34.) 42 pouces cubiques d'Ale * fortant du tonneau, où trente-quatre heures auparavant on l'avoit mife pour fermenter : du 2. de Mars jufqu'au 9. de Juin, elle produifit 639 pouces cubiques d'air dans une progreffion fort inégale, plus ou moins, felon que le tems étoit chaud, frais ou froid, quelquefois dans

* Bierre faite avec peu de Houblon.

Z

un changement du chaud au froid, elle réabſorboit 32 pouces cubiques.

Experience LXXXVI.

Le 2. de Mars, 12 pouces cubiques de Raiſins ſecs de *Malaga*, & 18 pouces cubiques d'eau produiſirent, juſques & compris le 16. Avril, 411 pouces cubiques d'air, dont ils en réabſorberent 35 en deux ou trois jours de froid : du 21. Avril au 16. de May, ils produiſirent 78 pouces cubiques ; après quoi, juſqu'au 9. de Juin ils abſorberent 13 pouces cubiques. Il y eut pendant cette ſaiſon des jours fort chauds, avec beaucoup de tonnerre, ce qui détruit l'élaſticité de l'air. Nous comptons en tout 489 pouces cubiques d'air produit, dont 48 furent réabſorbés : la liqueur étoit après cela fort éventée.

Par la grande quantité d'air que les Pommes produiſirent, comme on le va voir dans les Expériences ſuivantes : il eſt très-probable que des Raiſins mûrs, & qui n'auroient pas été ſecs comme ceux-ci, auroient produit beaucoup plus d'air.

Ces Expériences ſur les Raiſins & ſur l'Ale, nous montrent que dans un tems chaud, ce n'eſt pas en abſorbant l'air que le Vin & la Bierre ſe pouſſent, mais que c'eſt en fermentant & en produiſant trop d'air qui peut paſſer pour leur eſprit vital : c'eſt par cette raiſon que ces liqueurs ſe gardent dans des caves fraîches, où l'air, ce principe de leur vigueur, eſt toûjours dans une juſte température ſi néceſſaire à leur conservation, que pour peu qu'elle change, le Vin est en danger de se gâter.

Experience LXXXVII.

Le 10. d'Août, 26 pouces cubiques de Pommes écrasées produisirent en treize jours 968 pouces cubiques, quantité égale à 48 fois leur volume : trois ou quatre jours après, elles réabsorberent 28 pouces, quoiqu'il fît un tems fort chaud ; ensuite elles demeurerent en repos pendant plusieurs jours sans produire & sans absorber d'air.

De la Cassonade, avec autant d'eau, produisit 9 fois son volume d'air.

La fleur-de Ris 6 fois son volume. Les feuilles de Coclearia produisirent & absorberent de l'air. Enfin, les Pois, le Bled & l'Orge, produisirent beaucoup d'air par la fermentation.

Nous sommes sûrs par l'état d'expansion, & d'élasticité de cet air qui s'éleve des Végétaux en si grande quantité par la fermentation & par la dissolution, qu'il est bien de la nature du véritable air ; car de simples vapeurs aqueuses dilatées, se condenseroient bientôt par la fraîcheur ; au lieu que cet air persevere dans cet état plusieurs semaines, plusieurs mois, &c. Il est évident aussi que cet air nouvellement produit est élastique, puisqu'il se dilate & se ressere comme l'air commun, selon qu'il fait chaud ou froid ; mais de plus, parce qu'il se comprime à proportion des poids dont il est chargé, comme il paroît par les deux Expériences suivantes, qui montrent aussi la grande force des particules aëriennes, lorsqu'elles s'échappent des Végétaux qui fermentent.

Experience LXXXVIII.

Je mis des Pois jusqu'à moitié dans une forte bouteille bc (fig. 36.) dans laquelle je versai du Mercure jusqu'à un demi pouce de hauteur, & de l'eau jusqu'à la remplir ; ensuite je fixai par une visse en b, le tuiau long & étroit ab, & dont le bout d'en bas étoit enfoncé dans le Mercure, & touchoit presque le fond de la bouteille. Les Pois tirerent toute l'eau en deux ou trois jours, & par conséquent se dilaterent beaucoup, & forcerent le Mercure à monter dans le tube à 80 pouces de hauteur ou environ. Ainsi l'air nouvellement produit dans la bouteille étoit comprimé par une force plus grande que celle de la pression de deux atmospheres & demi : si l'on balançoit la bouteille & le tube, le Mercure faisoit dans le tube entre z & b de grandes oscillations ; ce qui prouve combien l'air comprimé dans la bouteille étoit élastique.

Experience LXXXIX.

Je m'assurai encore par l'Expérience suivante, que l'air nouvellement généré avoit une grande élasticité.

Je pris un pot épais de fer $abcd$ (fig. 37.) il avoit 2 pouces $\frac{1}{4}$ de diametre intérieur, & 5 pouces de profondeur ; j'y versai du Mercure jusqu'à un demi pouce

DES VEGETAUX, Chap. VI. 181

de hauteur, & je mis un peu de miel coloré au bout x du tuiau de verre $z\,x$ qui étoit fcellé à fon autre bout; je mis enfuite ce tuiau dans un cylindre de fer $n\,n$, pour l'empêcher d'être caffé par le renflement des petits Pois, dont je remplis le pot ; & y ayant verfé de l'eau jufqu'à ce qu'il fût abfolument plein, je mis un collet de cuir entre la bouche & le couvercle du pot que j'avois moulé, afin de le faire mieux joindre, & je preffai fort le couvercle en bas dans une preffe à Cidre. Le troifiéme jour, ayant tiré de la preffe le pot, je l'ouvris, & je trouvai que toute l'eau avoit été tirée par les Pois, & que le Miel avoit été forcé par le Mercure de s'élever dans le tube de verre jufqu'à z; (car le verre en étoit barbouillé jufqu'à cette hauteur) par ce moyen je trouvai que la preffion caufée par la diftilation des Pois avoit été égale à celle de deux atmofpheres, & $\frac{1}{4}$; & le diamétre du pot étant de deux pouces $\frac{3}{4}$, l'aire de fon ouverture de 6 pouces quarrés, il fuit que la force de la dilatation de l'air entre le couvercle du pot étoit égale à 189 livres.

On voit même clairement, que la force expanfive de cet air nouvellement produit, eft infiniment fupérieure à la puiffance qui agiffoit ici fur le Mercure dans ces deux Expériences ; car cette même force dans la fermentation du Vin nouveau créve les plus forts vaiffeaux ; & dans l'inflammation de la Poudre à canon, elles fait fauter les mines, & créver les canons & les plus fortes bombes.

Cette efpéce de jauge, dont je me fers dans cette

Expérience LXXXIX. avec quelque matiere onctueuse, comme de la melasse, ou quelque autre substance semblable & colorée, que l'on mettroit sur le Mercure dans le bout du tube, & qui serviroit à marquer jusqu'où le Mercure monte, pourroit très bien servir à trouver les profondeurs de la Mer que l'on ne peut sonder. Il faudroit pour cela fixer cette jauge à un corps qui seroit plus leger que l'eau, & qui s'enfonceroit par un poids qu'on y attacheroit, & qui par quelque moyen aisé s'en détacheroit aussi-tôt qu'il toucheroit le fond de la Mer ; en sorte que ce corps & la jauge remonteroient tout de suite à la surface de l'eau : il faudroit aussi que ce corps fût gros, & beaucoup plus leger que l'eau ; afin que par sa grande éminence au dessus de l'eau, on pût le voir de plus loin ; car il est très-probable, que s'il descendoit à de grandes profondeurs, il reviendroit au dessus de l'eau à une distance considérable du vaisseau, quoique dans un tems calme.

Pour une plus grande exactitude, il faudra d'abord essayer à differentes profondeurs, & même à la plus grande où la sonde pourra atteindre ; afin de découvrir par là si le ressort de l'air est changé & condensé, non seulement par la grande pression de l'eau dont il est chargé, mais aussi par le froid, selon les differentes profondeurs, & pour connoître les espaces de tems que le corps employera à descendre & à monter, afin de pouvoir fonder en conséquence un calcul pour les profondeurs où la sonde ne peut atteindre.

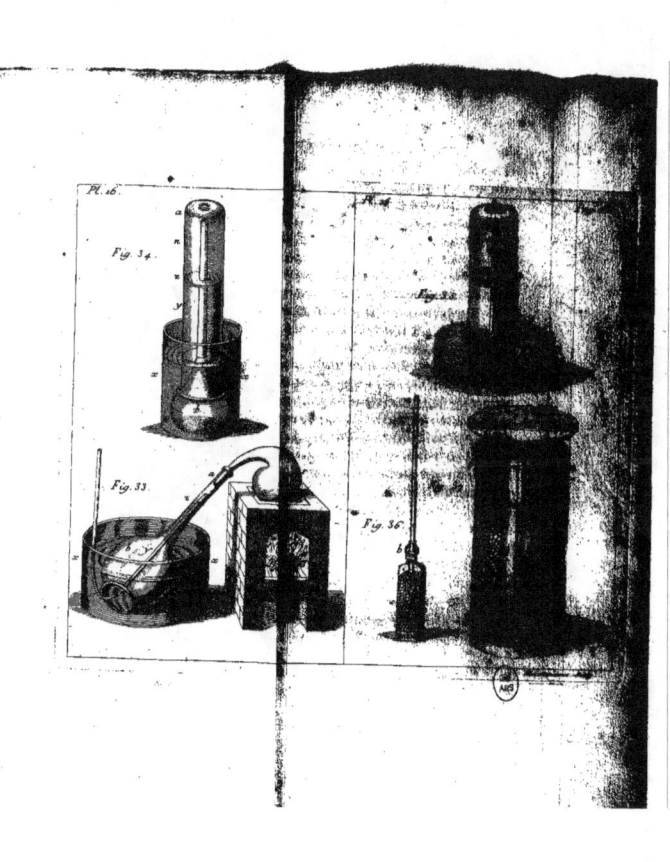

Cette jauge montrera auſſi les differens degrés de compreſſion de l'air dans la méthode ordinaire de le comprimer avec la machine pneumatique.

Mais revenons au ſujet des deux dernieres Expériences qui nous ont ſi bien prouvé l'élaſticité de cet air nouvellement produit. On peut ſuppoſer que cette élaſticité conſiſte dans les particularitez aëriennes actives qui ſe repouſſent les unes les autres avec une force qui eſt réciproquement proportionnelle à leurs diſtances. Le Chevalier Iſaac Newton, cet illuſtre Philoſophe, au ſujet de la génération de l'air & de la vapeur, nous dit dans ſon optique, queſtion 31. que « les particules qui ſont forcées de ſortir des « corps par la chaleur ou la fermentation ſe trouvant « hors de la ſphere de l'attraction du corps dont « elles s'éloignent, en s'éloignant auſſi les unes des « autres avec grande force, occupent quelquefois un « eſpace un million de fois plus grand que celui « qu'elles occupoient auparavant dans le tems qu'el- « les étoient ſous la forme d'un corps denſe. Cette « ſi grande contraction & cette vaſte expanſion eſt « incompréhenſible dans toute autre hypotheſe, que « celle d'une puiſſance répulſive, en ſuppoſant, com- « me on l'a fait, les particules d'air à reſſort & ra- « meuſes ou roullées comme des cerceaux, &c. » Ces Expériences confirment cette vérité; car en montrant la grande quantité d'air qui ſort des corps qui fermentent, elles prouvent non ſeulement la grande force avec laquelle les parties de ces corps devroient ſe dilater : mais combien auſſi il faudroit que ces particules d'air fuffent refferrées dans ces corps fi elles y étoient à reffort & rameufes.

Par exemple, dans le cas des Pommes écrafées qui produifirent plus de 48 fois leur volume d'air, il eft évident que cet air, lorfqu'il eft contenu dans les Pommes, doit être comprimé au moins dans $\frac{1}{48}$ partie de l'efpace qu'il occupe lorfqu'il en eft forti ; il fera donc 48 fois plus denfe : & puifque la force de l'air comprimé eft proportionnelle à fa denfité, la force qui comprime & renferme cet air dans les Pommes doit être égale au poids de 48 de nos atmofpheres, lorfque le Mercure dans le Barométre eft au beau; c'eft-à-dire, à 30 pouces de hauteur ; mais un pouce cubique de Mercure pefant 3580 grains ; 30 pouces cubiques qui font égaux au poids de notre atmofphere, peferont par conféquent 15 livres 5 onces 215 grains ; ainfi 48 de ces atmofpheres peferont plus de 736 livres ; ce qui eft donc égal à la force avec laquelle un pouce quarré de la furface de la Pomme comprimeroit l'air en fuppofant qu'il n'y eût point d'autre fubftance dans la Pomme que de l'air. Prenant donc 16 pouces quarrez pour la mefure de la fuperficie d'une Pomme, la force totale avec laquelle elle comprimera l'air renfermé au dedans de la Pomme, fera égale à la preffion de 11776 livres; & puifque l'action & la réaction font égales, ce fera auffi la force avec laquelle l'air comprimé dans la Pomme tâcheroit de fe dilater, s'il y étoit dans un état élaftique ; mais une auffi grande force expanfive que celle-là ne pourroit être un inftant dans une Pomme

fans

DES VEGETAUX, Chap. VI. 185

fans en brifer & pulvérifer la fubftance, même avec une très-violente explofion, fur-tout lorfque cette force feroit encore augmentée par les vives impreffions du Soleil.

Nous devons tirer de pareilles conféquences de la grande quantité d'air qui fort des corps, ou par la fermentation, ou par la force du feu. Dans l'Expérience LV. par exemple, où un morceau de Chêne produit 216 fois fon volume d'air, nous voyons bien que fi ces 216 pouces cubiques étoient dans un état élaftique, refferrez dans l'efpace d'un pouce cubique, ils prefferoient contre les côtés du pouce cubique avec une force expanfive égale à la preffion de 3310 livres, en fuppofant qu'il ne contînt point d'autre matiere que l'air: il prefferoit donc par conféquent contre les fix côtés du cube avec une force égale à la preffion de 19860 livres, force fuffifante pour brifer le Chêne avec une grande explofion: l'on doit donc conclure raifonnablement, que la plûpart des particules de cet air nouvellement produit étoient, dans un état fixe dans la Pomme & le Chêne, & que c'eft par le feu ou par la fermentation qu'elles acquierent ce principe actif de répulfion qui les rend élaftiques.

Le poids d'un pouce cubique de Pomme étant de 191 grains, le poids d'un pouce cubique d'air de $\frac{2}{7}$ de grain; ce poids d'air pris 48 fois, eft environ égal à la quatorziéme partie de la Pomme.

Si nous ajoûtons à l'air ainfi produit par une liqueur végétale quelconque dans la fermentation

A a

celui que l'on peut enfuite en tirer par le feu dans la diſtilation, & encore à cette fomme la grande quantité d'air que nous avons trouvé par l'Expérience LXXIII. dans le Tartre qui adhére au côté du vaiſſeau, l'on verra que cet air fait une partie très-conſidérable de la ſubſtance des Végétaux, auſſi-bien que de celle des Animaux.

Mais quoique l'on doive juger, après ce que nous venons de dire, que la plûpart de ces particules d'air, que les Liqueurs & les Végétaux contiennent, y réſident dans un état fixe qui les y unit intimement; cependant il eſt évident auſſi par l'Expérience XXXIV. & XXXVIII. dans laquelle une quantité innombrable de bulles d'air s'élevent continuellement de la féve de la Vigne, qu'il y a donc une quantité conſidérable d'air dans les Végétaux qui y réſide dans un état élaſtique, & qui en ſort de même, ſur-tout lorſque la chaleur de la ſaiſon augmente ſon activité.

Effets de la fermentation des ſubſtances minérales ſur l'air.

J'AI montré ci-deſſus que l'action du feu dans la diſtilation peut faire ſortir de l'air des ſubſtances minérales, les Expériences ſuivantes vont nous fournir pluſieurs exemples de la grande quantité d'air que les mélanges peuvent ou produire ou abſorber, ou alternativement produire & abſorber ſelon leurs différentes natures.

Expérience XC.

Je versai sur un anneau d'or de moyenne grosseur, & que j'avois rendu fort mince en l'applatissant, deux pouces cubiques d'eau régale ; l'or fut tout dissout le jour suivant ; les bulles d'air monterent continuellement pendant la dissolution, & formerent en tout 4 pouces cubiques d'air ; mais comme l'or ne perd rien de son poids par la dissolution, les 4 pouces cubiques d'air, qui pesent plus d'un grain, sortirent donc nécessairement de l'eau régale ; ce qui est très-probable, puisqu'il y a des particules d'air dans les esprits acides ; car ils absorbent l'air par l'Expérience LXXV. & cet air absorbé regagne son élasticité lorsque les esprits acides ausquels il étoit attaché sont plus fortement attirés par les particules de l'or, que par les siennes.

Expérience XCI.

Un quart de pouce cubique d'Antimoine, & deux pouces cubiques d'Eau regale, produisirent 38 pouces cubiques d'air pendant les premieres trois ou quatre heures ; ensuite ils absorberent en une heure ou deux 14 pouces cubiques : on doit observer que l'air se produisoit, tandis que la fermentation étoit petite & au commencement du mélange des matieres ; mais lorsque la fermentation devenoit plus grande, & que les fumées montoient visiblement, alors il y avoit plus d'air absorbé, qu'il n'y en avoit de produit.

Et pour sçavoir si l'air étoit absorbé seulement par les fumées de l'Eau regale, ou bien par les vapeurs acides sulphureuses qui s'élevoient de l'Antimoine, je mis deux pouces cubiques d'Eau regale dans le matras *b* (fig. 34.) & je l'échauffai en versant une grande quantité d'eau chaude dans la cuvette *x x*, qui étoit elle-même dans un plus grand vaisseau qui retenoit l'eau chaude au tour d'elle; l'air ne fut point absorbé : car lorsque tout fut refroidi, l'eau demeura au point *z*, où je l'avois mise d'abord. Je trouvai la même chose, lorsqu'au lieu d'Eau regale, je mis seulement de l'esprit de Nitre dans le matras *b*, quoique dans la distilation de l'Eau forte (Expérience LXXV.) il y eût un peu d'air qui fût absorbé : il est donc probable que la plus grande partie de cet air, & peut-être le tout fut absorbé par les vapeurs qui monterent de l'Antimoine.

Expérience XCII.

Un jour de Février qu'il faisoit très-froid, je versai sur $\frac{1}{4}$ de pouce cubique d'Antimoine en poudre un pouce cubique d'Eau forte dans le matras *b* (fig. 34.) les vingt premieres heures, ce mélange produisit environ 8 pouces cubiques d'air, après quoi le tems s'étant un peu radouci, il fermenta plus vîte; de sorte qu'en deux ou trois heures il produisit de plus 82 pouces cubiques d'air ; mais la nuit suivante étant fort froide, il cessa presque d'en produire. Je versai le lendemain matin de l'eau chaude dans le vaisseau *x x*,

DES VEGETAUX, Chap. VI. 189

ce qui renouvella la fermentation; en sorte qu'il en sortit encore 40 pouces cubiques d'air.

La masse fermentée ressembloit à du Souffre commun; en l'échauffant au feu, il se sublimoit un Souffre rouge dans le col du matras, & au dessous un Souffre jaune; ce Souffre, comme M. Boyle le remarque, *vol. 3. pag. 272.* ne viendroit pas par l'action du feu toute seule, & sans une digestion précédente dans l'huile de Vitriol ou dans l'esprit de Nitre. Si nous comparons la quantité d'air que nous avons obtenu par la fermentation dans cette Expérience, avec celle que nous avons obtenu par le feu dans l'Expérience LXIX. nous trouverons que la fermentation nous en a donné cinq fois plus que le feu; ainsi la fermentation est un dissolvant encore plus subtil que le feu : il y a cependant quelques cas où le feu produit plus d'air que la fermentation.

Un demi pouce cubique d'huile d'Antimoine, & autant d'Eau-forte, produisirent 36 pouces cubiques d'air, qui fut absorbé le jour suivant.

Experience XCIII.

Un pouce cubique d'Eau-forte sur $\frac{1}{4}$ de pouce de Limaille de fer absorba 27 pouces d'air en quatre jours, au mois de Février; & encore 3 ou 4 pouces de plus en versant de l'eau chaude sur le vaisseau *x y*.

Au mois d'Avril dans un tems chaud, ce mélange absorba plus rapidement 12 pouces d'air en une heure.

Experience XCIV.

Un pouce cubique d'Eau-forte, & $\frac{1}{4}$ de Limaille de fer avec autant d'eau, absorberent en une demie heure le 12. de Mars, cinq ou six pouces d'air ; ensuite ils reproduisirent cette même quantité d'air dans l'heure suivante, qu'ils absorberent de nouveau dans les deux heures qui suivirent celle-ci ; le lendemain ils absorberent encore 12 pouces, après quoi ce mélange demeura dans un état de repos pendant quinze ou vingt heures, puis il produisit 3 ou 4 pouces d'air, & enfin il revint à l'état de repos, dans lequel il demeura pendant cinq à six jours.

Un fait assez remarquable, c'est que les mêmes mélanges passoient successivement par tous ces états, tantôt avec, & tantôt sans aucune altération sensible de la température de l'air.

Un pouce cubique d'huile de Vitriol, & $\frac{1}{4}$ de Limaille de fer, ne fermenterent pas sensiblement, & ne donnerent que très-peu d'air ; mais en les mêlant avec un pouce d'eau, ils produisirent 43 pouces d'air en vingt un jours : de ces 43 pouces il y en eut 3 d'absorbés pendant les trois ou quatre jours suivans, qui furent reproduits ensuite par un changement de tems au chaud, & ensuite encore absorbés lorsque le tems devint frais.

Un quart de pouce de Limaille de fer, un pouce d'huile de Vitriol, & 3 pouces d'eau, produisirent 108 pouces d'air.

De la Limaille de fer, de l'esprit de Nitre & autant d'eau, absorberent de l'air : de la Limaille de fer & de l'esprit de Nitre seuls en absorberent aussi, mais moins que lorsqu'on ajoûtoit de l'eau à ce mélange.

Un quart de pouce de Limaille de fer, & un pouce de jus de Citron, absorberent deux pouces d'air.

DES VEGETAUX, Chap. VI.

Experience XCV.

De la Limaille de fer & un demi pouce cubique d'esprits de corne de Cerf absorberent un pouce & demi d'air. De la Limaille de cuivre avec un demi pouce cubique de ces mêmes esprits de corne de Cerf, absorberent 3 pouces cubiques d'air, & firent une couleur bleue très-foncée, qu'ils conservoient long-tems en les laissant exposés à l'air. Les esprits de Sel Ammoniac & la Limaille de cuivre, firent la même chose.

Le quart d'un pouce cubique de Limaille de fer, & un pouce cubique de Soulfre réduit en poudre & en pâte avec un peu d'eau, absorberent en deux jours 19 pouces cubiques d'air : il est vrai que je versai de l'eau chaude dans la cuvette xx (fig. 34.) pour augmenter la fermentation.

Le quart d'un pouce cubique de Limaille de fer, & un pouce cubique de Charbon de * Newcastle pulverisé, produisirent 7 pouces cubiques d'air en trois ou quatre jours : je ne m'apperçûs pas que ce mélange s'échauffât comme fit celui du Soulfre & de la Limaille de fer.

* Le charbon de Newcastle est un charbon de terre que l'on apporte à Rouen pour les Forges.

Du Soulfre & du Charbon de Newcastle réduits en poudre & mêlés ensemble, ne produisirent ni n'absorberent d'air.

De la Limaille de fer & de l'eau, absorberent 3 ou 4 pouces cubiques d'air : si l'on met beaucoup d'eau sur la Limaille, l'air est moins absorbé ; & soit qu'il le soit peu ou beaucoup, cela se fait ordinairement pendant les trois ou quatre premiers jours.

De la Limaille de fer & de celle de la Marcaſſite de Walton, de l'Expérience LXX. abſorberent environ le double de leur volume d'air en quatre jours.

De la Mine de cuivre & de l'Eau forte, ne produiſirent ni n'abſorberent d'air ; mais en y ajoûtant un peu d'eau elles en abſorberent.

Le quart d'un pouce cubique d'Etain, & un demi pouce cubique d'Eau forte, produiſirent 2 pouces cubiques d'air ; une grande partie de l'Etain ſe réduiſit en chaux blanche.

Experience XCVI.

Le 16. Avril, je verſai un pouce cubique d'Eau forte ſur un pouce cubique de Marcaſſite de Walton pulvériſée : ce mélange fermenta violemment avec chaleur & fumée, & s'étendit dans un eſpace de 200 pouces cubiques ; peu après il ſe condenſa & revint à ſon premier volume, & dans ce tems il abſorba 85 pouces cubiques d'air. En verſant ſur le mélange autant d'eau qu'il y avoit d'Eau forte, la fermentation fut encore plus violente, & il produiſit 80 pouces cubiques d'air.

Je répetai ces Expériences pluſieurs fois ſans eau, & avec de l'eau ; elles eurent conſtamment les mêmes effets ; cependant ce même mineral avec de l'huile de Vitriol & de l'eau abſorba de l'air ; le mélange même s'échauffa, mais ſans y faire grande ébulition.

Mais ce même minéral, avec autant d'eſprit de

Nitre

DES VEGETAUX, Chap. VI. 193
Nitre que d'eau, produifit de l'air qui avoit la qualité d'abforber l'air frais qu'on faifoit entrer dans le vaiffeau.

Experience XCVII.

Je mis dans un matras un pouce cubique de Marcaffite de Walton, pulvérifée, avec autant d'Eauforte ; & dans un autre matras de même groffeur, je mis un pouce cubique de Marcaffite de Walton, pulvérifée, avec autant d'Eau forte & d'eau : je péfai exactement les ingrédiens & les vaiffeaux, avant & après la fermentation, & je trouvai que fur le matras dans lequel il n'y avoit point d'eau, il fe perdit en fumée une dragme & cinq grains, & que fur l'autre, dont les ingrédiens fumerent beaucoup plus, il fe perdit 7 dragmes, un fcrupule, & 7 grains: celui-ci perdit donc fix fois autant que le premier.

Experience XCVIII.

Un pouce cubique d'Eau-forte verfée fur autant de Charbon de Newcaftle pulvérifé, abforba 18 pouces cubiques d'air en trois jours, & les trois jours fuivans il en produifit 12. Si l'on verfoit de l'eau tiéde fur le vaiffeau *x x* (fig. 34.) le mélange reproduifoit tout ce qu'il avoit abforbé.

Un pouce cubique d'Eau-forte verfée fur autant de Soulfre commun, ne produifit & n'abforba point d'air, même en verfant de l'eau chaude, fur le vaiffeau *x x*.

B b

Un pouce cubique d'Eau forte verſée ſur un pouce cubique de Caillou réduit en poudre fine, abſorba 12 pouces cubiques d'air en cinq ou ſix jours.

De l'Eau-forte, autant d'eau, & autant de poudre de Cailloux de Briſtol * abſorberent ſeize fois leur volume d'air. La même quantité d'Eau-forte & de poudre de Cailloux de Briſtol ſans eau, n'abſorberent plus lentement que 7 fois leur volume d'air.

* Pierre tranſparente comme le cryſtal de roche.

Du Marbre de Briſtol pulvériſé, ou pour mieux dire, de la poudre des matrices qui contiennent les Cailloux de Briſtol, avec une bonne quantité d'eau par deſſus, ne produiſit & n'abſorba point d'air. L'on ſait aſſez que l'Eau de Briſtole ne pétille pas comme d'autres Eaux minérales.

Expérience XCIX.

De l'Eau régale verſée ſur de l'Huile de Tartre par défaillance, produiſoit beaucoup d'air; mais il eſt à croire qu'il ſortoit principalement de l'Huile de Tartre; car le Sel de Tartre en contient beaucoup. *Voyez* Expérience LXXIV.

De l'Huile de Vitriol verſée ſur de l'Huile de Tartre par défaillance, eut le même effet; & de l'Huile de Tartre verſée goutte à goutte ſur du Tartre bouillant, produiſit beaucoup d'air.

De l'Huile de Vitriol, & autant d'eau verſée ſur du Sel marin, abſorberent 15 pouces cubiques d'air: ſi la quantité étoit double de celle de l'Huile de Vitriol, celle de l'air abſorbé étoit de moitié moindre.

DES VEGETAUX, Chap. VI.

Experience C.

JE vais maintenant montrer ici comment les Minéraux Alcalins agissent sur l'air dans la fermentation.

Un pouce cubique de Craye en pierre, & non pulvérisée, & autant d'Huile de Vitriol, fermenterent d'abord beaucoup ; ensuite ils fermenterent un peu moins pendant les trois jours qui suivirent, & ils produisirent en tout 31 pouces cubiques d'air : la Craye n'étoit qu'un peu dissoute à la surface. Le tiers d'un pouce cubique de Craye, qui pesoit 146 grains, projetté sur 2 pouces cubiques d'esprit de Sel, produisit 81 pouces cubiques d'air, dont il y en eut 36 d'absorbés en neuf jours.

L'Huile de Vitriol versée sur la Chaux, faite de cette même Craye, absorba beaucoup d'air : la fermentation étoit si violente, qu'elle cassoit les vaisseaux de verre, & que j'étois obligé de mettre les ingrédiens dans un vaisseau de fer.

Deux pouces cubiques de Chaux vive, & 4 pouces cubiques de Vinaigre de Vin blanc, absorberent en quinze jours 22 pouces cubiques d'air.

Deux pouces cubiques de Chaud vive, & 4 pouces cubiques d'eau, absorberent en trois jours 10 pouces cubiques d'air.

Deux pouces cubiques de Chaux, & autant de Sel Ammoniac, absorberent 115 pouces cubiques d'air : les fumées qui s'élevoient de ce mélange devoient être par conséquent bien suffocantes.

Une quarte de Chaux qu'on avoit laissé éteindre d'elle-même peu à peu pendant quarante-quatre jours sans aucun mélange, n'absorba point d'air.

Un pouce cubique de Belemnite pulvérisée, tirée d'une mine de Craye, & un pouce cubique d'Huile de Vitriol, produisirent en cinq minutes, le 3. de Mars, 35 pouces cubiques d'air: le 5. de Mars ils en avoient produit 70 de plus; mais le 6. Mars jour d'une forte gelée, ils absorberent 12 pouces cubiques d'air; de sorte qu'il y en eut en tout 105 de produits, & 12 d'absorbés.

Des Belemnites pulvérisées, & du jus de Citron, produisirent beaucoup d'air.

Les Etoiles, les Pierres Judaïques, les Selenites, avec l'Huile de Vitriol, en produisirent aussi beaucoup.

Experience CI.

Des Cendres gravelées, du Sel décrépité, & du Colcothar de Vitriol placés l'un après l'autre, sous le verre renversé $zzaa$ (fig. 35.) augmenterent en pesanteur par l'humidité qu'ils tirerent de l'air, mais ils n'absorberent point d'air élastique. La même chose arriva au Sel lixiviel du résidu de la distilation du Nitre.

Mais 4 ou 5 pouces cubiques de Fraisi nouveau, & pulvérisé de Charbon de Newcastle, absorberent en sept jours 5 pouces cubiques d'air élastique; & le Phosphore * en poudre qui s'allume à l'air aussi-tôt qu'il y est exposé, absorba 13 pouces cubiques d'air en cinq jours.

* Le Phosphore de M. Homberg.

Experience CII.

Nous allons voir dans les Expériences suivantes les effets des Corps brûlans & enflammés, & ceux de la respiration des Animaux sur l'air.

Je plaçai sur le piédestal sous le verre renversé zzaa (fig. 35.) un morceau de papier brun qui avoit été trempé dans une forte solution de Nitre, & ensuite bien séché ; je mis le feu au papier, par le moyen d'un verre brûlant ; le Nitre détonna & brûla vivement pendant quelque tems, jusqu'à ce que le verre zzaa fût si rempli de fumées, qu'elles éteignirent la flamme : l'expansion causée par le Nitre enflammé occupoit un espace plus grand que celui du volume de deux quartes. Quand tout fut refroidi, je trouvai que cette petite quantité de Nitre détonisé avoit produit 80 pouces cubiques d'air ; mais l'élasticité de ce nouvel air diminua tous les jours, & cela de la même maniere que celle de l'air de la Poudre à canon, observée par M. Hawksbee, & rapportée dans ses *Expériences Physico-Méchaniques, pag. 83*. car il trouva que de 20 parties que cet air occupoit, il en abandonna 19, dont l'espace fut rempli par l'eau qui montoit, & que cet air demeura pendant huit jours dans cet état sans varier ; & je trouvai de même qu'une partie considérable de l'air produit par le feu dans la distilation de plusieurs matieres, perdit par degrés son élasticité peu de jours après la distilation ; mais cela n'arrivoit pas quand la distilation se faisoit à travers l'eau, comme dans l'Expérience LXXVII.

EXPERIENCE CIII.

Je plaçai sur le même piédestal de grandes mêches faites de charpie de vieux linge, & trempées dans du Soulfre fondu ; l'espace vuide au dedans du vaisseau au dessus de la surface zz (fig. 35.) de l'eau, étoit égal à 2024 pouces cubiques : la quantité d'air absorbé par les méches enflammées, fut de 198 pouces cubiques ; c'est-à-dire $\frac{1}{10}$ de celle de tout l'air contenu dans le vaisseau.

Je fis la même Expérience dans un plus petit vaisseau $zzaa$ (fig. 35.) qui ne contenoit que 594 pouces cubiques d'air ; il y en eut 150 d'absorbés, c'est-à-dire, un bon quart du tout ; ainsi quoique les méches enflammées absorbent plus d'air dans les grands vaisseaux, où elles brûlent plus long-tems que dans les petits où elles s'éteignent plus vîte ; cependant par proportion aux volumes des vaisseaux, elles en absorbent plus dans les petits que dans les grands. Une autre méche allumée & mise dans l'air infecté des vapeurs de la premiere, s'éteignoit bien plus promptement ; car elle ne brûloit pas pendant la cinquiéme partie du tems que la premiere avoit brûlé, & cependant elle absorboit à peu près autant d'air que la premiere.

La même chose arriva à des chandelles allumées.

EXPERIENCE CIV.

De la Limaille de fer, & autant de Soulfre pro-

DES VEGETAUX, Chap. VI. 199
jettés enfemble fur un fer rouge placé fur le piédeftal
fous le verre renverfé z z a a (fig. 35.) abforberent
beaucoup d'air ; l'Antimoine & le Soulfre firent la
même chofe : il eft donc probable que les volcans
dont les matieres inflammables font principalement
compofées de Soulfre & de particules minerales ou
métallines, abforbent plûtôt de l'air qu'ils n'en produifent.

Par l'Expérience CII. nous voyons que l'air produit par le Nitre, perd en bonne partie fon élafticité,
puifqu'une grande quantité de cet air eft réabforbé
peu de jours après qu'il a été produit ; mais l'air qui
eft abforbé par le Soulfre brûlant ou par la flamme
d'une chandelle, ne recouvre pas fon élafticité, au
moins tandis qu'il eft renfermé dans mes verres.

Experience CV.

Je fis plufieurs effais, pour fçavoir fi l'air infecté
des vapeurs du Soulfre enflammé, eft auffi compref-
fible que l'air ordinaire, & cela en comprimant dans
la machine pneumatique de l'air infecté, & de l'air
ordinaire dans des tuiaux femblables ; je trouvai que
le premier ne fe comprime gueres plus que le dernier : à la vérité je ne pûs arriver à un dégré exact
de certitude à cet égard ; parce que les fumées du
Soulfre détruifoient en même tems l'élafticité de l'air :
j'avois eu foin de donner à l'air infecté & à l'air ordinaire le même degré de température, en plongeant
les tuiaux qui les contenoient dans la même eau froide.

EXPERIENCE CVI.

JE plaçai sous le récipient renversé $zz\,aa$ (fig. 35.) une chandelle allumée d'environ $\frac{3}{5}$ de pouce de diametre, & tout de suite je tirai avec un syphon l'eau jusqu'à zz; j'ôtai le syphon; l'eau descendit pendant quinze secondes, & ensuite elle s'éleva, quoique la chandelle continuât de brûler, & par conséquent d'échauffer l'air pendant trois minutes. Une chose à remarquer, c'est que la surface de zz de l'eau ne s'élevoit pas par des degrés égaux, quelquefois même elle étoit stationaire, & son mouvement étoit tantôt vîte, tantôt lent; mais toûjours plus promt à mesure que les vapeurs étoient plus denses. Aussi-tôt que la chandelle s'éteignoit, je marquois la hauteur de l'eau au dessus de zz; la différence de ces deux hauteurs étoit égale à la quantité d'air dont l'élasticité étoit détruite par la flamme de la chandelle. Après que la chandelle étoit éteinte, l'air contenu dans le récipient se refroidissoit, & par conséquent se condensoit; aussi l'eau continuoit-elle à s'élever au dessus de la marque, non seulement jusqu'à ce que tout étoit froid, mais même pendant vingt ou trente heures après, elle demeura à cette derniere hauteur pendant plusieurs jours, que je gardai les choses dans cet état; ce qui montre que cet air ne recouvre point l'élasticité qu'il perd.

Pour une plus grande exactitude, je répétai cette Expérience, en plaçant d'abord la chandelle sous le récipient, & l'allumant ensuite par le moyen d'un verre

verre brûlant qui mettoit le feu à un morceau de papier brun trempé dans une forte solution de Nitre, & dans du Soulfre fondu, ou simplement dans une forte solution de Nitre, puis séché & fixé au lumignon de la chandelle.

Le Docteur Mayow trouve en général, que le volume d'air diminue d'une trentiéme partie; mais il ne fait pas mention de la grandeur du vaisseau de verre, sous lequel il mit la chandelle allumée: *De Spir. Nitr. Aëres. pag. 101.*

La capacité du vaisseau au dessus de zz, étoit dans mon Expérience égale à 2024 pouces cubiques, & la vingt-sixiéme partie de l'air qu'il contenoit, perdit son élasticité.

Je ne pus venir à bout de rallumer la chandelle avec un verre brûlant dans cet air infecté; mais en l'allumant après l'en avoir tirée, & la remettant ensuite, elle ne brûloit que pendant un tems cinq fois plus court que celui de la premiere fois, & dans ce peu de tems elle ôtoit l'élasticité à une aussi grande quantité d'air. Je répétai cette Expérience plusieurs fois, & je trouvai toûjours la même chose: donc l'air épais & chargé de vapeurs, perd en tems égaux, plus de son élasticité que l'air clair.

Lorsque les vaisseaux sont égaux, & la grosseur des chandelles inégales, l'élasticité de l'air est plus détruite par la grosse chandelle, que par la petite; & lorsque les chandelles sont égales & les vaisseaux inégaux, l'élasticité de l'air est plus détruite dans le petit vaisseau que dans le grand.

Dans les fermentations il se produit & s'absorbe plus d'air (toutes choses pareilles) dans les grands, que dans les petits vaisseaux. Par exemple, le mélange de l'Eau régale & de l'Antimoine, (Expérience XCI.) absorboit une plus grande quantité d'air lorsque je me servois d'un plus grand vaisseau. De même le Soulfre & la Limaille de fer absorboient dans un grand vaisseau 19 pouces cubiques d'air, & ils n'en absorboient que très-peu lorsque le vaisseau n'en contenoit que 3 ou 4 pouces. J'ai souvent observé, que si-tôt qu'une quantité d'air, grande ou petite est mêlée de vapeurs absorbantes jusqu'à un certain point, l'effet de ces vapeurs cesse ; car elles n'absorbent plus d'air, tandis que la même quantité de matieres absorbantes dans une plus grande quantité d'air en auroit absorbé davantage ; & voilà pourquoi je n'ai jamais pû détruire entierement l'élasticité de l'air renfermé dans mes vaisseaux, soit que ce fût de l'air ordinaire, ou de l'air nouvellement sorti des matieres fermentées ou distilées.

Experience CVII.

Le Docteur Mayow a trouvé, que la respiration d'une Souris détruisoit la quatorziéme partie de l'air contenu dans le vaisseau de verre où elle étoit enfermée : *De Spir. Nitr. Aëres. pag. 104.* Je répetai cette Expérience le 18. May, jour bien chaud, en plaçant sur le piédestal sous le verre renversé z z a a (fig. 35.) un Rat qui avoit pris tout son accroissement : d'abord l'eau baiſſa un peu, ce qui fut occaſionné par la chaleur du corps de l'animal qui raréfia l'air; mais peu de minutes après, l'eau commença de monter & continua de s'elever pendant tout le tems que l'animal vécut, qui fut environ de quatorze heures; il étoit renfermé dans un vaiſſeau qui contenoit 2024 pouces cubiques d'air, dont il y en eut 73 d'abſorbés; c'eſt-à-dire, la vingt-ſeptiéme partie du tout, ce qui eſt à peu près égal à la quantité qui fut abſorbée par la flamme d'une chandelle dans le même vaiſſeau (Expérience CVI). Je plaçai dans le même tems, & de la même maniere un autre Rat, mais de moitié plus petit & plus jeune que le premier, ſous un vaiſſeau qui contenoit 594 pouces cubiques d'air; il y vécut dix heures, & il y en eut 45 pouces d'abſorbés; c'eſt-à-dire $\frac{1}{13}$ partie du tout. Un Chat de trois mois vécut une heure ſous le même vaiſſeau, & abſorba 16 pouces cubiques d'air, $\frac{1}{30}$ partie du tout, (déduction faite dans cette eſtimation du volume du corps du Chat). Une chandelle dans le même vaiſſeau s'éteignit au bout d'une minute, & pendant ce petit tems abſorba 54 pouces cubiques d'air, la onziéme partie de tout celui qui y étoit contenu.

Et la reſpiration des Animaux abſorbe, comme le Soulfre enflammé & les Chandelles allumées, plus d'air dans les grands vaiſſeaux que dans les petits; mais plus à proportion de la capacité dans les petits que dans les grands.

EXPERIENCE CVIII.

L'EXPERIENCE suivante, nous apprend que la respiration des Hommes fait perdre à l'air son élasticité.

Je pris une vessie, je la mouillai pour la rendre souple : dans le col de cette vessie que j'avois coupé pour en aggrandir l'ouverture, je fis entrer le gros bout d'un robinet de bois, que je liai bien à la vessie ; elle contenoit avec le robinet 74 pouces cubiques d'air : je mis le petit bout du robinet dans ma bouche, & je soufflai jusqu'à ce que la vessie fût bien tendue & bien pleine d'air ; ensuite serrant mes narines, je fis en sorte de ne respirer que l'air contenu dans la vessie ; en moins d'une demie minute, je sentis une difficulté considérable à respirer, étant obligé de tirer mon haleine fort vîte ; au bout de la minute, la suffocation devint si grande, que je fus obligé de quitter prise : sur la fin de la minute la vessie étoit devenue si flasque & si peu tendue, que je ne la remplissois pas à moitié par la plus grande expiration qu'il m'étoit possible de faire dans cet état d'astmatique, où je voyois évidemment que ma poitrine étoit aussi baissée que lorsque nous chassons dans un autre tems tout l'air qui y est contenu. Il est donc certain qu'une partie considérable de l'élasticité de l'air contenu dans mes poumons & dans la vessie, fut ici détruite : en ne la supposant que de 20 pouces cubiques, elle sera la treiziéme partie de tout l'air que je respirai ; car la vessie en contenoit

DES VEGETAUX, Chap. VI. 165
74, & l'on va voir dans l'Expérience suivante que les poumons en contiennent environ 166, ce qui fait en tout 240 pouces cubiques.

Cet effet de la respiration sur l'élasticité de l'air, me fit penser à mesurer la surface intérieure des poumons, le divin Auteur de la Nature les a constitué de façon, que cette surface intérieure se trouve proportionnée à une expansion d'air de plusieurs fois plus grande que le corps de l'animal, comme il paroîtra par l'estimation suivante.

Expérience CIX.

Je pris les poumons d'un Veau, j'en separai le cœur, & je coupai la trachée un pouce au dessus de l'endroit où elle se ramifie dans les poumons; j'eus à très-peu près la gravité spécifique de la substance des poumons (qui sont une continuation des ramifications de la trachée & des vaisseaux sanguins) en prenant la gravité spécifique du morceau de trachée que j'avois coupé; elle étoit à celle de l'eau de puits comme 1.05 est à 1; & un pouce cubique d'eau pesant 254 grains, je trouvai en pesant les poumons, que leur solidité étoit égale à $37\frac{1}{2}$ pouces cubiques.

Je pris un grand vaisseau de terre, je le remplis d'eau jusqu'au bord, je mis les poumons dans l'eau; ensuite je les gonflai en soufflant; je les contenois sous l'eau, avec une assiette d'étain qui étoit dessus. Je les tirai de l'eau en laissant tomber l'assiete au fond du vaisseau, & je versai de nouveau de l'eau dans le vaiſſeau, juſqu'à ce qu'il fût encore à plein bord; il en entra dans le vaiſſeau 7 livres 6 onces $\frac{1}{2}$, qui font 204 pouces cubiques, dont ôtant 37 $\frac{1}{2}$ pouces pour l'eſpace occupé par la ſubſtance ſolide des poumons, reſte 166 $\frac{1}{2}$ pouces cubiques pour la cavité des poumons; mais comme les veines, les artéres & les vaiſſeaux lymphatiques lorſqu'ils ſont dans leur état naturel pleins de ſang & de lymphe, occupent plus d'eſpace que lorſqu'ils ſont vuides, comme dans cette Expérience, on doit déduire ſur la cavité des poumons l'eſpace qu'occupent ces fluides, qui je crois, ne va gueres au-delà de 25 $\frac{1}{2}$ pouces cubiques, il nous reſtera donc pour la cavité des poumons 141 pouces cubiques.

Je verſai dans les branches autant d'eau qu'elles voulurent en recevoir; elle montoit à une livre 8 onces, ce qui fait 41 pouces cubiques: en les ôtant de la cavité totale des poumons, nous aurons 100 pouces cubiques pour la cavité des véſicules.

Je regardai quelques-unes de ces véſicules au Microſcope; celles de moyenne grandeur me paroiſſoient être d'une centiéme partie d'un pouce de diametre, & d'une figure plûtôt cubique que ſphérique: en les ſuppoſant des cubes parfaits, la ſomme des ſurfaces dans un pouce cubique de ces véſicules ſera de 600 pouces quarrés; car ſi l'on diviſe un pouce cubique en 100 parties, qui à cauſe de leur très-petite épaiſſeur ſeront regardées comme des plans ou comme deux ſurfaces jointes enſemble. Il y aura 100 de ces plans, ou 200 ſurfaces dans chaque dimenſion du cube ; c'eſt-à-dire, 600 pouces quarrés, puiſque le cube a trois dimenſions ; en multipliant ces 600 pouces par la ſomme de toutes les véſicules ; ſçavoir par 100, nous aurons 60000 pouces quarrés pour la ſurface des véſicules, dont cependant il faut déduire un tiers, parce qu'entre chacune d'elles, il doit y avoir une communication libre pour laiſſer paſſer l'air, ce qui détruit deux côtés du cube ſuppoſé : il reſte donc en tout 40000 pouces quarrés pour la ſurface entière de toutes les véſicules.

Et les branches contenant 41 pouces cubiques d'eau, & ſe trouvant à peu près des cylindres de $\frac{1}{10}$ partie de pouce de diametre en les prenant ſur le pied moyen, leur ſurface ſe trouve de 1635 pouces quarrés ; ce qui étant ajoûté à la ſurface des véſicules, nous donne 41635 pouces quarrés, ou 289 piés quarrés pour la ſurface de toutes les cavités du poumon, ce qui eſt égal à dix fois la ſurface du corps d'un Homme, qui priſe ſur un pied moyen, s'eſt trouvée de 15 piés quarrés.

Je n'ai pas eu occaſion de prendre de la même maniere les dimenſions du poumon des Hommes. Le Docteur Jacques Keill dans ſes *Tentamina Medico-Phyſica*, *pag. 80.* nous dit que leur volume eſt de 226 pouces cubiques ; d'où il eſtime la ſurface des véſicules de 21906 pouces quarrés ; mais le volume du poumon des hommes eſt plus grand que 226 pouces cubiques ; car le Docteur Jurin a trouvé, par une Expérience exacte, qu'il chaſſoit dans une grande expiration 220 pouces cubiques d'air ; & j'ai trouvé à peu près la même chose en faisant cette Expérience d'une autre façon : à ces 220 pouces, il faut ajoûter le volume de l'air qui reste dans le poumon, & que l'on ne peut en chasser, & aussi le volume de la substance solide des poumons.

Supposant maintenant, selon l'estimation du Docteur Jurin, dans l'*Abregé des Transactions Philosophiques*, par *Motte, vol. 1. p. 415.* que nous tirons à chaque inspiration ordinaire 40 pouces d'air, cela en fera 48000 par heure en comptant 20 expirations par minute : de ces 48000 pouces cubiques d'air, une partie considérable perd son élasticité, comme on l'a vû par les Expériences précédentes ; & cela sur tout dans les vésicules, où il est chargé de beaucoup de vapeurs.

Il n'est pas aisé de déterminer jusqu'à quel point elle est détruite cette élasticité. J'ai essayé de le trouver par l'Expérience suivante que je rapporte ici, quoiqu'elle n'ait pas aussi bien réussi que je l'aurois souhaité, faute de vaisseaux assez grands ; car si on la répétoit en se servant de plus grands vaisseaux, elle donneroit assez juste ce que nous demandons ; parce que par l'artifice dont je me sers, l'on inspire à chaque fois de l'air frais, comme si l'on respiroit dans l'air libre.

Experience CX.

Je pris un grand syphon *ossb* (fig. *A*.) au bout duquel je fixai un robinet *b a* avec une soupape en *b* ;
je

je les mis dans un grand vaisseau plein d'eau, auquel je les attachai de façon, que l'eau n'étoit qu'à deux pouces de l'extrémité *a* du robinet ; à ce robinet, j'en avois adapté un autre *ii* avec une soupape *r*, & j'avois joint à ce second robinet un court syphon de plomb *e f*, par le moyen d'une vessie *g* ; sur le bout *f* de ce syphon, je mis un grand récipient *d d* plein d'eau, & sur l'extrémité *o* du grand syphon j'en mis un autre *c* plein d'air, & dont le bout trempoit dans l'eau : il contenoit 1224 pouces cubiques d'air. Je fermai alors mes narrines avec les doigts ; j'appliquai la bouche en *a*, & je tirai en respirant une partie de l'air contenu dans le syphon *o s s b* ; & dans le récipient *c*, cet air respiré passoit à mesure que je le rendois par la soupape *r*, parce que la soupape *b* s'opposoit à son retour en *s*, & de la soupape *r* il passoit par le syphon *f* dans le récipient *d d*, dont il faisoit baisser l'eau en montant au-dessus du récipient : de cette façon je respirai tout l'air contenu dans le récipient *c*, & dans le syphon *o s s b*, à l'exception de 5 ou 6 pouces cubiques ; & à mesure que l'air sortoit du récipient *c*, l'eau y montoit : tout cet air respiré avoit donc passé dans le récipient *d d* qui étoit auparavant plein d'eau ; je marquai sur ce récipient le point auquel l'eau avoit baissé ; & après l'avoir entierement plongé sous l'eau, je fis passer l'air qui y étoit contenu dans l'autre récipient, afin de juger par l'espace que l'air occupoit, si son volume étoit augmenté ou diminué ; je mesurai même pour plus grande exactitude l'espace occupé par l'air respiré dans le récipient *dd* en le remplissant d'eau jusqu'à la marque que j'y avois faite, & j'ajoûtai à ce volume celui de l'air contenu dans le syphon *ossb* qui s'étoit rempli d'eau vers la fin de la succion.

Le résultat fut qu'il manqua 18 pouces cubiques d'air; mais comme les récipiens étoient trop petits pour faire cette Expérience avec exactitude; & comme il faut aussi faire quelque déduction pour les erreurs de mesure, je ne mettrai la perte de l'air élastique qu'à 9. pouces cubiques; c'est-à-dire, à $\frac{1}{136}$ partie de tout l'air respiré, ce qui ne laissera pas de monter à 353 pouces cubiques, ou à 100 grains dans une heure, en supposant qu'on respire en une heure 48000 pouces cubiques, ou une once & demie en vingt-quatre heures.

En versant sous l'eau une quantité d'air égale à celle qui étoit contenue dans le récipient *c*, & la faisant passer dans un autre récipient, je trouvai qu'elle n'avoit que très peu ou point du tout diminué; ainsi l'eau n'en avoit point absorbé dans l'Expérience ci dessus. Pour faire cette derniere épreuve avec exactitude, il faut retenir l'air sous l'eau pendant quelque tems, afin de l'amener d'abord à la même température que l'eau; & en faisant l'Expérience, il faut que les poumons soient à la derniere respiration aussi contractés qu'à la premiere, autrement on pourroit rendre ou garder plus d'air qu'il n'y en avoit d'abord dans les poumons, ce qui feroit une erreur considérable.

L'on voit assez que tout ceci ne fait pas une estimation exacte; cependant il est évident, par les Expériences précedentes sur la respiration qu'une partie de l'élasticité de l'air respiré se perd, sur-tout dans les véficules du poumon où l'air le trouve plus chargé de vapeurs. C'est, selon toute apparence, au sortir de ces véficules qu'une partie de l'air & des esprits acides qu'il contient, se mêle avec le sang, qui, comme nous le voyons, se trouve dans ces véficules étendu dans de grands espaces, & separé de l'air par des cloisons si fines, qu'il est raisonnable de penser que le sang & l'air se touchent d'assez près pour tomber dans la sphere d'attraction l'un de l'autre; & c'est par ce moyen que le sang peut absorber continuellement du nouvel air en détruisant son élasticité.

Aussi trouvons nous dans l'analyse du sang, soit qu'on la fasse par le feu ou par la fermentation, Expérience XLIX. & LXXX. qu'il contient une grande quantité de particules qui ne cherchent qu'à reprendre leur qualité d'air élastique : à la vérité il n'est pas facile de déterminer si quelques-unes de ces particules sont entrées dans le sang par la voye de la respiration, parce que les alimens contiennent certainement beaucoup d'air; mais comme une grande quantité d'air perd continuellement son élasticité dans les poumons, & qu'ils semblent être composés d'une infinité de replis & détours pour le mieux saisir, il est très probable que les particules qui peuvent perdre leur élasticité étant fortement attirées par les particules sulphureuses du sang, passent à travers

Cc ij

les cloisons qui les separent pour venir les joindre, & se laisser absorber.

Il paroît même que la nature se sert d'un artifice semblable dans les Végétaux; car nous voyons qu'ils tirent de l'air, non seulement par la racine avec la nourriture, mais même par l'écorce & les feuilles ; on voit clairement cet air passer avec liberté dans les plus grosses trachées de la Vigne, d'où il se laisse conduire dans les plus petits vaisseaux, où il s'unit intimement avec les particules sulphureuses, salines, &c. qui composent la matiere nutritive & ductile, dont tous les Végétaux tirent leur entretien & leur accroissement.

Experience CXI.

Par les effets des vapeurs du soulfre enflammé, de la chandelle allumée, & de la respiration des Animaux sur l'élasticité de l'air, il est évident qu'elle doit diminuer beaucoup dans les vésicules du poumon, où l'air est surchargé de vapeurs qui détruisent de plus en plus cette élasticité, & que par conséquent ces vésicules s'affaiseroient en peu de tems si elles n'étoient pas continuellement remplies d'un air frais & nouveau à chaque inspiration. Cet air n'est pas plûtôt dans les vésicules, qu'il se dilate d'environ $\frac{1}{8}$ partie par la chaleur du poumon. J'ai trouvé ce degré de raréfaction en renversant une petite bouteille de verre dans de l'eau un peu plus échauffée que la liqueur d'un Thermometre, dont j'avois mis la boule pendant quelque tems dans ma bouche ; (car ce

DES VEGETAUX, Chap. VI.

degré est probablement celui de la chaleur dans la cavité des poumons) quand la petite bouteille étoit refroidie, elle tiroit une quantité d'eau égale à la huitième partie du volume d'air qu'elle contenoit.

Lors qu'au lieu d'un air frais, l'on respire un air chargé de vapeurs acides, qui non seulement contractent par cette mauvaise qualité les parties délicates des vésicules, mais même s'opposent par leur grossiereté au libre passage de l'air, sur-tout dans celles dont la petitesse est si grande, qu'elles ne sont pas visibles sans microscope: il est certain que l'air doit perdre son élasticité en très peu de tems, & que les vésicules doivent par consequent s'applatir malgré les efforts des muscles de la poitrine qui agissent pour les dilater à l'ordinaire; & qu'enfin cet affaissement arrêtant tout d'un coup le mouvement du sang dans les poumons, la mort doit suivre dans l'instant.

L'on a jusqu'à présent attribué l'effet subit & fatal de ces vapeurs mortelles à la perte ou à la corruption de *l'esprit vital* de l'air; mais l'on peut avec raison, en chercher la cause dans la perte de son élasticité, aussi-bien que dans la grosseur & la densité des vapeurs dont l'air se trouve alors surchargé; puisque des particules douées d'une attraction mutuelle, & qui flottent dans un milieu aussi délié que l'air, doivent se joindre promptement, & former ainsi des particules très grossieres en comparaison de celles de l'air. Mais comme l'on n'avoit jamais observé les effets de ces vapeurs nuisibles, l'on croyoit que l'élasticité de l'air n'en étoit point affectée, & que par conſequent les poumons devoient ſe dilater autant avec cet air groſſier, qu'avec un air clair & délié.

Les vapeurs qui s'élevent du corps des Animaux, détruiſant donc une partie de l'élaſticité de l'air, ne peut-on pas dire, avec raiſon, que quand, par un exercice trop violent, ou par une bleſſure, &c. il entre quelquefois de l'air dans la cavité de la poitrine, cet air, qui d'abord incommode beaucoup par l'état élaſtique où il eſt, venant à changer peu à peu, fait en perdant ſon élaſticité, diminuer en même tems la douleur; & n'eſt-ce pas de la même maniere que les vents, qui dans leur état élaſtique cauſent de ſi grandes douleurs par la ditenſion qu'ils font aux parties où ils ſont logés, s'évanouïſſent, ou plûtôt ceſſent d'agir faute d'élaſticité.

Expérience CXII.

J'ai trouvé par l'Expérience ſuivante, qu'il ne faut qu'une très petite force à l'air, pour le faire paſſer dans les poumons, & y jouer en liberté.

J'ai pris pluſieurs petits Animaux, tous aſſez jeunes: je leur ai fait une inciſion préciſement ſous le diaphragme; & prenant garde de couper les vaiſſeaux du poumon, j'ai découvert le thorax: j'ai ôté le diaphragme, & autant des côtés qu'il en falloit pour expoſer les poumons à la vûe, & laiſſer voir clairement comment & quand ils ſe gonfloient; enſuite après avoir coupé la tête de l'animal, j'ai attaché la trachée à la jambe la plus courte d'un ſyphon de verre, & j'ai placé dans un grand vaiffeau de verre *x* (fig. 32.) plein d'eau, les poulmons & le fyphon, dans une fituation renverfée ; j'ai mis par deffus le tout le récipient *pp* d'une machine pneumatique, & par un trou pratiqué au fommet de ce récipient, j'ai fait paffer la plus longue jambe du fyphon, que j'ai bien maftiquée en *z* ; j'ai alors pompé l'air pour en vuider le récipient : à mefure qu'il fortoit, les poulmons fe gonfloient & fe rempliffoient de l'air qui y entroit par le fyphon ; on voyoit même quelques parties de cet air paffer à travers la fubftance des poulmons, s'échapper & monter en petites bulles au deffus de l'eau, quoique le récipient ne fût vuide que jufqu'au point de faire élever le Mercure à un peu moins de deux pouces. En vuidant le récipient jufqu'au point de faire élever le Mercure dans la jauge à 7 ou 8 pouces l'air paffoit à la vérité avec plus de rapidité par les petites ouvertures qui lui avoient déja fervi d'iffue la premiere fois ; mais je ne me fuis pas apperçû que le nombre de ces ouvertures ait augmenté : preuve évidente que ces petits trous n'avoient pas été faits par l'effort de l'air, mais qu'ils étoient originairement dans l'animal vivant, dans lequel ils pouvoient par conféquent laiffer paffer l'air ; car j'ai trouvé par l'Expérience fuivante, que dans de violens exercices les poulmons d'un animal vivant fe dilatent avec une force égale à celle de l'air qui étoit ici contenu dans les poulmons, lorfque le récipient étoit vuidé, jufqu'au point de faire élever le Mercure à 2 pouces.

Experience CXIII.

J'ai pris un Chien vivant, je l'ai mis sur une table, je l'ai couché sur son dos, près du bord de la table, sur laquelle je l'ai attaché; je lui ai fait une petite ouverture entre les muscles intercostaux qui pénétroit dans la cavité du thorax, près du diaphragme: sur cette ouverture j'ai appliqué & bien mastiqué l'extrémité recourbée d'un tuiau de verre, que j'avois auparavant couvert d'une petite bonnette trouée, afin d'empêcher les poulmons de boucher, en se dilatant, l'ouverture du tuiau; l'autre bout du tuiau descendoit à côté de la table perpendiculairement, & étoit mastiqué à une petite bouteille pleine d'esprit de Vin; tout cela étoit disposé de façon que le tuiau & la phiole pouvoient aisément céder aux mouvemens du corps du Chien sans danger d'être cassés. Le tuiau avoit 36 pouces de longueur.

Dans les inspirations ordinaires, l'esprit de Vin s'est élevé de 6 pouces ou environ dans le tuiau; mais dans les inspirations laborieuses & difficiles, comme lorsque je bouchois la gueule & le nez du Chien, pour l'empêcher de respirer, l'esprit de Vin montoit à 24 ou 30 pouces dans le tuiau: cette Expérience montre donc la force avec laquelle la poitrine agit pour élever les poulmons.

Lorsque je soufflois avec force dans la cavité du thorax, le Chien étoit prêt d'expirer. Je tirai l'air qui étoit contenu dans le thorax, par le moyen d'un court tuiau qui communiquoit au premier, tout près de

DES VEGETAUX, Chap. VI. 217

de l'endroit où il étoit joint au corps de l'animal, après avoir rempli d'abord la phiole de Mercure au lieu d'esprit de Vin : quand j'eus tiré tout l'air de la cavité du thorax, le Mercure s'éleva de 9 pouces dans le tuiau ; mais il descendit par degrés à mesure que l'air rentroit dans le thorax par les poumons.

Je fis alors une ouverture au col de l'animal, pour découvrir la trachée, que je coupai un peu au dessus du larinx : sur la trachée j'ajustai & je liai une vessie pleine d'air, & je continuai de tirer l'air du thorax avec assez de force, pour tenir les poumons assez dilatés : le Mercure baissa ; je répétai la succion plusieurs fois pendant un quart-d'heure ; en sorte qu'une bonne partie de l'air contenu dans la vessie passa par les petites ouvertures de la substance des poumons dans la cavité du thorax, ou bien perdit son élasticité. Lorsque je pressois la vessie, le Mercure baissoit fort vîte ; le Chien vécut pendant toute cette opération ; & il auroit, selon toutes les apparences, encore vécu plus long-tems, si l'on eût continué l'Expérience. On en voit un exemple dans celle qui suit.

Expérience CXIV.

JE pris un autre Chien vivant, de moyenne grosseur ; je le couchai sur le dos, & le liai sur une table ; je découvris la trachée & la coupai net, justement au dessous du larinx, & j'y fixai dans l'instant le petit bout d'un robinet, après avoir attaché à l'autre bout du robinet une grande vessie qui contenoit 162 pouces

E e

cubiques ; de l'autre côté , & à l'autre bout de la veffie, j'avois lié le gros bout d'un autre robinet, dont l'ouverture étoit couverte d'une foupape qui s'ouvroit en dedans pour laiffer paffer l'air qu'on y pouvoit fouffler , & l'empêcher de reffortir ; ce que j'empêchai encore mieux en bouchant le paffage avec un robinet.

Dans l'inftant que le premier robinet fut ajufté & bien attaché à la trachée, je foufflai par l'autre, & je remplis d'air la veffie : le Chien refpira cet air pendant une minute ou deux, après quoi il refpiroit fi vîte & fi difficilement , qu'il me parut prêt d'être fuffoqué.

Dans ce moment je preffai avec ma main la veffie pour obliger l'air à entrer par force dans les poumons du Chien , & pour faire élever fon abdomen par la preffion du diaphragme, comme dans une refpiration ordinaire; enfuite ôtant ma main de deffus la veffie, & la remettant alternativement, je fis refpirer ainfi le Chien pendant une heure; mais je fus obligé de fouffler de l'air frais toutes les cinq minutes dans la veffie, parce que les trois quarts de l'air étoient ou abforbés par les vapeurs des poumons, ou fortis par les ligatures en preffant la veffie. Le Chien pendant tout ce tems étoit fouvent prêt d'expirer, lorfque je ne preffois que foiblement l'air pour le faire entrer dans fes poumons, ce que l'on fentoit parfaitement bien à fon pouls dans la grande artére crurale, fur laquelle une perfonne qui m'aidoit, eut toûjours le doigt pendant toute l'opération ; car ce pouls étoit languissant, & presque insensible lorsque je pressois que foiblement la vessie ; mais il devenoit plus fréquent & plus prompt toutes les fois que je pressois fortement la vessie, sur-tout si je pressois aussi l'abdomen alternativement avec la vessie ; parce que j'augmentois par-là la contraction & la dilatation des poumons.

Je rendois par ce moyen le pouls vif & fréquent, de languissant qu'il étoit, aussi souvent qu'il me plaisoit ; & il le devenoit non seulement après les cinq minutes lorsqu'on avoit soufflé du nouvel air dans la vessie, mais même avant la fin des cinq minutes lorsque l'air étoit le plus chargé de vapeurs.

Après que le Chien eut vécu pendant une heure de cette façon, je voulus essayer s'il vivroit quelque tems en lui faisant, par les mêmes moyens, respirer de l'air chargé de vapeurs de soufre enflamé ; mais comme je fus obligé de cesser pendant quelques instans de presser la vessie, le Chien mourut tout d'un coup : il auroit sûrement vécu bien plus long-tems si j'eus continué de forcer l'air à entrer dans ses poumons. Comme je fus obligé de souffler de l'air dans la vessie plus de douze fois dans une heure, l'Expérience ne fut pas faite bien régulierement ; & comme il mourut en moins de deux minutes que je fus contraint de le quitter & de le laisser respirer de lui-même l'air contenu dans la vessie, il est certain par l'Expérience CVI. sur les Chandelles, qu'il seroit mort aussi en moins de deux minutes lorsqu'il restoit un quart de vieux air dans la vessie, qui corrompoit dans le moment le nouvel air qu'on y souffloit. L'on doit donc attribuer la continuation de la vie de l'animal pendant cette heure entiere à la dilatation forcée des poumons, par la compreffion de la veffie, & non pas à *l'efprit vital* de l'air ; car il feroit certainement mort après les cinq minutes, & peut-être en moins d'une minute de tems ; car fon pouls étoit fi languiffant & fi foible, qu'il ne fuffifoit pas pour l'animer un peu, de remplir les trois quarts de la veffie du nouvel air qu'on y souffloit, mais qu'il falloit encore comprimer la veffie, ce qui conftamment élevoit le pouls, qui devenoit toûjours plus fort & plus vigoureux à mefure que je preffois plus fortement la veffie, foit même que ce fût avant ou après avoir foufflé le nouvel air dans la veffie, quoiqu'à la vérité le pouls fût plus aifé à élever au commencement des cinq minutes, que vers leur fin.

Par ces violents & funeftes effets des vapeurs fur la refpiration des Animaux, nous pouvons juger combien elle eft incommodée lorfque l'air eft chargé de ces vapeurs qui détruifent toûjours une partie de fon élafticité : il ne la regagne jamais mieux cette élafticité, que par l'agitation des vents qui le purgent de ces vapeurs nuifibles, & lui donnent la falubrité néceffaire à la fanté : auffi un air renfermé dans une chambre fans communication avec l'air extérieur, fe charge peu à peu de vapeurs, & gêne notre refpiration à proportion des vapeurs dont il eft infecté. C'eft par cette raifon que les fourneaux & poêles d'Allemagne, auffi-bien que les tuiaux nouvellement inventés pour conduire de l'air échauffé dans les chambres, sont bien moins favorables à la respiration, que la façon ordinaire des cheminées, où le feu ne se conserve que par de nouveaux supplémens d'air frais, qui chassent les vapeurs nuisibles, dont le premier s'étoit chargé.

C'est aussi pour cela que les gens qui ont la poitrine foible & délicate, se portent bien dans les campagnes où l'air est pur, tandis qu'ils ne peuvent habiter les grandes Villes, sans être incommodés par les vapeurs fuligineuses qui s'élevent continuellement des feux de charbon, des immondices, &c. & même les gens les plus robustes & les plus vigoureux s'apperçoivent en changeant d'air, au sortir de ces grandes Villes, d'une certaine hilarité qui ne leur vient que d'une respiration plus aisée ; & qui donnant un cours plus libre au sang, & lui communiquant un véhicule plus pur, cause cette joye que l'on ne ressent jamais en respirant un air humide & grossier. Il n'est donc pas étonnant que les infections pestilentielles, & les maladies épidémiques, se communiquent par la respiration, puisque l'air s'unit intimement au sang en perdant son élasticité dans les vésicules du poumon.

Pour peu qu'on réfléchisse sur la grande quantité d'air élastique que détruisent les fumées sulphureuses, l'on verra qu'on peut attribuer à cette cause la mort des Animaux frappés de la foudre sans aucune blessure visible ; car l'élasticité de l'air qui environne l'animal venant à manquer tout d'un coup, les poumons font obligés de s'affaiser, ce qui suffit pour causer une mort subite : Ceci se trouve confirmé par les observations * que l'on a faites sur les Animaux tués de la foudre, les poumons se sont toûjours trouvés applatis, & les vésicules vuides & affaissées.

* *Voyez cette observ. dans le 1. vol. du recueil des premiers mémoires de l'Académie des Sciences.*

La foudre casse souvent les vitres, & les fait tomber au dehors : il est facile de rapporter cet effet à la même cause ; car l'élasticité de l'air étant détruite au dehors, celui du dedans agira violemment par son ressort, & brisera tout ce qui ne pourra lui résister.

Le Tonnerre fait tourner le Vin & les Liqueurs qui ont fermenté : il est très-probable que ce n'est qu'en détruisant l'élasticité de l'air qui est contenu dans ces Liqueurs, qu'il leur ôte leur qualité ; car on a vû qu'il n'est pas nécessaire pour arrêter la fermentation, de mettre des mélanges sulphureux dans les Liqueurs, & qu'il suffit d'environner les vaisseaux qui les contiennent, de ces vapeurs sulphureuses, elles pénétreront dans ces vaisseaux par les pores du bois ; ainsi il n'est pas surprenant qu'elles agissent sur les Liqueurs qui y sont contenues. Je ne puis pas affirmer que l'usage où l'on est de mettre une barre de fer sur les tonneaux, soit un bon préservatif contre les effets de la foudre ; mais je pense qu'on les garantiroit bien plus sûrement en les couvrant de grands draps de laine trempés dans une forte saumure ; car l'on sçait assez que les Sels attirent très-puissamment le soulfre.

Il semble qu'on doit encore attribuer à la même cause, la mort qui accompagne toûjours l'explosion

DES VEGETAUX, Chap. VI. 223
des Mines; il est vrai que d'abord l'air se raréfie beaucoup, ce qui doit faire dilater les poumons à proportion; mais cet air se trouve dans le moment chargé d'une infinité de vapeurs fuligineuses qui lui font perdre une grande partie de son élasticité. Nous en avons vû la preuve dans l'Expérience CVI. sur les méches enflammées : la chaleur de la flamme raréfia d'abord l'air; mais malgré la continuation de cette flamme & de cette chaleur, l'air ne laissa pas que de se condenser dans le moment, & de perdre une bonne partie de son élasticité.

Ces vapeurs ont sans doute le même effet sur les poumons des Animaux dans la *grotte du Chien* en Italie.

C'est aussi en faisant perdre à l'air son élasticité, que les vapeurs soûterraines suffoquent les Animaux & éteignent la flamme des chandelles. Nous voyons par l'Expérience CVI. que plus la chandelle s'éteint promptement, plûtôt aussi l'élasticité de l'air se détruit.

Experience CXV.

Ces réflexions m'engagerent à chercher des moyens pour ôter à ces vapeurs leur mauvaise & dangereuse qualité, ou tout au moins pour la diminuer.

Pour en venir à bout, je fis passer par le trou pratiqué au sommet du récipient de la machine pneumatique (fig. 32.) qui contenoit deux pintes de Paris, l'une des jambes d'un syphon fait d'un canon de mousquet; elle touchoit presque au fond du récipient, bien maſtiqué en z; j'attachai ſur l'ouverture du ſyphon qui étoit dans le récipient, trois enveloppes de drap de laine; la chandelle s'éteignit en moins de deux minutes, quoique je continuaſſe de pomper pendant tout ce tems, & que l'air paſſât ſi librement à travers les enveloppes de drap, que le Mercure ne s'éleva pas au deſſus d'un pouce dans la jauge.

En mettant l'autre extrémité du ſyphon dans un pot de fer rougi au feu, & qui contenoit du ſoulfre enflammé, la chandelle s'éteignoit en pompant, au bout de quinze ſecondes; & en ôtant les trois enveloppes de drap de deſſus l'ouverture du ſyphon pour laiſſer mieux paſſer les vapeurs du ſoulfre, la chandelle s'éteignit dans l'inſtant; les trois enveloppes de drap conſervoient donc la flamme pendant quinze ſecondes. Ainſi dans les mines où les vapeurs ne ſont pas ſi mauvaiſes que celles-ci, on peut prolonger ſa vie en reſpirant à travers pluſieurs draps de laine; & cela plus ou moins long-tems, ſelon la qualité plus ou moins nuiſible des vapeurs.

Lorſque au lieu de couvrir l'ouverture du ſyphon de trois enveloppes de laine, je mettois le bout du ſyphon à 3 pouces de profondeur dans l'eau x (fig. 32.) la chandelle ne s'éteignoit qu'après une demie minute, quoique les fumées ſulphureuſes paruſſent clairement monter à travers l'eau pendant que je pompois; ainſi l'eau conſerva la flamme le double du tems de ce que l'avoient conſervé les trois enveloppes de drap.

Experience

Expérience CXVI.

Je fis un trou dans un grand robinet de bois ab (fig. 39.) dans lequel j'infixai & je collai le gros bout d'un autre robinet de bois ii, dont je couvris l'ouverture d'une soupape de vessie r; j'adaptai une autre soupape à l'ouverture du syphon de fer ss, en fixant bien cette extrémité au robinet ab; puis par le moyen de quatre petits cerceaux, j'ajustai au dedans d'un crible qui avoit 7 pouces de diametre, quatre diaphragmes de flanelle éloignés les uns des autres d'un demi pouce, & enfin j'attachai sur le crible deux grandes vessies $iino$ par où il communiquoit avec les deux ouvertures du syphon.

J'aurois mieux fait de me servir de linge que de flanelle, pour faire les diaphragmes, parce qu'on se sert d'huile & de graisse pour faire la flanelle, & qu'on la blanchit par les fumées du soufre; mais j'ignorois ces faits dans le tems que je fis cette Expérience.

Quand l'instrument fut ainsi préparé, je serrai mes narines avec les doigts, & j'appliquai la bouche en a; je tirai alors ma respiration, ce qui faisant élever la soupape ib, l'air passoit avec liberté des vessies dans le syphon, aussi les vessies baisserent & ridérent considérablement: j'expirai ensuite, & je rendis cet air, qui ne pouvant rentrer dans le syphon par la soupape ib, se fit passage par la soupape r dans les vessies; par ce moyen l'air que je rendois après l'avoir respiré, passoit nécessairement à travers tous les diaphragmes avant que de pouvoir me revenir, & être respiré une seconde fois. Je mesurai la capacité des vessies & du syphpon, le tout contenoit quatre ou cinq pintes de Paris.

Comme le Sel Marin & le Sel de Tartre attirent très-puissamment les vapeurs sulphureuses, je trempai les quatre diaphragmes dans des fortes solutions de ces Sels, & aussi dans du vinaigre de Vin blanc que l'on regarde comme un bon préservatif contre la peste, ayant grand soin de nettoyer avec de l'eau le syphon & les vessies, afin de les bien purger de tout l'air infecté qui auroit pû y rester après chaque Expérience.

Il ne m'étoit pas possible de respirer pendant plus d'une minute & demie l'air renfermé dans cet instrument, lorsque j'en ôtois les diaphragmes; mais en remettant les diaphragmes trempés auparavant dans du Vinaigre, je pouvois respirer pendant trois minutes & demie lorsque je les avois trempé dans une forte solution de Sel Marin, & pendant trois minutes lorsque c'étoit une lessive de Sel de Tartre; mais pendant cinq minutes lorsque je les faisois bien sécher, après les avoir trempés dans cette même lessive de Sel de Tartre, & une fois pendant huit minutes & demie en me servant de Sel de Tartre extrémement calciné, mais je ne sçai si cela venoit de ce plus grand degré de calcination du Tartre, qui pouvoit lui faire attirer plus fortement les vapeurs grossieres & sulphureuses; ou bien si cela ne doit pas être attribué à la sécheresse des vessies & du syphon, ou même à quelque passage insensible que l'air avoit pû se faire à travers les ligatures. Je ne me souciai pas même de répéter l'Expérience pour m'en assurer, crainte de m'altérer la poitrine en respirant si souvent ces vapeurs nuisibles.

Le Sel de Tartre est donc le meilleur préservatif contre les mauvais effets de ces vapeurs, & ensuite le Sel Marin : ils absorbent tous deux les vapeurs sulphureuses, acides & aqueuses; car ayant pesé avec exactitude les quatre diaphragmes avant que de les avoir placés dans l'instrument, je trouvai qu'ils avoient augmenté de 30 grains en cinq minutes ; ce que j'éprouvai deux fois pour m'en bien assurer, & les diaphragmes libres exposés à l'air libre, n'augmenterent en cinq minutes que 5 grains, qui étant déduits des 30 ci-dessus, nous donneront 15 onces deux tiers pour le poids de l'humidité de la respiration pendant vingt-quatre heures, ce qui cependant est un peu trop ; parce que les diaphragmes peuvent attirer en cinq minutes plus de 5 grains, à cause de l'humidité des vessies & du syphon.

J'ai trouvé que lorsque les diaphragmes étoient un peu humides, ils augmentoient de 6 grains en trois minutes, & que dans le même tems ils n'augmentoient point du tout en les exposant à l'air libre : ces 6 grains en trois minutes font à-peu-près 6 onces & demie en vingt-quatre heures, ce qui revient assez juste à la quantité d'humidité que j'eus en respirant dans un grand récipient plein d'éponges; mais ces 6 grains tirés par les quatre diaphragmes en trois minutes, ne faisoient pas, à beaucoup près, le poids de toutes les vapeurs qui étoient contenues dans cet air renfermé; car après les trois minutes, cet air qui avoit été souvent respiré, étoit si chargé de vapeurs, qu'elles pouvoient aisément, par leur attraction mutuelle, former des particules trop grosses pour entrer dans les plus petites vésicules du poumon, & deflors devenir très peu propres à la respiration ; aussi n'est-il point du tout aisé de déterminer précisément combien il sort d'humidité par la voye de la respiration, sur-tout, si nous considérons que l'air qui a perdu son élasticité dans les poumons, se trouve mêlé avec elle.

Mais en supposant qu'il n'en sort que 6 onces & demie en vingt quatre heures, & en nous souvenant que la surface intérieure des poumons est de 41635 pouces quarrés, nous verrons qu'il ne s'évapore dans ce tems que $\frac{1}{3751}$ partie d'un pouce de hauteur d'humidité de dessus cette surface intérieure, ce qui ne revient qu'à la soixante-quinziéme partie de celle qui s'évapore à la surface du corps humain par la transpiration.

Si donc quatre pintes de Paris, pleines d'air, suffisent pour notre respiration pendant cinq minutes avec quatre diaphragmes, il est sûr qu'avec huit pintes d'air & huit diaphragmes, on pourra respirer pendant dix minutes. Il y avoit même du désavantage à se servir de vessies, qu'il falloit souvent mouiller & sécher ; car l'odeur & les vapeurs désagréables qui s'en élevoient, devoient rendre l'air bien moins propre pour la respiration. Mais dans cette Expérience l'on est obligé de se servir de vessies ou de cuir ; car on ne pourroit respirer l'air contenu dans un vaisseau dont les parois ne pourroient se dilater & se contracter, à moins qu'il ne fût très-grand, & toûjours trop pour être portatif.

Je trouvai, en bouchant bien les ouies d'un grand soufflet de cuisine qui étoit plein d'air, que je pouvois respirer cet air par le tuiau pendant plus de trois minutes, sans même grande incommodité ; car les parois du soufflet haussoient & baissoient avec facilité pour suivre le jeu de la respiration. On pourroit se servir de cet instrument, ou de quelqu'autre semblable, dans des cas où il est nécessaire d'entrer dans dès lieux remplis de vapeurs suffocantes, comme pour en tirer quelqu'un, ou quelque chose : par exemple, dans le commencement d'un incendie, dans les laboratoires des Chymistes, dans les mines, dans les endroits des navires, où l'on auroit jetté des pots pleins de ces sortes de puanteurs, &c. Je crois même que cela pourroit servir aux Plongeurs.

Il faut avoir soin dans l'Expérience ci-dessus, de faire tous les passages d'une bonne largeur, & de faire aussi des soupapes qui jouent aisément, afin que les inspirations se fassent avec toute la liberté possible ; car quoiqu'on puisse en suçant, élever le Mercure jusqu'à 22 pouces, & que même quelques gens puissent l'élever jusqu'à 27 & 28, c'est par une action particuliere de la bouche que cela se fait ; car j'ai trouvé par expérience, que la seule action du diaphragme & du thorax dans l'inspiration, est à peine suffisante pour élever le Mercure à 2 pouces ; le diaphragme doit même alors agir avec une force égale au poids d'un cylindre de Mercure de 2 pouces de hauteur, & dont la base est proportionnelle à l'aire du diaphragme, ce qui équivaut à un poids de plusieurs livres : or les muscles qui réagissent contre cette pression, non plus que ceux de l'abdomen, ne peuvent exercer une force plus grande que celle-ci. Ainsi le moindre petit obstacle suffira pour hâter la suffocation ; elle consiste principalement dans l'aplatissement des poumons, occasionné par la grosseur des particules d'un air épais, & chargé de vapeurs, qui contiennent des parties sulphureuses, salines, non élastiques, & douées d'une attraction qui les oblige à s'approcher & se joindre, comme l'on a vû dans les Expériences précédentes que se joignent les particules élastiques de l'air aux particules du soulfre ; mais ces atomes ne sont pas plûtôt rassemblés, qu'ils forment des corps trop grossiers pour pouvoir entrer dans les petites vésicules du poumon, déja contractées par les pointes acides & salines de ces particules, & affaisées par la perte de l'élasticité de l'air qu'elles contenoient ; & c'est sans doute pour les empêcher d'entrer dans ces vésicules, que la nature a eu soin de les travailler avec tant d'art, & de leur donner une si grande petitesse.

Cette qualité, qu'ont les Sels, d'attirer fortement les particules acides & sulphureuses, & les vapeurs nuisibles, peuvent nous les rendre très utiles à bien des égards & en bien des occasions : par exemple,

DES VEGETAUX, Chap. VI. 231

on peut s'en servir dans quelques métiers mal sains & dangereux : les Plombiers, les Fondeurs, les faiseurs de Ceruse, éviteroient par leur moyen, le mauvais effet des vapeurs qui s'élevent des matieres qu'ils travaillent, & qui s'unissent avec l'air élastique en entrant dans les poumons, comme on l'a vû par les Expériences précédentes ; ils préviendroient donc cet inconvénient, en faisant usage d'une large muselière, dans laquelle on mettroit deux, quatre, & même un plus grand nombre de diaphragmes de flanelle ou de drap trempés dans une forte solution de Sel de Tartre, de Potasse ou de Sel Marin, & ensuite bien séchés.

Ces muselieres serviroient aussi dans les occasions où l'on est obligé d'aller pour un petit tems dans un air infecté ; elles pourroient même être tellement faites, qu'on tireroit l'air à travers les diaphragmes, & qu'on le rendroit ailleurs. Mais je ne sçai si ces mêmes muselieres pourroient servir dans les mines ; il me semble qu'il ne seroit pas trop prudent d'y compter ; car elles ne me paroissent pas être un assez bon écran pour parer les poumons des vapeurs mortelles qui s'en élevent.

Experience CXVII.

Voici encore quelques idées que l'Expérience suivante m'a fourni sur l'utilité que nous pouvons tirer de ces Sels.

Je mis une chandelle allumée sous un grand récipient (fig. 35.) qui contenoit seize pintes de Paris ; elle continua d'éclairer pendant trois minutes & demie, & pendant ce tems elle absorba environ une pinte d'air. Je nettoyai bien le récipient, que j'avois pour cela d'abord rempli d'eau, & ensuite vuidé pour le frotter, jusqu'à le rendre bien sec ; après quoi je doublai tout le dedans avec un morceau de flanelle plongé dans une lessive de Sel de Tartre, ensuite bien séché, & que j'avois étendu sur de petits cerceaux faits de rameaux d'un bois pliant. Après cette préparation la chandelle continua d'éclairer sous le récipient pendant trois minutes & demie, & cependant elle n'absorba que les deux tiers de la quantité de l'air qu'elle avoit absorbé la premiere fois.

On doit attribuer la raison de cette difference à la moindre capacité du vaisseau ; car outre l'espace que la doublure de flanelle occupoit, elle ne joignoit pas assez juste, pour qu'il ne se trouvât pas entr'elle & le récipient, environ un tiers de la capacité totale du récipient ; ainsi la chandelle brûla, pour ainsi dire, dans un récipient moindre d'un tiers que le premier, & c'est ce qui fit que l'air fut absorbé en plus petite quantité. *Voyez* Expérience CVI.

Mais ce qu'il faut observer, c'est que la chandelle continua de brûler autant de tems dans un espace plus petit d'un tiers ; ce qui ne peut être que l'effet du Sel de Tartre, dont étoit imprégnée la flanelle, qui par conséquent absorba un tiers des vapeurs fuligineuses que produit la flamme d'une chandelle : nous pouvons donc raisonnablement conclure, que

la

la qualité pernicieuse des vapeurs peut souvent être diminuée, & même changée par la grande puissance d'attraction que les Sels exercent à leur égard.

C'est maintenant à l'Expérience à nous apprendre si leur effet sera general pour tous les cas, & constant dans toutes les occasions; mais assûrément les Expériences précédentes nous découvrent un fondement assez certain pour nous inviter à faire quelques essais; peut-être même ceux-ci fourniront-ils des idées pour aller plus loin.

Nous avons vû que les chandelles allumées, & le soulfre enflammé, détruisent plus que la respiration des Animaux l'élasticité de l'air; c'est parce que leurs vapeurs sont plus abondantes & plus chargées de particules acides & sulphureuses, & aussi parce que ces particules sont moins délayées & mêlées de vapeurs acqueuses que celles de la respiration ; car dans ces vapeurs acqueuses il se trouve aussi des particules sulphureuses, puisque dans les Animaux les fluides & les solides en contiennent; mais elles y sont en moindre quantité. L'on ne doit pas attribuer à la perte de *l'esprit vital* de l'air, l'extinction de la flamme de la chandelle & des méches sous des récipiens, mais aux vapeurs fuligineuses & acides dont l'air se charge, & qui détruisant l'élasticité de cet air, empêchent & retardent l'action & le mouvement élastique du reste.

L'on sçait que dans un récipient dont on a pompé la moitié de l'air qu'il contenoit ; l'autre moitié qui reste occupe alors l'espace tout entier, & que dans cet état d'expansion la chaleur de la flamme ne pourra le dilater en aussi peu de tems, ni mettre son ressort en action aussi promptement, que lorsqu'il est dans son état naturel : c'est à cette cause qu'il faut, ce me semble, rapporter l'extinction de la flamme avant que le récipient soit absolument rempli de vapeurs ; car une partie de l'air ayant perdu son élasticité, le reste occupera plus d'espace, & sera par conséquent moins susceptible d'une prompte dilatation ; mais la réaction étant égale à l'action, la flamme ne pourra en recevoir un mouvement aussi prompt que celui qui la faisoit subsister auparavant ; ainsi il faut qu'elle cesse, faute de cette succession d'air frais qui doit suppléer à celui qu'elle absorbe, ou bien remplacer celui qui est trop dilaté pour continuer de se mouvoir aussi promptement qu'il le faudroit ; car qui ne sçait, que plus on souffle le feu, & plus il augmente ?

Supposons avec ceux qui admettent un *esprit vital* dans l'air, que nous mettions une chandelle allumée dans un récipient assez grand, pour qu'elle y brûle pendant une minute, & ensuite ayant rempli ce récipient d'air frais, tirons-en la moitié ; il est clair qu'avec cette moitié d'air nous aurons aussi tiré la moitié de cet *esprit vital*. Si donc on doit lui attribuer la conservation de la flamme, comme il en reste la moitié de ce qu'il y en avoit la premiere fois dans le récipient, la chandelle doit brûler pendant une demie minute ; mais cela n'arrive pas. Ainsi ce n'est pas à l'*esprit vital*, mais bien à l'élasticité de l'air qu'il faut rapporter la continuation de la flamme.

Quand après avoir absolument vuidé d'air un récipient, j'y faisois par le moyen d'un verre ardent, exhaler les fumées du papier brun trempé dans une solution de Nitre, & féché, & que je le remplissois ensuite d'air frais, le papier chargé de Nitre détonnoit en lui appliquant de nouveau le verre ardent. La chandelle brûla même pendant vingt-huit secondes dans un air semblable, tandis qu'elle brûla pendant quarante-trois secondes dans le même récipient plein seulement d'air frais.

Mais lorsque au lieu de vuider l'air du récipient, je le laissois plein d'air, & que par le moyen du verre ardent je corrompois cet air en y faisant exhaler, comme la premiere fois, des vapeurs du papier & du Nitre. Si j'y plaçois une chandelle, elle s'éteignoit sur le champ. La chandelle ne peut donc pas brûler, & le Nitre ne peut détonner dans un air fort rare, non plus que dans un air fort épais : & ce qui fit que la chandelle brûla & le Nitre détonna dans le récipient d'abord vuidé d'air, & ensuite rempli de fumée & d'air frais, c'est que le courant d'air frais venant à donner sur ces vapeurs formées dans le vuide, les dispersent & les chassèrent vers les parois du vaisseau, auxquels elles s'attacherent ensorte, qu'il en paroissoit flotter beaucoup moins dans le récipient, après que l'air y fut entré, qu'il n'en paroissoit auparavant.

De-là on peut assûrer, que le feu sur lequel on souffle un air chaud, ne doit pas brûler aussi vivement que celui sur lequel on soufflera avec la même vîtesse un air frais ; que par conséquent le Soleil donnant sur un feu, & raréfiant trop l'air qui l'environne, ce feu ne doit pas bien brûler ; que même un petit feu ne doit pas bien brûler auprès d'un grand: aussi observe-t-on communément, que dans les tems des plus fortes gelées, le feu brûle plus ardemment; & cela parce que l'air étant plus condensé, se raréfie plus brusquement en entrant dans le feu, & par conséquent lui communique un mouvement plus prompt & plus violent, & aussi parce qu'un air froid & condensé arrête (comme l'observe le Chevalier Newton) bien mieux par sa plus grande pesanteur l'ascension des vapeurs & des exhalaisons qui s'élevent du feu, qu'un air leger & chaud qui ne les peut retenir. Ainsi par l'action & la réaction de l'air & du soufre qui sort des matieres enflammées, la chaleur du feu subsiste, mais elle augmente à proportion que cet air est plus froid, plus dense; en un mot plus susceptible d'une prompte raréfaction.

Il paroît que ce supplément continuel d'air frais est absolument nécessaire pour entretenir le feu, puisqu'une méche soufrée fume & bout, mais ne prend pas feu dans le vuide. Le Nitre même sur le papier brun ne détonne point, excepté quelques grains çà & là: le papier sur lequel le foyer de verre ardent a porté, devient seulement noir. Ces matieres mêmes ne vouloient pas s'enflammer dans un récipient d'abord à moitié vuidé d'air, puis rempli de vapeurs, & ensuite d'air frais qu'on ajoûtoit à ces fumées : or dans ce cas, il est clair qu'il auroit dû entrer dans le récipient une grande quantité *d'esprit vital* avec l'air frais, & qu'ainsi ces substances auroient dû prendre feu, & brûler au moins pour un peu de tems, ce qui cependant n'est pas arrivé.

L'on peut encore s'assurer que l'élasticité de l'air contribue beaucoup à l'intensité de la chaleur du feu, en faisant attention que l'esprit de Nitre, qui par l'Expérience LXXV. ne contient que peu d'air élastique, éteint les charbons au lieu de les enflammer davantage ; mais que ce même esprit de Nitre mêlé avec du Sel de Tartre, qui contient 224 fois son volume d'air, s'enflamme aussi-tôt qu'il approche du feu ; & c'est par la même raison que le Nitre s'enflamme sur les charbons, tandis que l'esprit de Nitre ne le fait pas ; car on voit que le Nitre contient beaucoup d'air par l'Expérience LXXII. & par l'inflammation de la poudre à canon.

Ce qui fait que le Sel de Tartre ne s'enflamme pas comme le Nitre sur les charbons, quoique par l'Expérience LXXIV. il contienne une grande quantité d'air élastique, c'est qu'il faut plus de chaleur pour en tirer cet air élastique, parce que le Sel de Tartre est un corps plus fixe que le Nitre : le grand degré de chaleur que l'on donne au Sel de Tartre en le faisant, unit plus étroitement ses parties ; car on sçait fort bien que le feu unit en plusieurs cas les particules des corps, au lieu de les séparer ; & c'est à cause de la fixité du Tartre que la poudre fulminante fait une plus grande explosion que la poudre à canon ; car les particules du Tartre étant plus fortement unies que celles du Nitre, réſiſtent avec une plus grande force à l'action qui les doit ſéparer.

Experience CXVIII.

Les eſprits acides qui ſont des Sels volatils délayés dans du phlegme, concourent & favoriſent cette action, & contribuent beaucoup à la force de l'exploſion ; car lorſqu'ils ſont échauffés à un certain point, ils font, auſſi-bien que l'eau, une forte exploſion, comme je l'ai trouvé en verſant quelques goutes d'eſprit de Nitre, d'huile de Vitriol, d'eau & de ſalive ſur une enclume, & appliquant ſur ces goutes un morceau de fer échauffé, juſqu'à blanchir, & le frappant d'un gros marteau, chacune de ces liqueurs fit une grande exploſion, & celle de la ſalive écumeuſe & qui contenoit beaucoup d'air, fut encore plus forte que celle de l'eau. L'on voit donc que la grande exploſion du Nitre & du Sel de Tartre qui contiennent de l'air élaſtique, renfermé dans un eſprit acide, doit être attribuée à la force unie de ces particules d'air & d'acide.

Nous pouvons donc conclure de tout ce qui a été dit ci-deſſus, que le feu s'anime & ſe vivifie principalement par l'action & la réaction des particules ſulphureuſes acides, des matieres combuſtibles, & des particules d'air élaſtique qui entrent continuellement dans le feu, tant celles de l'air extérieur, que celles de l'air qui ſort de ces mêmes matieres ; car par l'Expérience CIII. auſſi-bien que par pluſieurs

DES VEGETAUX, Chap. VI.

autres, les particules acides sulphureuses agissent vigoureusement sur l'air, & par conséquent l'air agit de même sur le soulfre : or nous voyons que les matieres combustibles, soit minérales, végétales ou animales, contiennent ces deux principes en abondance : ils sont donc la cause de la continuation & de la vivacité du feu dans toutes ces matieres.

Mais lorsque le soulfre acide, qui, comme nous le voyons, agit sur l'air avec tant de force, est une fois séparé d'une matiere combustible quelconque, le sel, l'eau & la terre qui restent, loin de s'enflammer, diminuent & amortissent le feu; & comme l'air ne peut pas produire du feu sans soulfre, de même le soulfre ne peut brûler sans air; le charbon mis au feu dans un vaisseau clos, devient & demeure rouge pendant plusieurs heures, sans diminuer de poids, comme l'or fondu; mais il n'est pas si-tôt exposé à l'air, que le soulfre agit avec violence contre l'air élastique, & se trouve bien-tôt par la réaction obligé de se séparer du sel & de la terre, après les avoir réduits en poussiere.

Une méche de soulfre placée dans un récipient vuide d'air, & exposée au foyer d'un verre ardent, ne s'enflamme pas, malgré la force de l'action & de la réaction que la lumiere & les corps sulphureux exercent l'un sur l'autre, ce que cependant l'illustre Chevalier Newton nous donne, comme la raison pourquoi *les corps sulphureux s'enflamment plus aisément, & brûlent avec plus de violence que les autres*, quest. 7.

Voici ce qu'il pense sur la nature du feu & de la flamme, quest. 9. & 10.

„ Le feu, n'est-ce pas un corps échauffé à un tel
„ point, qu'il jette de la lumiere en abondance ? car
„ un fer rouge & brûlant, qu'est-ce autre chose que
„ du feu ? & qu'est-ce qu'un charbon ardent, si ce
„ n'est du bois rouge & brûlant ?

„ La flamme, n'est-ce pas une vapeur, une fumée
„ ou une exhalaison qui est échauffée, jusqu'à être
„ ardente ? c'est-à-dire, qui a contracté un tel degré
„ de chaleur, qu'elle est toute brillante de lumiere ;
„ car les corps ne sont point enflammés sans jetter
„ quantité de fumée, & cette fumée brûle dans la
„ flamme. Il y a des corps qui sont échauffés, ou par
„ le mouvement ou par la fermentation : si la cha-
„ leur parvient à un degré considérable ; ces corps
„ exhalent quantité de fumées ; & si la chaleur est
„ assez violente, cette fumée brillera & se changera
„ en flamme : les métaux fondus ne jettent point de
„ flamme, faute d'une fumée abondante, excepté
„ le Zain qui jette quantité de fumée, & qui par
„ cela même s'enflamme. Tous les corps qui s'en-
„ flamment, comme l'huile, le suif, la cire, le bois,
„ les charbons de terre, la poix, le soulfre, se con-
„ vertissent en fumée ardente & s'enflamment : dès
„ que la flamme est éteinte, la fumée devient fort
„ épaisse & visible, & répand quelquefois une odeur
„ très-forte ; mais dans la flamme elle perd son odeur
„ en brûlant ; & selon la nature de la fumée, la
„ flamme est de differentes couleurs : celle du soulfre

est

est bleue; celle du cuivre dissous par du sublimé est verte; celle du suif, jaune; celle du camphre, blanche : la fumée passant à travers la flamme, ne peut que devenir ardente, & une fumée ardente ne peut avoir d'autre apparence que la flamme. »

Mais M. Lemery le cadet dit que « la matiere du feu ou de la lumiere mêlée avec les Sels, l'eau & la terre, unis ensemble, produit le soulfre ; & que toutes les matieres inflammables ne sont telles qu'en vertu des particules de feu qu'elles contiennent; car l'analyse de ces corps inflammables fournit du sel, de la terre & de l'eau, & une certaine matiere subtile qui passe à travers les vaisseaux les mieux fermés, de sorte que quelque soin que prenne l'Artiste, de ne rien laisser perdre & échapper ; cependant il trouvera une diminution considérable de pesanteur.

Or ces principes, la terre, le sel & l'eau, sont des corps morts, qui ne servent dans la composition des matieres inflammables, qu'à arrêter & retenir les particules de feu, qui seules sont la vraie matiere de la flamme.

Il paroît donc que c'est cette matiere de la flamme que perd l'Artiste dans sa décomposition des corps inflammables. » *Mem. de l'Acad. ann. 1713.* Mais il est clair par les Expériences précédentes, que cette matiere, qui se perd dans l'analyse des corps inflammables, n'est autre chose que de l'air élastique, & non pas du feu élémentaire, comme M. Lemery le suppose.

Monsieur Geoffroy a composé du soulfre avec du sel acide, du bitume, un peu de terre & d'huile de Tartre. *Mem. de l'Acad. ann. 1703.* Dans l huile de Tartre il se trouve beaucoup d'air par l'Expérience LXXIV. & c'est sans doute son élasticité qui est la cause principale de l'inflammabilité de ce soulfre artificiel.

Si le feu résidoit dans le soulfre sous la forme d'un corps distinct & particulier, comme M. Homberg, M. Lemery, & quelques autres le conçoivent, ces matieres sulphureuses devroient en brûlant raréfier l'air qui les environne, tandis que par les Expériences précédentes, on a vû qu'elles condensent & absorbent toûjours une bonne partie de l'air élastique : preuve qu'il ne réside dans le soulfre aucune matiere qui soit par elle-même le feu & la flamme, & que leur chaleur doit être attribuée à la vive action d'ondulation, & à la réaction des particules répulsives d'air élastique, & des particules attractives du soulfre, qui comme l'on sçait, contient & donne par l'analyse de l'huile inflammable, du sel acide, de la terre trés-fixe, & un peu de métal.

Mais il est à croire que le soulfre & l'air sont mis en action par celle de ce milieu invisible ou de cet Ether " qui rompt & réfléchit la lumiere, & par les " vibrations duquel la lumiere échauffe les corps, & " est mise dans des accès de facile réfléxion & de " facile transmission : & les vibrations de ce milieu " ne contribuent-elles pas à la véhemence & à la " durée de leur chaleur ? & les corps chauds ne communiquent-ils pas leur chaleur aux corps froids « contigus par les vibrations de ce milieu propagées « des corps chauds dans les corps froids ? & ce mi-« lieu n'est-il pas excessivement plus rare & plus sub-« til que l'air, & excessivement plus élastique & plus « actif? Ne pénétre-t-il pas promptement tous les « corps? » *Newton quest. 18. de son Optique.*

La force élastique de ce milieu doit être à pro-« portion de sa densité plus de 700000 x 700000, « c'est-à-dire, plus de 490 000 000 000 fois plus « grande que n'est la force élastique de l'air, à pro-« portion de sa densité. » *Ibid. quest. 21.* Force assez grande pour causer une grande chaleur, sur-tout lorsque cette élasticité se trouve augmentée par l'action & la réaction violente de l'air & des particules de soulfre contenues dans la matiere combustible.

De cette attraction évidente, & de cette action & réaction qui s'exercent entre les particules élastiques & les particules sulphureuses, nous pouvons conclure avec raison, que ce que nous appellons les particules de feu dans la chaux, & dans plusieurs autres corps qui ont été soûmis à l'action du feu, ne sont que des particules sulphureuses & élastiques fixées dans la chaux, qui lorsque la chaux étoit brûlante, étoient toutes dans un état actif d'attraction & de répulsion, & qui sont ensuite retenues dans le corps de la chaux refroidie, où elles sont obligées de rester dans cet état fixe, malgré l'action continuelle du milieu Ether, qui les sollicite d'agir, jusqu'à ce que la chaux étant dissoute par quelque liquide, elles sortent avec violence de leurs prifons, & par leur action & réaction, caufent une ébulition qui ne ceffe pas que les unes de ces particules élaftiques ne foient fixées par la forte attraction du foulfre, & les autres chaffées hors de la fphere d'attraction des premieres, & transformées en air élaftique permanent. Il eft extrêmement probable que c'eft-là l'explication & la caufe de ces phenoménes ; puifque nous avons dans les Expériences précédentes un fi grand nombre d'exemples, où nous voyons que les mêmes matieres produifent & abforbent par la fermentation beaucoup d'air élaftique ; que d'autres en produifent plus qu'elles n'en abforbent ; & enfin que d'autres, comme la chaux, en abforbent plus qu'elles n'en produifent.

Expérience CIX.

Il eft encore évident que les particules aëriennes & fulphureufes du feu pénétrent & fe logent dans plufieurs corps, par l'exemple du *Minium* ou plomb rouge qui augmente en pefanteur d'environ $\frac{1}{20}$ partie par l'action du feu : la rougeur qu'il acquiert indique l'addition d'une grande quantité de foulfre ; car le foulfre agiffant très-vigoureufement fur la lumiere, eft par conféquent très propre à réfléchir les rayons les plus forts, qui font les rayons rouges. Mais outre ce foulfre, le plomb rouge s'approprie encore une bonne quantité d'air qui s'incorpore avec lui, & contribue à l'augmentation de fon poids ; car j'ai trouvé en diftilant 1922 grains de plomb, qu'il

DES VEGETAUX, Chap. VI. 245

n'en fortoit que 7 pouces cubiques d'air, au lieu que de 1922 grains de plomb rouge il en fortit dans le même efpace de tems 34 pouces cubiques d'air: il eft à croire qu'une grande partie de cet air avoit été abforbée par les particules fulphureufes du charbon dans le fourneau de réverbere, où le plomb rouge avoit été fait ; puifque par l'Expérience CVI. plus les fumées du feu font renfermées, & plus elles abforbent d'air élaftique.

Et c'eft fans doute cette grande quantité d'air élaftique, contenu dans le plomb rouge, qui fit caffer les vaiffeaux de l'illuftre M. Boyle, lorfqu'il expofa au verre ardent le plomb rouge qui étoit dedans : le Docteur Newentyt n'attribue cet effet qu'à l'expanfion des particules de feu renfermées dans le plomb rouge; car il fuppofe que le feu eft un fluide particulier qui conferve fon effence & fa figure, & qui refte toûjours feu, quoiqu'il ne brûle pas toûjours. *L'Exiftence de Dieu*, &c. pag. 310. Et il n'attribue pas à l'air la caufe de la grande & violente ébullition de l'Eau-forte, & de l'huile de Carvi, tandis que nous trouvons par l'Expérience LXII. que toutes les huiles contiennent beaucoup d'air, & que de l'Eauforte verfée fur de l'huile de Gerofles, s'étendit dans un efpace 720 fois auffi grand que le volume d'huile : la raréfaction qui provenoit des vapeurs aqueufes de l'huile & de l'efprit, fut bien tôt contractée, au lieu que l'expanfion caufée par l'air élaftique dura jufqu'au lendemain, & auroit été permanente fi les fumées fulphureufes n'en euffent pas abforbé le principe.

Il y a des gens qui croyent que la putréfaction est l'effet d'un feu inhérent dans les matieres, & que les Végétaux n'ayant chez eux aucun principe de chaleur ne font sujets qu'à la fermentation ; mais que les Animaux sont sujets à la fermentation & à la putréfaction ; & ils attribuent ces opérations à des causes très-différentes, en disant que la cause immédiate de la fermentation est le mouvement de l'air intercepté par les parties fluides & visqueuses de la liqueur qui fermente, & que le feu lui-même renfermé dans le sujet qui pourrit, est la cause de la putréfaction. Mais je ne vois pas pourquoi l'on ne doit pas regarder la putréfaction comme un different degré de fermentation ; car je serois très porté à croire, que la nutrition n'est que l'effet d'un degré de fermentation dans laquelle la somme de l'action attractive des particules est bien supérieure à la somme de leur puissance répulsive. Si cette puissance répulsive devient supérieure à l'autre, les parties constituantes se séparent ; & quand dans cette séparation elles se trouvent délayées dans beaucoup de flegme, leur mouvement est retardé, & par conséquent elles n'acquierent pas un grand degré de chaleur en se dissolvant ; mais lorsque ces parties constituantes n'ont qu'un certain degré d'humidité, elles acquierent, comme le Foin amassé verd, assez de chaleur pour brûler & s'enflammer, ce qui rend leur séparation plus parfaite, & les dissout jusqu'au point, de ne pouvoir plus en tirer d'esprits acides ou vineux ; ce qui sans doute doit plûtôt s'attribuer à ces causes, qu'au feu pré-

DES VEGETAUX, Chap. VI. 247

tendu qui réfide au dedans de ces matieres ; puifque felonle vieux axiome l'on *ne doit point multiplier les êtres fans néceffité*.

Si l'on reftraint la notion de la fermentation (comme on le fait ordinairement) aux plus grands degrés de cette fermentation, il fera vrai de dire, que les fluides des Animaux & des Végétaux, ne fermentent point quand ils font en fanté ; mais en la prenant, comme on le doit, dans un fens moins ftrict ; c'eſt-à-dire, en appellant fermentation tous les degrés du mouvement inteftin des fluides, on fera forcé de l'admettre dans l'état même de la plus parfaite fanté des Végétaux & des Animaux ; car leurs fluides contiennent en abondance des particules fulphureufes, & des particules élaftiques.

On pourroit avec autant de raifon conclure, qu'il n'y a point de chaleur dans les Animaux, parce qu'une grande chaleur les détruira en féparant leurs parties, que d'affurer qu'il n'y a point d'autre fermentation que celle qui peut auffi les détruire & les diffoudre.

Voici comment le Chevalier Newton raifonne fur la nature des acides.

« Les particules des acides font douées d'une « grande force attractive ; c'eft dans cette force que « confifte leur activité ; c'eft par cette force qu'elles « s'approchent des corps métalliques ou pierreux, & « qu'elles s'y attachent à n'en pouvoir prefque pas « être féparées par la diftilation ou la fublimation : « font-elles logées dans ces corps, elles en remuent «

„ & féparent les parties jufqu'à ce qu'ils foient
„ abfolument diffous : elles remuent auffi le fluide
„ où elles nagent ; & par tous ces mouvemens elles
„ excitent la chaleur & frappent des particules, juf-
„ qu'à les convertir en air & produire des bulles.
„ Elles font donc la caufe de toutes les diffolutions &
„ de toutes les violentes fermentations. „ *Dictionnaire
des Arts & des Sciences de Harris, vol. 11. Introduction.*

Tout cela fe trouve confirmé par les Expériences précédentes, qui nous ont appris & montré évidemment, que les fubftances animales, végétales ou minérales, produifent ou abforbent de l'air par le moyen du feu ou de la fermentation.

Cet air qui fort des corps, eft affûrément du véritable air élaftique, & doué des mêmes qualitez que l'air ordinaire ; puifque dans l'Expérience LXXXVIII. & LXXXIX. il éleve le Mercure, & qu'il conferve fon reffort pendant plufieurs mois, plufieurs années, quoiqu'expofé à des gelées violentes, qui auroient condenfé dans l'inftant des vapeurs acqueufes ; car elles fe dilatent à la vérité par la chaleur, mais elles fe refferrent d'abord que cette chaleur les abandonne.

L'air que le feu faifoit fortir des corps fixes, tels que le Nitre, le Tartre, le Sel de Tartre & la Couperofe, ne s'en féparoit pas fans une grande violence : ainfi il femble que cet air contribue à la fixité de ces Sels, auffi-bien *que les particules les plus folides & les plus denfes de la terre, qui par leur grande attraction, appellent & faififfent les acides pour compofer les particules*

de

de Sel. Newton, Optique, quest. 31. Car nous avons trouvé qu'en séparant & volatilisant l'esprit acide après la dissolution des parties constituantes du sel par le feu, les particules d'air changent en grand nombre de l'état fixe à l'état élastique : il faut donc nécessairement que ces mêmes particules, qui dans leur état d'élasticité repoussoient avec force, ayent acquis la vertu contraire en devenant fixes ; c'est-à-dire, la puissance d'attirer, & par conséquent d'agir avec force sur les esprits acides & les particules sulphureuses & terreuses du sel : aussi a-t-on observé que les particules qui sont les plus élastiques, & qui repoussent le plus, sont celles, qui dans l'état fixe, attirent le plus fortement.

Mais les acides acqueux, qui, quand on les sépare du sel par l'action du feu, font un esprit fumant & très correctif, ne produisirent point d'air élastique, non plus que plusieurs substances volatiles, telles que les sels volatils de Sel Ammoniac, de Camphre & d'Eau-de-Vie, quoique distilées par le feu à une chaleur assez grande dans les Expériences LXXV. LII. LXI. & LXVI. Il est donc évident que les vapeurs acides flottent dans l'air comme les vapeurs acqueuses, & que quand les particules élastiques de l'air les attirent puissamment, elles leur adherent fortement, & composent les sels.

Aussi voyons-nous par l'Expérience LXXIII. que le Tartre, quoiqu'il contienne tous les principes des Végétaux, semble cependant contenir une bien plus grande quantité d'air & de sels volatils, puisqu'il

Ii

en sort une si grande abondance d'air élastique : cet air dans son état fixe est sans doute très-fermement uni par l'action du feu avec la terre & les particules sulphureuses dans le Sel de Tartre, & c'est pourquoi il faut une plus grande chaleur pour l'en séparer, comme on le voit par l'Expérience LXXIV. mais cet air & cet esprit volatil s'en séparent plus aisément par la fermentation.

L'on voit par l'Expérience LXXII. qu'il sort du Nitre par l'action du feu, une grande abondance d'air dans le même tems que les esprits acides s'en séparent.

Et nous trouvons par l'Expérience LXI. qu'il en sort aussi du Sel Marin, quoiqu'en moindre quantité, & avec beaucoup moins de facilité; parce que le Sel Marin, qui contient beaucoup de soulfre, est un corps plus fixe que le Tartre & le Nitre : il ne change même que difficilement de nature dans le corps des Animaux, quoiqu'à la vérité il doive nécessairement en changer dans les Végétaux, puisqu'il fertilise la terre.

L'on peut croire avec raison, que quoique les esprits acides exposés à l'action d'un feu violent ne produisent point d'air élastique, ils ne laissent pas d'en contenir; mais en trop petite quantité par rapport à celle des esprits acides qui l'enveloppent; car nous voyons par l'Expérience XC. que lorsque l'esprit acide de l'Eau régale est plus fortement attiré par l'or que par les particules d'air, ces mêmes particules d'air que l'esprit acide vient d'abandonner s'élevent en abondance, & fortent nécessairement de l'eau régale, puisque l'or ne perd pas la moindre chose de son poids. De-là on peut conclure avec beaucoup de vraisemblance, que l'air que l'on obtient par la fermentation des acides & des alkalis, ne vient pas tout entier du corps alcalin, qui dissout, mais qu'il sort aussi en partie de l'acide : ainsi la grande quantité d'air élastique qui s'éleve dans l'Expérience LXXXIII. du Vinaigre & des écailles d'Huître, peut en partie sortir du Tartre, auquel le Vinaigre doit son acidité. Cette verité se confirmera si l'on fait attention que le Vinaigre perd son acidité dans la fermentation ; c'est-à-dire, perd son Tartre, & par conséquent l'air qu'il contenoit. En géneral on sçait que les dissolvans changent aussi-bien que les corps dissous dans la fermentation. Nous pouvons donc dire, avec beaucoup de raison, que la force des esprits acides se doit attribuer en bonne partie à l'air élastique qu'ils contiennent ; car ce principe actif suffit pour faire agir les petites pointes acides & les parties huileuses & terreuses de ces esprits.

Dans l'analyse du sang, nous trouvons qu'il en sort une grande quantité d'air, & sans doute il sort du *serum*, aussi-bien que de la substance même du sang ; puisque toutes les parties solides & fluides des Animaux, contiennent de l'air & du soulfre ; mais il semble que ces principes soient plus intimement unis dans les globules rouges, que l'on peut regarder comme la partie du sang la plus parfaite & la plus élaborée. L'air sera donc dans le sang aussi-bien que dans les sels, le principe de l'union des parties; & plus ces parties seront unies, c'est-à-dire, plus elles seront solides, plus aussi l'on doit y trouver d'air, ce que l'expérience confirme; car en comparant les Expériences XLIX. & LI. nous voyons qu'il sort de la corne une bien plus grande quantité d'air, que du sang. Il faut, comme on peut le remarquer dans cette même Expérience XLIX. un feu violent, pour séparer dans le sang les particules constituantes, quoique par une fermentation intérieure, qui à la vérité est un dissolvant bien plus subtil que le feu, cette dissolution se fasse quelquefois dans notre sang, & cause des effets bien funestes : mais on peut observer que les sels volatils, les esprits & les huiles sulphureuses, qui dans le même tems sont séparées de ces substances (la corne & le sang), ne produisent point d'air élastique.

Expérience CXX.

Ces substances & beaucoup d'autres, produisent donc beaucoup d'air élastique; mais les substances sulphureuses détruisent bien cette élasticité. Le Chevalier Newton nous dit que « la lumiere agissant sur » le soufre, le soufre doit réagir sur la lumiere. » L'on peut assurer la même chose du soufre & de l'air; car on a vû par l'Expérience CIII. que le soufre enflammé attire puissamment & fixe les particules élastiques de l'air : l'huile & la fleur de soulfre doivent donc contenir une grande quantité d'air non élastique, puisque la premiere se fait en brûlant le soulfre sous une cloche, & la seconde en le sublimant : ce qui doit même confirmer ceci, c'est qu'on observe que l'huile de soulfre *par la campane* se fait plus difficilement dans un tems sec, que dans un tems humide ; & j'ai trouvé par des Expériences faites à ce sujet, qu'une chandelle qui brûle dans un récipient bien sec pendant soixante-dix secondes, n'en brûle que soixante-quatre dans le même récipient, lorsqu'il est rempli des fumées de l'eau chaude, & que cependant elle absorbe dans ce moindre tems une cinquième partie de plus d'air, que lorsqu'elle brûle dans un air sec.

Le soulfre absorbe l'air, non seulement lorsqu'il brûle en substance, mais même lorsque les matieres où il se trouve incorporé, fermentent. La puissance même attractive & réfractive des corps est, selon le Chevalier Newton, proportionnelle à la quantité de particules sulphureuses qu'ils contiennent : toutes ces Expériences & toutes ces raisons nous doivent donc faire attribuer la fixation des particules élastiques de l'air à la forte attraction des particules sulphureuses, dont selon le même Chevalier Newton, les corps abondent tous plus ou moins. Nous observons en conséquence que les corps élastiques attirent plus puissamment, à proportion qu'ils contiennent plus de soulfre.

L'on ne peut douter qu'il n'y ait une grande quantité d'air uni avec le soulfre dans l'huile des Végétaux ; puisqu'il en vient en si grande abondance dans la distilation des huiles d'Anis & d'Olives (Expérience LXII.) lorsque par l'action de la fermenration les parties conſtituantes des Végétaux ſont obligées de ſe ſéparer ; une partie de l'air s'éleve dans un état élaſtique ; une partie s'unit avec les ſels eſſentiels, l'eau, l'huile & la terre, & par cette union forme le Tartre, qui adhére aux parois du vaiſſeau ; & le reſte qui demeure dans la liqueur fermentée, eſt en partie dans un état d'élaſticité, ce qui donne à la liqueur ſa vivacité, & en partie dans un état fixe : celui qui demeure ſous cette premiere forme ſort de la liqueur en groſſes bulles lorſqu'on la met ſous le récipient de la machine pneumatique.

Nous avons trouvé plus d'air dans les cornes de Cerf que dans le ſang : & en général les parties les plus ſolides des Animaux & des Végétaux en contiennent plus que leurs fluides : on peut ſe ſouvenir à ce ſujet des Expériences LV. LVII. & LX. où l'on voit qu'un tiers de la ſubſtance des Pois, du cœur de Chêne, & du Tabac, ſe change en air élaſtique par l'action du feu. Puiſqu'il ſe trouve donc une plus grande quantité d'air dans les parties ſolides des corps que dans leurs fluides, ne pouvons-nous pas conclure, que l'air eſt le lien qui joint ces parties ſolides, & qu'il eſt la cauſe de la ſolidité ? car le Chevalier Newton obſerve que « les particules qui ſe re-» pouſſent avec la plus grande force, & qui par con-» ſéquent s'uniſſent le plus difficilement, ſont celles » qui dans le contact s'attirent & adherent le plus » fortement, » *queſt.* 31. Si donc la force d'attraction, & par conſéquent la cohéſion d'une particule d'air non élaſtique eſt proportionnelle à ſa force de répulfion dans l'état élastique, on ne peut douter que cette premiere force ne soit extrémement grande, puisqu'on sçait par l'expérience que la seconde surpasse toutes les forces connues. Le Chevalier Newton a supputé par l'infléxion des rayons de la lumiere, que la force attractive des particules près du point de contact, est 1000000000000000 plus grande que la force de la gravité.

Lorsque le soulfre est en masse, & dans un état de repos, il n'absorbe point d'air élastique; car du soulfre en canons n'absorbe point d'air : mais lorsqu'après avoir pulvérisé ce soulfre on le mêle avec de la limaille de fer, pour le laisser ensuite se diviser & se réduire par la fermentation en particules déliées, dont l'attraction augmente à mesure que leur grosseur diminue ; ce soulfre absorbe alors beaucoup d'air, comme on peut le voir dans l'Expérience XCV.

Le minéral de Walton, qui contient beaucoup de soulfre, fermentoit avec l'eau-forte dans l'Expérience XCVI. & absorboit une bonne quantité d'air élastique : lorsque j'ajoûtois à un semblable mélange autant d'eau commune que d'eau-forte, la fermentation augmentoit beaucoup ; mais au lieu d'absorber 85 pouces cubiques d'air, ce mélange en produisoit 80 ; d'où l'on voit que les matieres qui fermentent ensemble, & qui contiennent du soulfre, n'absorbent pas toûjours de l'air, mais qu'elles en produisent même quelquefois. Voici la raison de cette difference : il ne faut pas croire, que dans le premier cas, où l'air est absorbé, il n'y en eût point de produit d'abord : le mouvement intestin du mélange produit en fermentant une bonne quantité d'air élastique ; mais comme il s'éleve en même tems des fumées épaisses, acides & sulphureuses, elles absorbent une plus grande quantité d'air que le mouvement de la fermentation n'en produit. Ceci s'accorde avec l'Expérience CIII. où l'on voit que les particules sulphureuses qui s'élevent dans l'air, en détruisent l'élasticité par leur attraction ; car dans l'inflammation du soulfre, qui fait perdre à l'air une si grande partie de son élasticité, l'on ne peut attribuer cet effet qu'à la flamme & aux fumées ; parce que le soulfre est, en quelque façon, absolument détruit par le feu, n'y restant après sa déflagration qu'un tant soit peu de terre séche, qui ne contient sûrement pas l'air absorbé : il n'a donc pû l'être que par les fumées qui l'auront saisi aussi-tôt que leurs particules seront devenues assez petites par la division, pour attirer avec force celles de l'air élastique. L'on sçait assez qu'une chandelle en brûlant se consume toute en flamme & en fumées ; ainsi l'on doit conclure de même, que ce n'est que par ses fumées qu'elle absorbe l'air.

Experience CXXI.

J'ai trouvé de plus, que ces fumées détruisent l'élasticité de l'air, nonseulement dans le tems qu'elles s'élevent, mais même plusieurs heures après avoir ôté de dessous le vaisseau $zz\,aa$ (fig. 35.) la méche soufrée

DES VEGETAUX, Chap. VI. 257

foufrée qui les avoit produites ; car je faifois d'abord refroidir ces fumées en plongeant ce vaiffeau avec fa cuvette xx (ou feulement une bouteille à vin pleine de ces fumées) dans l'eau froide, & le retenant au deffous de cette eau pendant quelque tems, enfuite je marquois la furface de l'eau zz, & je plongeois de nouveau le vaiffeau dans l'eau tiéde ; & laiffant tout refroidir, je trouvois le jour fuivant qu'une bonne partie de l'air avoit perdu fon élafticité ; car l'eau étoit élevée au deffus de zz. Je répétai fouvent cette Expérience : l'évenement fut toûjours le même.

Mais au lieu de remplir la bouteille des fumées de foufre enflammé, fi je la rempliffois de celles de bois, dont la flamme venoit de s'éteindre, ces fumées abforboient la moitié moins d'air que les fumées de foufre ; parce que les fumées du bois fe trouvoient comme délayées dans les vapeurs acqueufes qui s'élevoient avec elles ; & c'eft pourquoi la fumée du bois incommode feulement les poumons, fans caufer de fuffocation comme celle du charbon de terre, qui contient plus de particules fulphureufes, & moins de vapeurs acqueufes.

J'ai trouvé que l'air nouvellement produit eft abforbé par ces fumées ; car en enflammant une méche foufrée avec un verre ardent, par le moyen d'un affez grand morceau de papier trempé d'abord dans une forte folution de Nitre, & enfuite féché, ce Nitre détona en s'enflammant, & il en fortit deux pintes d'air qui furent abforbées & au-delà, lorfque le foufre brûla.

Kk

Les 85 pouces cubiques d'air qui furent abſorbés par le Minéral de Walton & l'Eau-forte dans l'Expérience XCVI. ſont donc l'excès de l'air abſorbé par ces fumées ſur celui qui étoit produit par la fermentation.

Et l'on doit dire la même choſe de l'Expérience XCIV. dans laquelle la limaille de fer mêlée avec l'eſprit de Nitre & l'eau, ou même la limaille de fer & l'eſprit de Nitre ſeulement, abſorbent plus d'air qu'ils n'en produiſent : nous voyons même la raiſon pourquoi la limaille de fer & l'Eau-forte dans cette même Expérience XCIV. abſorbent plus d'air lorſqu'on y ajoûte de l'eau, & que ce même mélange produit quelquefois de l'air après l'avoir abſorbé, & enſuite le reprend & l'abſorbe de nouveau, ce que fait auſſi l'huile de Vitriol, la limaille de fer & l'eau, & le charbon de Newcaſtle avec l'Eau-forte, & encore d'autres mélanges ; car lorſque la fermentation eſt violente, les fumées abſorbantes s'élevent très-vîte, & deflors il s'abſorbe plus d'air qu'il ne s'en produit ; mais lorſque la fermentation diminue juſqu'au point de ne plus produire aſſez de fumées pour abſorber tout l'air qui en ſort en même tems, alors il s'en produit plus qu'il ne s'en abſorbe.

L'Expérience XCV. nous montre que pluſieurs autres mélanges abſorbent de l'air en bien plus petite quantité : par exemple, les eſprits de corne de Cerf avec la limaille de fer ou de cuivre ; l'eſprit de Sel Ammoniac avec la limaille de fer ou de cuivre & l'eau ; le Caillou pulvériſé, ou le Caillou de Briſtol

DES VEGETAUX, Chap. VI. 259
aussi pulverifé avec l'Eau-forte, n'absorbent qu'une très petite quantité d'air.

L'on a vû par les Expériences CIII. & CVI. que plus les vapeurs fuligineuses sont épaisses, plus promptement elles absorbent l'air; ainsi il est à croire que si les mélanges, dont nous venons de parler, eussent fermenté en plein air, & non pas dans des vaisseaux fermés, ces vapeurs auroient été moins denses, & auroient par conséquent absorbé moins d'air, & peut-être même beaucoup moins qu'il ne s'en produisoit en même tems par l'action de la fermentation.

Quand le Minéral de Walton mêlé avec l'eau-forte & l'eau commune produit de l'air, tandis qu'il en absorbe lorsqu'il n'est mêlé qu'avec l'Eau-forte toute seule, c'est parce que les particules de l'Eau forte étant délayées dans l'eau, se trouvent plus de liberté pour agir, & causent ainsi une fermentation plus violente qui chasse avec plus de force & en plus grand nombre, les particules qui reprennent leur élasticité : cette élasticité en est peut-être même augmentée jusqu'au point de pousser ces particules au delà de la sphére d'attraction des particules sulphureuses.

Ceci se confirme par l'Expérience XCIV. dans laquelle la limaille de fer & l'huile de Vitriol ne produisent que très-peu d'air ; mais en y versant autant d'eau que d'huile de Vitriol, elles en produisent 43 pouces ; & avec trois fois cette quantité d'eau, 108 pouces.

Quoique les fumées qui s'élevent des matieres par

la fermentation, comme dans le second cas du Minéral de Walton, soient très-abondantes, il se peut faire cependant que cette fermentation produit beaucoup plus d'air que de fumées pour l'absorber : & alors l'air nouvellement produit qui se trouve entre zz & aa (fig. 35.) est l'excès de celui qui est sorti des matieres sur celui que leurs fumées ont absorbé.

Et sans doute que dans ce second cas où le Minéral de Walton est mêlé avec l'Eau-forte & l'eau, les fumées qui s'en élevent n'absorbent pas tant d'air à proportion de leur densité, que dans le cas où ce Minéral n'est mêlé qu'avec l'Eau-forte ; parce que les vapeurs sulphureuses se trouvent affoiblies par les vapeurs acqueuses ; en sorte que dans l'exemple proposé elles détruisent six fois moins d'air que lorsqu'elles agissent avec toute leur force : une bonne partie du pouce cubique d'eau s'éleva avec les vapeurs sulphureuses ; & quoiqu'elle augmentât leur densité en apparence, elle diminua leur force absorbante ; car les vapeurs acqueuses n'absorbent point d'air, quoique dans l'Expérience CXX. nous ayons observé qu'une chandelle en absorbe plus dans un air humide, que dans un air sec.

C'est à cause de ces vapeurs acqueuses que la limaille de fer, avec l'esprit de Nitre & l'eau, absorba moins d'air qu'avec l'esprit de Nitre seul.

Et c'est parce que les fumées sont en petite quantité & bien délayées par les vapeurs acqueuses de la Craye, que l'huile de Vitriol & la Craye produisent de l'air.

DES VEGETAUX, Chap. VI. 261

Et c'est aussi parce qu'il s'éleve beaucoup de fumées de la Chaux mêlée avec l'huile de Vitriol ou le Vinaigre de Vin blanc & l'eau, que ce mélange absorbe beaucoup d'air ; au lieu que la Chaux toute seule, & qu'on a laissé d'elle-même se réduire en poussiere, ne faisant point de fumée, n'absorbe point d'air.

Dans l'Expérience XCII. la fermentation n'étoit ni subite ni violente, & la quantité des fumées absorbantes n'étoit pas grande ; aussi voyons-nous que l'Antimoine & l'Eau-forte produisirent une quantité d'air égale à 520 fois le volume de l'Antimoine ; & dans l'Expérience XCI. l'Antimoine & l'Eau régale qui fermentoient d'abord foiblement, produisoient de l'air ; mais la fermentation venant à augmenter, il s'élevoit une grande quantité de fumées, & alors ils en absorboient.

Puisque nous trouvons par toutes ces Expériences que les substances animales & végétales produisent beaucoup d'air dans leur dissolution, nous ne pouvons nous empêcher de croire qu'il ne s'en éleve beaucoup dans la dissolution qui s'en fait dans l'estomac des Animaux, & même qu'il ne s'éleve aussi des fumées qui l'absorbent ; car nous voyons dans l'Expérience LXXXIII. que les écailles d'huître & le vinaigre, les écailles d'huître & la pressure, les écailles d'huître & le jus d'orange, la pressure seule, la pressure & le pain, produisirent d'abord, & ensuite absorberent de l'air ; mais les écailles d'huître avec la liqueur de la mulette d'un Veau qui avoit été nourri de foin, ne produifirent point d'air, non plus que les écailles d'huître, & le fiel de Bœuf, la falive & l'urine ; mais les écailles d'huître & le lait en produifirent un peu, tandis qu'en même tems le lait & le jus de citron en abforberent un peu; d'où nous voyons que le mélange & la difference des alimens doivent néceffairement, tantôt produire, & tantôt abforber de l'air dans l'eftomac, & qu'il y en aura quelquefois plus d'abforbé que de produit, quelquefois également, & fouvent moins, felon la proportion de la puiffance productrice des alimens qui fe diffoudent à la puiffance abforbante des fumées qui s'en élevent. Quand la digeftion fe fait bien, la puiffance génératrice furpaffe un peu la puiffance abforbante: fi elle la furpaffe trop, on s'en trouve incommodé, & l'on eft plus ou moins fujets aux vents, qui ne font autre chofe que cet air élaftique qui fort des alimens dans l'eftomac & les boyaux. J'avois deffein de faire fur la digeftion plufieurs Expériences dans une chaleur égale à celle de l'eftomac ; mais d'autres Expériences que j'ai été obligé de pourfuivre, ne m'ont pas laiffé le tems d'exécuter celles-ci.

Tous les mélanges produifent donc de l'air élaftique par la fermentation ; mais ceux dont il fort en même tems des fumées épaiffes & fulphureufes, abforbent quelquefois plus d'air qu'ils n'en produifent; & cela à proportion de la denfité de ces fumées & du foulfre qu'elles contiennent.

Les Expériences précédentes nous montrent qu'il s'éleve de l'air en abondance des acides & des alkalis par la fermentation, & que cet air conserve son état d'élasticité; qu'il s'en éleve sur-tout une grande quantité dans la dissolution des substances animales & végétales, dans lesquelles il est intimement & fermement incorporé : c'est donc dans le tems de leur production & de leur accroissement que cet air se mêle & s'unit avec les particules qui les composent : une partie reprend, comme nous voyons, son élasticité lorsque la fermentation l'en sépare; mais le reste demeure pour toûjours, ou du moins pendant plusieurs siécles dans cet état de fixité, sur-tout celui qui se trouve incorporé dans les parties les plus solides & les plus durables des Animaux & des Végétaux.

Quoiqu'il en soit, nous pouvons toûjours remarquer avec plaisir la sagesse infinie de la Providence, qui par la fermentation des corps, sçait réparer continuellement la perte, & suppléer à la dépense nécessaire de la prodigieuse quantité d'air qui entre dans leur production; car comme nous l'avons déja dit, il est très-probable que plusieurs matieres, qui renfermées dans mes verres, absorboient par la densité de leurs fumées une bonne quantité d'air, en auroient produit si elles eussent été mises à l'air libre, où la densité de ces mêmes fumées auroit été bien moindre.

J'ai fait un grand nombre d'Expériences, soit par le moyen du feu, soit par celui de la fermentation, sur des matieres dont il s'élevoit beaucoup de fumées absorbantes, pour tâcher de détruire entierement l'élasticité d'une certaine quantité d'air; mais je n'en ai pû venir à bout. L'on ne peut donc pas démontrer directement par les Expériences qui précédent, que l'air élastique puisse être totalement fixe; mais nous avons beaucoup de raison de le croire, puisque nous voyons que cela lui arrive en si grande partie. Le Chevalier Newton observe sur la lumiere, « qu'il ne faut pour produire toutes les differentes couleurs de la lumiere, & tous ces differens degrés de réfrangibilité, que la difference dans la grosseur des corpuscules qui composent les rayons de lumiere; que les plus petits de ces corpuscules produisent la plus foible de toutes les couleurs, & sont plus aisément détournés du chemin droit par les surfaces réfringentes; & que les autres, à mesure qu'ils sont plus gros, produisent les couleurs les plus fortes & les plus éclatantes, & sont toûjours plus difficilement détournés du droit chemin. » *Opt. qu.* 29. & ensuite *qu.* 30. Il observe sur l'air que « des corps denses sont raréfiés par la fermentation en differentes sortes d'air, & cet air par fermentation, & quelquefois sans fermentation, reprend son premier être. » Et comme nous trouvons en effet par nos Expériences, qu'il sort de l'air d'un grand nombre de differens corps denses, tant par le feu que par la fermentation, il est très probable, que ces differens airs ont differens dégrés d'élasticité selon la grosseur & la densité des particules constituantes, ou même selon la force avec laquelle ces particules se trouvent chassées dans le tems qu'elles reprennent leur élasticité : celles qui seront donc les moins élastiques, seront aussi les

moins

moins propres à résister à la puissance contraire, & par conséquent perdront plûtôt cette élasticité pour devenir fixes. Et quoiqu'il soit très vraisemblable que l'air est composé de particules d'une infinité de differens degrés d'élasticité, à les prendre depuis les particules les plus élastiques & les plus repoussantes jusqu'aux particules flasques & acqueuses; il faut cependant convenir que ces dernieres particules, tant qu'elles sont élastiques, doivent avoir près de la surface de la terre une force de répulsion plus grande que celle du poids d'une colomne de l'athmosphere, dont la baze est égale à celle de la surface de ces particules.

Nous avons vû que l'air se trouve en abondance dans toutes les substances animales, végétales & minérales; mais nous pouvons dire de plus, qu'il y joue un rôle considérable, & qu'il y est employé à des fonctions de conséquence. C'est lui qui est le principe actif qui conserve le mouvement dans la nature : si toutes les parties de la matiere n'avoient d'autre qualité que celle de s'attirer mutuellement, l'Univers seroit bien-tôt une masse inactive & sans vie, mais les particules élastiques & repoussantes qui se trouvent par tout, le vivifient par leur réaction continuelle, tantôt victorieuse & tantôt vaincue par l'action des particules attirantes; & comme les particules élastiques sont souvent dans les opérations de la nature subjuguées par l'attraction des autres, & réduites à un état fixe, il falloit nécessairement qu'elles eussent la proprieté de se liberer, & se dégager de

L l

la masse qui les tient asservies, & de reprendre en même tems leur premier être, afin de maintenir l'ordre & la forme de cet Univers, & la circulation perpétuelle de la production & de la destruction des Animaux & des Végétaux.

L'air est donc extrêmement utile, & même nécessaire à la production & à l'accroissement des Végétaux & des Animaux : il donne de la force à leurs fluides, tandis qu'il est dans l'état élastique, & il contribue dans son état fixe à l'union de leurs parties constituantes, acqueuses, salines, sulphureuses & terrestres ; cet air fixe se joint à l'air élastique extérieur, pour agir de concert dans la dissolution & la corruption des corps ; & ces deux airs n'en faisant plus qu'un, opérent bien plus puissamment : il y a de certains mélanges où l'action & la réaction de ces particules aëriennes & sulphureuses sont si violentes, qu'elles produisent une grande chaleur, & dans quelques-uns une flamme qui s'éleve subitement ; & sans doute c'est par une action & réaction semblable de ces deux mêmes principes que nos feux se produisent & s'entretiennent.

La force de l'élasticité de l'air est si grande, qu'il peut supporter des poids prodigieux, sans la perdre ; mais cependant les Expériences précedentes nous démontrent que cette élasticité est aisément détruite par la forte attraction des particules acides sulphureuses qui sortent des corps, ou par l'action du feu, ou par celle de la fermentation : l'élasticité n'est donc pas une qualité incommutable ; elle n'est donc pas essentielle aux particules d'air : l'on doit donc regarder notre athmosphere comme un cahos composé & mêlé d'une infinité de differentes particules, les unes élastiques, les autres non élastiques, les autres sulphureuses, salines, acqueuses, terreuses, qui toutes nagent dans ce fluide en grande abondance, & qui ne deviendront jamais de véritables particules d'air élastique permanent.

Puisque l'air se trouve donc en si grande abondance dans presque tous les corps * ; puisque c'est un principe si actif & si opératif ; puisque ses parties constituantes sont d'une nature si durable, que l'action la plus violente du feu ou de la fermentation, n'est pas capable de les altérer jusqu'à leur ôter la faculté de reprendre par le feu ou la fermentation, leur élasticité ; (à moins que ce ne soit dans le cas de la vitrification, où celui qui est incorporé dans le Sel végétal & le Nitre, peut en partie être fixe pour toûjours) ne pouvons-nous pas adopter ce *protée*, tantôt fixe, tantôt volatil, & le compter parmi les principes chymiques, en lui donnant le rang que les Chymistes lui ont refusé jusqu'à présent, d'un principe très actif, aussi-bien que le Soulfre acide ?

Si ceux qui perdent malheureusement leur tems & leur bien à la recherche d'une production imaginaire dans l'idée de transformer tout en or, avoient au lieu de ces travaux infructueux, employé leur tems & mis leurs soins à travailler sur cet *Hermes* volatil qu'ils ont toûjours négligé, & qui leur a si souvent cassé des vaisseaux pour en sortir, & s'ex-

* *Jovis omnia plena.* Virgil.

haler sous la forme d'un esprit subtil, ou d'une vapeur blatulente & explosive, ils auroient au lieu de la récolte de la vanité, moissonné dans le cours de leurs recherches, les lauriers qui sont dûs aux découvertes brillantes & utiles.

CHAPITRE VII.
De la Végétation.

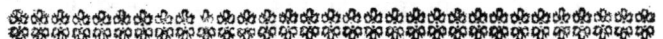

Nous ne fentons que trop combien les raifonnemens que nous faifons fur la mécanique compliquée des ouvrages de la nature, font remplis d'incertitude, & le Sage nous dit avec raifon, *que rarement nous devinons jufte fur les chofes qui font fur la terre, & que nous ne trouvons les chofes les plus aifées qu'avec travail.* La Sageffe chap. ix. verf. 16. La nature végétale nous fournit un exemple de cette grande vérité ; fes productions font abondantes, immenfes : elles fe renouvellent à chaque inftant, & fe préfentent continuellement à nos yeux ; mais malgré toutes ces faveurs qui devroient nous fournir des lumieres, nous ne laiffons pas que d'être dans des ténébres profondes à l'égard de toutes fes opérations.

Les vaiffeaux des Plantes font fi déliés, leur texture eft fi fine & fi embarraffée, que quoique armés des meilleurs microfcopes, nous ne pouvons en faifir qu'un très petit nombre. Nous ne devons cependant pas nous rebuter pour cela, & nous avons même de bonnes raifons pour nous encourager à faire toûjours de nouvelles recherches : il eft vrai que nous ne pouvons pas efpérer d'arriver jamais aux premiers principes des chofes ; mais comme dès les premiers pas nous trouvons des merveilles, & que tout est ici formé de la maniere la plus belle & la plus parfaite, nous ne devons pas douter du succès de nos travaux, & nous avons lieu de nous attendre à les voir récompensés par des découvertes satisfaisantes : & quand même nous n aurions pas cette espérance, nous sommes du moins sûrs de nous occuper l'esprit très agréablement, & de voir toûjours avec un nouveau plaisir les surprenans ouvrages de la main du Toutpuissant, ce qui ne peut manquer de nous conduire à la reconnoître, l'admirer, l'adorer : occupation la plus noble & la plus digne de notre ame.

Je ne répeterai pas ce que j'ai déja dit au sujet de la végétation ; mais l'on sentira aisément, que tout ce qui suit, est appuié & fondé sur les Expériences précédentes, & aussi sur celles qui suivent.

Nous trouvons par l'analyse chymique des Végétaux, qu'ils sont composés de soulfre, de sels volatils, d'eau, de terre & d'air ; ces quatre premiers principes agissent les uns sur les autres par une forte puissance d'attraction mutuelle, & l'air que je regarde comme le cinquiéme principe, est doué de cette même puissance d'attraction, lorsqu'il est dans un état fixe ; mais il exerce la puissance contraire aussi tôt qu'il change d'état ; car dessors il repousse avec une force supérieure à toutes les forces connues. Tout se fait donc dans la nature par la combinaison de ces cinq principes, par leur action & réaction réciproque.

Les particules aëriennes actives servent à conduire à sa perfection l'ouvrage merveilleux de la végétation ; elles favorisent par leur élasticité l'aggrandissement des parties ductiles ; elles aident à leur extension ; elles donnent de la vigueur à la féve ; elles la vivifient ; & en se mêlant avec les autres principes qui attirent & réagissent, elles font naître une chaleur douce, & un mouvement favorable qui façonne peu à peu les particules de la féve, & qui les change enfin en particules telles qu'il les faut pour la nutrition ; *car une nourriture tendre & humide est aisément disposée par une chaleur douce, & un mouvement temperé, à changer de forme & de contexture ; les mouvemens intestins rassemblant les particules homogenes, & separant les particules éterogenes.* Newton Optique, qu. 31. La somme des effets de la puissance attractive de ces principes agissans & réagissans, est dans la nutrition, supérieure à la somme des effets de leur puissance répulsive ; ainsi l'union de ces principes devient toûjours plus intime, jusqu'à ce qu'ils aient formé des particules d'une consistance assez grande pour les rendre visqueuses & propres à la nutrition : c'est de ces particules qu'est composée la substance même des Végétaux, & que leurs parties les plus solides se forment après avoir laissé échaper le vehicule acqueux, plus ou moins promptement, selon les differens degrés de la cohésion de ces principes rassemblés.

Mais lorsque ces particules acqueuses pénétrent de nouveau ces principes, & qu'elles les désunissent, leur puissance répulsive devient alors plus grande que leur puissance attractive, & deslors l'union des parties cesse entierement; de sorte que les Végétaux se trouvent bien-tôt dissous, réduits & décomposés jusqu'à leurs premiers principes, & par conséquent capables de recevoir un nouvel être, & de ressusciter sous quelqu'autre forme. Providence admirable! qui rend les trésors de la nature inépuisable, sur-tout ceux qu'elle destine à l'entretien de ses productions; puisqu'il ne faut pour les renouveller qu'une legere altération dans la forme & dans la contexture de leurs parties.

Dans les Végétaux, les principes se trouvent combinés & proportionnés pour leur plus grande perfection : nous trouvons en general plus d'huile dans les parties les plus élaborées & les plus exaltées des Végétaux, telle que leurs semences; c'est-à-dire, nous y trouvons plus de soulfre & d'air, comme il paroît par les Expériences LV. LVII. & LVIII. Aussi voyons-nous que les semences contenant l'embrion du Végétal futur, doivent en même tems contenir des principes capables de les faire résister à la putréfaction, & assez actifs pour aider à la germination & à la végétation. L'odeur gracieuse des fleurs & le goût relevé des fruits, nous apprend qu'ils contiennent aussi une bonne quantité d'huile très subtile & fort exaltée, qui sans doute contient elle-même beaucoup d'air & de soulfre.

L'huile est un préservatif excellent contre le froid; aussi la séve des Arbres Septentrionaux en contient-elle beaucoup; & c'est cette même huile qui conserve les feuilles sur les Plantes toûjours vertes.

Mais comme les Plantes qui sont d'un tissu moins
solide

solide & moins durable, contiennent une plus grande quantité de sel & d'eau ; principes dont l'attraction est moins puissante que celle de l'air & du soulfre : elles sont moins capables de résister au froid qui se fait même plus sentir aux Plantes au Printems qu'en Autonne ; parce qu'elles contiennent beaucoup plus de sel & d'eau dans ce premier tems, & que ce n'est qu'en avançant en âge & en maturité, que la quantité d'huile augmente.

Tout cela nous conduit à penser que, pour amener à maturité les Végétaux, sur-tout les graines & les fruits, la nature s'applique sur toutes choses à combiner ensemble dans la proportion la plus exacte, les principes les plus nobles & les plus actifs de soulfre & d'air, qui composent l'huile dans laquelle, quelque rafinée qu'elle soit, l'on trouve toûjours de la terre & du sel.

Plus la maturité est parfaite, & plus ces nobles principes sont étroitement unis ; ainsi les Vins du Rhin qui viennent dans un climat Septentrional, contiennent dans leur Tartre (Expérience LXXIII.) plus d'air & de soulfre que les Vins violens des contrées chaudes & Méridionales, ausquels ces principes sont plus fermement attachés ; cela se voit surtout dans le Vin de Madére, où ils sont fixés à un tel point, que le même degré de chaleur qui suffiroit pour gâter tout autre Vin, est nécessaire pour conserver celui-ci, & lui donner de la force. C'est par cette même raison que les petits Vins de France donnent plus d'esprits par la distilation que les forts Vins d'Espagne.

M m

Mais lorsque la partie crue & acqueuse de la nourriture est trop grande, par rapport à celle qui contient les autres principes : par exemple, lorsque la Plante est gourmande, ou que ses racines sont plantées à une trop grande profondeur, ou que la Plante se trouve trop à l'ombre, ou même que l'Eté est trop froid & fort humide ; alors ou elle ne produit point de fruit, ou bien si elle en produit, il est crû, verd, acqueux, & jamais il ne vient à ce degré de maturité, auquel une meilleure proportion des principes l'auroit conduit.

Aussi voyons-nous, pour peu que nous y fassions attention, que l'Auteur de la nature a départi aux Végétaux, aussi-bien qu'à tous les autres corps, la quantité & la proportion de ces principes qu'il falloit pour les amener aux fins qu'il s'étoit proposé, & ausquelles il les destinoit.

Les Observations & les Expériences précédentes nous démontrent, que les feuilles aident infiniment à la végétation des Plantes ; elles servent, pour ainsi dire, de pompes pour élever les particules nutritives, & les conduire jusqu'à la sphère d'attraction du fruit, qui lui-même est pourvû, comme les jeunes Animaux le sont aussi, d'organes propres à succer & à tirer cette nourriture ; mais ces mêmes feuilles rendent encore bien d'autres services aux Végétaux ; car la nature aussi œconome dans les moyens, que féconde dans l'exécution, sçait admirablement se servir des mêmes instrumens à plusieurs fins ; elle a placé dans les feuilles les conduits excrétoires des Végétaux ; ainsi elles féparent & chaffent le fluide acqueux, fuperflu, qui par un long féjour fe corromproit dans les vaiffeaux, & incommoderoit la Plante : au lieu qu'après cette féparation les particules nutritives fe trouvant raprochées, fe réuniffent plus aifément. Il eft à croire qu'une partie de cette matiere nutritive entre dans les Végétaux par les feuilles, puifqu'elles tirent en grande quantité la pluie, la rofée, qui contiennent du fel, du foulfre, &c. car l'air eft rempli de particules fulphureufes & acides; & même lorfqu'elles s'y trouvent en trop grand nombre, elles caufent, par leur action & réaction avec l'air élaftique, cette chaleur étouffante qui précéde ordinairement le tonnerre & les orages; auffi l'on peut affurer que ces combinaifons toûjours nouvelles d'air, de foulfre & d'efprit acide, font extrêmement utiles à l'avancement de la végétation. Les particules dont les feuilles fe faififfent, font fans doute les materiaux dont les principes les plus fubtils & les plus rafinés des Végétaux font formés; car l'air, ce fluide délié, eft bien plus propre à fervir de milieu & de moyen pour combiner & préparer les principes les plus relevés des Végétaux, que l'eau, ce fluide groffier, qui n'eft que la partie inactive de la féve. La même raifon nous porte à croire que les principes les plus rafinés & les plus actifs des Animaux font auffi préparés dans l'air, & de-là conduits par les poumons jufques dans le fang.

L'on ne peut douter que les feuilles ne contiennent en abondance des particules fulphureufes aëriennes, puisque l'on trouve sur leurs bords des matiéres sulphureuses qu'elles excedent : c'est de ces excedations sulphureuses, aussi-bien que de la poussiére des fleurs que les Abeilles composent leurs cellules de cire, & l'on sçait que la cire contient beaucoup de soulfre, puisqu'elle s'enflamme très facilement.

Nous pouvons donc raisonnablement assurer aujourd'hui, ce qui avoit été soupçonné long-tems auparavant; sçavoir que les feuilles servent aux Végétaux comme les poumons aux Animaux : mais comme les Plantes n'ont point d'organes qui puissent, comme le fait la poitrine, se dilater & se contracter : aussi leurs inspirations & leurs expirations ne sont-elles pas si fréquentes que celles des Animaux : elles dépendent même entierement des alternatives du froid & du chaud; c'est-à-dire, du chaud au froid pour l'inspiration, & du froid au chaud pour l'expiration ; & il y a lieu de croire que les Plantes qui sont les plus succulentes, tirent par ces moyens plus de nourriture aërienne que les Plantes plus acqueuses & plus insipides : la Vigne peut nous servir d'exemple, nous voyons dans l'Expérience III. qu'elle transpire moins que le Pommier ; & comme elle tire moins de nourriture acqueuse du sein de la terre par ses racines, elle en tire davantage de l'air pendant la nuit, & toûjours plus que les autres Arbres dont les racines tirent beaucoup de nourriture acqueuse : & selon toutes les apparences, c'est par la même raison que dans les pays chauds, les Plantes contiennent une plus grande quantité de principes subtils & aromatiques que les Plantes plus Septentrionales ; sçavoir, parce que celles-là tirent sans doute plus de rosée que celles-ci : cette conjecture, qui paroît juste, peut nous fournir une raison de plus, pour expliquer comment & pourquoi les Arbres trop à l'ombre, ou bien trop gourmands ne donnent point de fruits ; sçavoir, parcequ'étant dans ce cas remplis de beaucoup d'humidité, ils ne peuvent tirer avec autant de force cette rosée bienfaisante.

Comme le goût exquis des fruits, & l'odeur agréable des fleurs viennent de ces principes aëriens subtilisés, il est assez naturel de penser que les belles couleurs de ces mêmes fleurs doivent aussi être attribuées à la même cause ; car on sçait d'ailleurs que les terrains secs favorisent plus le jeu, & contribuent plus à la varieté de leurs couleurs, que les terrains humides, d'où elles tireroient plus de nourriture acqueuse.

La lumiere par son action sur les larges surfaces des feuilles & des fleurs, & par la liberté avec laquelle elle les pénetrent, ne contribue-t-elle pas aussi à annoblir encore le principe des Végétaux ; car le Chevalier Newton nous dit avec raison : *Ne peut-il pas se faire une transformation réciproque entre les corps grossiers & la lumiere ? & les corps ne peuvent-ils pas recevoir une grande partie de leur activité des particules de la lumiere qui entrent dans leur composition ? Le changement des corps en lumiere, & de la lumiere en corps, étant une chose tres-conforme au cours de la nature, qui semble se plaire aux transformations.* Optique, quest. 30.

Experience CXXII.

L'Experience suivante nous porte à croire que les tiges & les feuilles des Plantes tirent l'air élastique. Dans la premiere édition de cet ouvrage, je ne l'ai rapportée que comme faite avec trop peu d'exactitude, pour pouvoir y statuer ; mais je l'ai répétée depuis avec bien plus d'attention & de soin, comme on va le voir. Je plantai le 29. de Juin dans une cuvette de verre pleine de terre, une menthe bien fournie de racines, & je versai de l'eau sur cette terre, autant qu'il y en put entrer, & que la cuvette en put contenir. Sur cette cuvette de verre, je plaçai un vaisseau de verre renversé $zz\ aa$, (comme dans la fig. 35.) ayant fait monter l'eau jusqu'en aa, par le moyen d'un syphon. Dans le même tems je plaçai de la même maniere un autre verre renversé $zz\ aa$, égal & semblable au premier, sur une cuvette aussi pareille à la premiere, pleine de terre & d'eau, mais dans laquelle il n'y avoit point de Plante comme dans la premiere. La capacité de chacun de ces vaisseaux, à la prendre au dessus de aa, étoit de 49 pouces cubiques. Dans un mois la menthe avoit poussé plusieurs rejettons minces & déliés, & plusieurs petites racines comme du chevelu, qui partoient des nœuds qui étoient au dessus de l'eau : la grande humidité de l'air qui environnoit la plante, fut apparemment la cause de ces productions : la moitié des feuilles de la vieille tige étoit morte au bout de ce premier mois ; mais la tige & les feuilles des jeunes rejettons vécurent &

conserverent leur verdeur pendant la plus grande partie de l'Hyver suivant.

L'eau qui étoit sous les deux verres renversés $zzaa$ haussa & baissa, comme si elle avoit été affectée par les variations de la pesanteur de l'athmosphere, ou bien par les dilatations & contractions alternatives de l'air au dessus de aa. Mais outre cela l'eau du vaisseau sous lequel étoit la menthe, s'éleva si fort au dessus de aa, & au dessus de la surface de l'eau de l'autre vaisseau, que je supputai qu'il étoit nécessaire qu'une septiéme patrie de l'air contenu sur ce premier vaisseau eût été réduit à l'état de fixité, soit par les vapeurs qui s'étoient élevées de la Plante, soit par la succion de la Plante elle même : ceci se fit pendant les deux ou trois mois d'Eté ; car après cela l'air ne fut plus absorbé.

Au commencement d'Avril de l'année suivante, j'ôtai la vieille menthe, & j'en mis une autre en sa place dans le même air, pour voir si elle en absorberoit ; mais elle ne fit que languir, & se fana en quatre ou cinq jours, tandis qu'un autre Plante semblable mise sous l'autre vaisseau dans un air qui y avoit été renfermé pendant neuf mois, vécut pendant près d'un mois ; c'est-à-dire, aussi long-tems à proportion que la premiere avoit vécu dans un air tout nouvellement renfermé ; car je trouvai qu'une jeune & tendre plante renfermée de cette maniere au mois d'Avril, ne vivoit pas si long-tems qu'une autre Plante de la même espéce plus âgée & plus formée, qu'on renfermoit de même au mois de Juin.

Je mis de la même maniere d'autres Plantes semblables aux premieres, dans de l'air que j'avois tiré du Tartre par la diſtilation, & d'autres dans de l'air tiré du charbon de Newcaſtle, auſſi par la diſtilation : elles ſe flétrirent en très peu de tems ; mais cependant une autre pareille Plante placée de la même maniere ſous un vaiſſeau contenant trois pintes d'air, dont un quart étoit de l'air tiré de la dent d'un Bœuf par la diſtilation, ne laiſſa pas que de croître de deux pouces en hauteur, & de porter quelques feuilles vertes, après avoir été renfermée pendant ſix à ſept ſemaines.

Comme je vis que les Plantes ne pouvoient vivre dans l'air qui avoit été infecté par le ſéjour de pluſieurs mois, de la menthe que j'y avois placée le 19. de Juin : au lieu d'une Plante, je mis dans cet air un mélange de ſoulfre pulveriſé, & de limaille de fer, humecté avec de l'eau, & je trouvai qu'il abſorba 4 pouces cubiques d'air.

Experience CXXIII.

Pour trouver la façon dont croiſſent les branches, je me ſuis ſervi d'un petit bâton *a* (fig. 40.) dans lequel j'ai fixé cinq épingles 1, 2, 3, 4, 5, à un quart de pouce de diſtance les unes des autres, & qui ne paſſoient au delà du bâton que d'un quart de pouce ; j'ai rabatu enſuite les têtes de ces épingles ſur le bâton, en les recourbant, auquel je les ai bien liées avec du fil ciré ; & après avoir fait une couleur avec du plomb rouge & d'huile, j'y ai trempé les

pointes

Chapitre VII.

pointes des épingles, & j'ai piqué dans le tems que la Vigne a déja poussé au Printems de jeunes rejettons, le jeune sarment *th* (fig. 41.) avec les cinq pointes tout à la fois en *t s q p o* : & ensuite ayant mis en *o* la pointe la plus basse, j'ai piqué de même en *n m l i*, & enfin en *h*; de sorte que le sarment étoit marqué & divisé dans toute sa longueur par des points que la couleur rendoit très-visibles, & qui étoient éloignés l'un de l'autre d'un quart de pouce.

La figure 42 représente les justes proportions de ce même sarment, vû au mois de Septembre suivant, après qu'il eut pris tout son accroissement ; j'ai marqué des mêmes lettres tous les points correspondans des deux figures 41 & 42.

La distance de *t* à *s* n'étoit pas augmentée de la soixantiéme partie d'un pouce ; celle de *s* à *q* étoit augmentée d'une vingt-sixiéme ; celle de *q* à *p* de trois huitiémes ; celle de *p* à *o* de trois huitiémes ; celle de *o* à *n* de trois cinquiémes ; celle de *n* à *m* de neuf dixiémes ; celle *m* à *l* d'un pouce & d'un dixiéme ; celle de *l* à *i* d'un pouce & de trois dixiémes ; & celle de *i* à *h* de trois pouces.

Nous voyons dans cette Expérience que la longueur, jusqu'au premier nœud *r*, n'augmenta que fort peu ; parce que cet intervalle étoit endurci, & presque parvenu à son entier accroissement, lorsque je le marquai : l'intervalle suivant, qui séparoit les deux nœuds *r* & *n* étant plus jeune, s'étendit un peu plus, & le troisiéme compris entre *n* & *k*, qui n'avoit que $\frac{1}{3}$ de pouce, s'étendit jusqu'à $3\frac{1}{2}$ pouces ; mais l'intervalle de k en h qui étoit le plus jeune & le plus tendre bois, & qui n'avoit qu'un quart de pouce de longueur lorsque je le marquai, avoit trois pouces de longueur lorsqu'il eut pris tout son accroissement. Nous pouvons observer que la nature, par un soin tout particulier qu'elle prend des jeunes rejettons, place pour pouvoir leur fournir une grande abondance de matiere ductile, plusieurs feuilles près les unes des autres dans toute leur longueur, qui se développent successivement pendant la premiere année de leur accroissement, & servent de puissances concertées pour élever la séve en abondance, & augmenter ainsi l'extension des jeunes rameaux qui croissent.

Cette attention de la nature, est non seulement pour les Arbres, mais même pour le Bled, le Foin, le Jonc & toutes les espéces de roseaux : l'on peut remarquer à chaque nœud ces feuilles nourrices long-tems avant que le jeune rejetton paroisse ; & comme la tige en est d'abord extrêmement tendre & très foible, & qu'il seroit à craindre qu'elle ne séchât trop vîte, ou qu'elle ne rompît aisément, la nature a encore eu soin de prévenir ces deux inconvéniens en la couvrant d'un bon fourreau qui la soûtient & la conserve dans l'état de souplesse & de ductilité qui lui est nécessaire pour parvenir à son entier accroissement.

J'ai marqué dans les saisons convenables, & de la même maniere que j'avois marqué la Vigne, des jeunes pousses de Chevrefeuilles, des jeunes Asper-

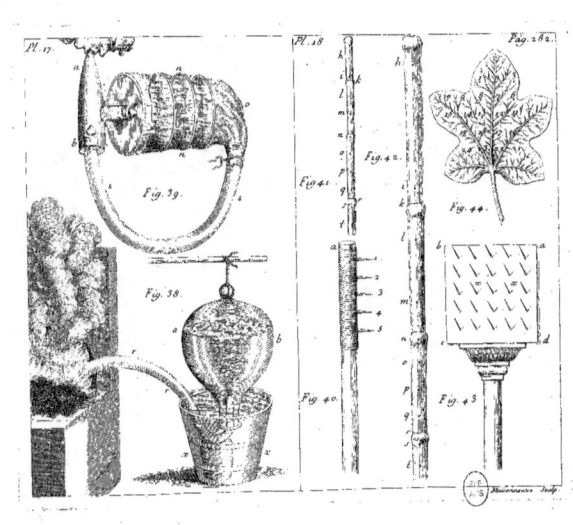

ges, des jeunes Soleils, l'échelle de leur entenſion s'eſt toûjours trouvée très-inégale, les parties les plus tendres croiſſant toûjours beaucoup plus que les autres : la partie blanche des Aſperges qui étoit en terre n'augmenta que très peu en longueur, auſſi voyons-nous que les fibres de cette partie blanche ſont dures & cordées en comparaiſon des fibres dans la partie verte : elle étoit élevée d'environ quatre pouces au deſſus de terre lorſque je la marquai, & ſa plus grande extenſion fut d'un quart de pouce à douze pouces. La plus grande extenſion d'un Soleil fut d'un quart de pouce à quatre pouces.

De ces Expériences on doit conclure, qu'un bouton devient un rejetton par une dilatation graduelle, & par une extenſion continue de chacune de ſes parties ; car les nœuds du rejetton ſont extrêmement près l'un de l'autre dans le bouton, comme on peut le voir très-évidemment dans un bouton de Vigne ou Figuier fendu en deux ; chaque partie s'étend donc par degrés juſqu'à ce qu'elle ait pris ſon accroiſſement tout entier : l'on conçoît aiſément comment les tuiaux capillaires conſervent toûjours leurs cavités, quoiqu'ils ſoient ſi fort allongés, puiſque l'Expérience nous montre qu'un tuiau de verre tiré & allongé, juſqu'à devenir auſſi petit que le fil le plus fin, ne laiſſe pas de conſerver ſa cavité.

Toute l'augmentation du Sarment juſqu'au premier nœud *r*, eſt fort petite en comparaiſon de l'augmentation des autres parties, & cela parce que les feuilles ſont encore fort petites, & la ſaiſon bien fraîche lorsqu'il commence à paroître, & que par conséquent il ne s'y porte que peu de séve; il ne s'augmente donc que lentement, & ainsi ses fibres deviennent dures & coriaces avant qu'elles ayent acquis une longueur considérable; mais la partie du Sarment qui est entre le premier & le second nœud, venant dans une saison plus avancée, & où les feuilles sont plus développées; elle tire une plus grande quantité de nourriture, & aussi devient plus longue que la premiere : la troisiéme devient plus longue que la seconde, & la quatriéme plus longue que la troisiéme par la même raison : ainsi les dernieres pousses font en tems égaux des progrès plus grands que les premieres pousses.

Plus la saison est humide, & plus les Végétaux augmentent; car alors leurs parties souples & ductiles conservent ces qualités plus long-tems, au lieu que dans une saison séche les fibres se séchent & s'endurcissent bien plûtôt, & qu'outre cela les fraîcheurs des nuits d'Automne retardent & arrêtent leur accroissement. Je conserve un Sarment de la crue d'une année qui a quatorze pieds de longueur, & trente-neuf intervalles, tous à peu près de la même longueur, excepté quelques-uns des premiers & des derniers. C'est par cette même humidité que les Féves & plusieurs autres Plantes qui se trouvent toûjours à l'ombre, croissent jusqu'à des hauteurs extraordinaires, parce que leurs parties conservent plus long-tems la moëtteur & la ductilité nécessaire à l'extension; mais la stérilité accompagne ordinairement cette trop grande humidité, & l'on obferve que les longues pouffes des Vignes ne portent point de fruit.

Cette Expérience qui nous montre comment les bourgeons croiffent, confirme le fentiment de *Borelli* dans fon Traité *de motu Animalium*, *part. 2. ch. 13.* Il nous dit " que le tendre rejetton croît & s'étend comme de la cire molle, par l'expanfion de l'humi- " dité dans la moëlle fpongieufe, & que cette hu- " midité qui fe dilate ne retourne pas en arrière ; " parce qu'elle eft attirée par la qualité fpongieufe de " la moëlle, qui feule fuffit pour l'attirer & la retenir, " fans qu'il foit befoin de valvules ou de foupapes " pour l'arrêter. " Cela eft très probable ; car il paroît néceffaire que les particules d'eau, qui font puiffamment attirées par les fibres de la moëlle, & qui par conféquent y adhérent fortement, fouffrent extenfion avant que de pouvoir être détachées & féparées de ces fibres par la chaleur du Soleil, & par conféquent la maffe totale des fibres fpongieufes qui compofent la moëlle, doit néceffairement fe dilater, & s'étendre en longueur. Pour mieux faire fervir la moëlle à cet effet, la nature a mis dans prefque tous les rameaux une forte cloifon à chaque nœud, qui fert non feulement de pillier pour retenir la moëlle, & de point d'appui pour exercer fa force, mais auffi d'obftacle à la retraite de la féve, & encore d'aide pour faire fortir les branches, les feuilles, & les fruits.

L'on dira fans doute, qu'une fubftance fpongieufe

qui se dilate en tout sens, au lieu de produire un rameau long, doit produire quelque chose de globuleux comme une Pomme; mais cette difficulté s'évanouit quand on considére, qu'outre les cloisons qui se trouvent à chaque nœud, il y a plusieurs diaphragmes très voisins les uns des autres, qui en traversant la moëlle, préviennent & empêchent sa trop grande dilatation latérale. On peut les voir très distinctement dans la moëlle des jeunes branches de Noyer, & dans celles d'un Soleil, & même de plusieurs autres Plantes où ces diaphragmes sont très visibles dès que la moëlle est séchée; car souvent on ne les apperçoit pas, tandis qu'elle est pleine de nourriture & d'humidité. L'on a observé de plus dans les parties de la moëlle elle-même, qui sont composées de vésicules assez grosses pour être clairement distinguées, que ces vésicules sont formées de fibres couchées pour l'ordinaire horisontalement, ce qui les met en situation de mieux résister à la force de l'expansion latérale.

C'est par un art tout pareil, que la nature fait croître les plumes des Oiseaux; on peut le découvrir évidemment dans les grandes plumes de l'aîle, dont la plus mince & la plus haute partie s'étend & s'augmente à l'aide d'une moëlle spongieuse qui la remplit; mais dont le tuiau ne s'étend qu'à l'aide d'une suite de vésicules, qui tant qu'elles sont remplies d'humidité, augmentent le tuiau, & le conservent dans l'état de souplesse & de ductilité nécessaire à son accroissement: aussi-tôt que cet accroissement est pris,

CHAPITRE VII.

ces véficules fe féchent, & c'eft alors que l'on peut clairement obferver que chaque véficule eft contractée à chacune de fes extrémités, par un diaphragme ou fphincter qui empêche l'extenfion latérale, & favorife la longitudinale. Et de même que dans les plumes, cette moëlle ou plûtôt ces véficules, deviennent inutiles dès que le tuiau a pris tout fon accroiffement : de même auffi la moëlle, qui dans les Arbres eft toûjours pleine de fucs & d'humidité tant que le jeune rejetton croît, & qui par cette humidité conferve la foupleffe des fibres, & par fa force de fuccion & de dilatation en augmente l'accroiffement & l'extenfion : cette moëlle, dis-je, auffi-tôt que le rejetton de chaque année ceffe de croître, fe féche par dégrés, & demeure toujours féche avec fes véficules toûjours vuides ; mais la nature prévoyante, conferve pour la crûe de l'année fuivante dans l'intérieur du bouton une petite portion tendre & ductile de moëlle fucculente.

Les os des Animaux croiffent par la même mécanique : chaque partie qui n'eft pas durcie & offifiée augmente par dégrés ; mais comme les mouvemens des articulations ne permettoient pas que les extrémités des os fuffent molles & ductiles comme dans les parties des Végétaux, la nature a fourni les extrémités des os d'une matiere glutineufe, qui tant qu'elle eft ductile, laiffe croître l'Animal ; mais qui dès qu'elle s'offifie l'empêche de croître, comme je m'en fuis affûré par l'Expérience fuivante.

Je pris un Poulet qui n'avoit encore pris que la

moitié de son accroissement; je lui piquai l'os de la jambe, qui n'avoit que deux pouces de longueur, avec une petite pointe de fer très-aigue en deux endroits, à un demi pouce de distance, en perçant la membrane écailleuse qui recouvre la jambe: deux mois après je tuai le Poulet, & ayant découvert l'os, j'y remarquai les restes obscures des deux picqûres à la même distance d'un demi pouce l'une de l'autre; de sorte que cette partie de l'os ne s'étoit point du tout étendue en longueur depuis le tems que je l'avois marquée, quoique dans ce même intervalle de tems l'os tout entier eût augmenté de plus d'un pouce en longueur; l'accroissement se fit principalement à l'extrémité supérieure de l'os où la matiere ductile & glutineuse se trouve abondamment à l'endroit de la jointure ou symphise de la tête avec le corps de l'os.

Il est à croire que les autres fibres du corps animal soit membraneuses, musculeuses, nerveuses, cartilagineuses ou vasculeuses, se dilatent & s'étendent comme les fibres osseuses, par la nourriture ductile que la nature fournit à chaque partie: l'on peut donc dire que l'Animal végéte à cet égard comme la Plante; ainsi il est d'une extrême importance que la nourriture du jeune Animal soit propre à cet ouvrage de végétation & d'accroissement, sur-tout pour former une bonne & forte constitution; car si pendant sa jeunesse la nature se trouve dépourvûe des matéreaux propres & nécessaires à cet ouvrage, elle ne peut tirer que des petits fils de vie: cela ne se remarque que

trop

Chapitre VII.

trop souvent dans les jeunes gens qui croissent, lorsque par des excès & des débauches de liqueurs spiritueuses, ils altérent & corrompent la matiere nutritive qui doit étendre toutes les fibres.

Les Expériences précédentes nous démontrent, que les fibres longitudinales, & les vaisseaux séveux du bois, croissent en longueur la premiere année par l'extension de chaque partie ; & comme la nature dans les mêmes productions se sert de moyens semblables, ou très-peu differens, l'on doit penser que les couches ligneuses de la seconde, troisiéme, &c. année, ne sont pas formées par la seule dilatation horisontale des vaisseaux, mais bien plûtôt par une extension de fibres longitudinales & de tuiaux qui sortent du bois de l'année précédente, avec les vaisseaux duquel ils conservent une libre communication. L'observation que j'ai faite sur l'accroissement des couches ligneuses, Expérience XLVI. (fig. 40.) confirme ceci ; outre qu'il n'est pas aisé de concevoir comment les fibres longitudinales & les vaisseaux séveux de la seconde année peuvent être formés par la seule dilatation horisontale des vaisseaux de l'année précédente.

Quoi qu'il en soit, nous pouvons toûjours observer que la nature a eu grand soin de conserver la souplesse & la ductilité des parties qui sont entre l'écorce & le bois, en y entretenant une humidité visqueuse qui sert à former la matiere ductile, les fibres ligneuses, les vésicules & les boutons.

La nature en préparant la matiere ductile qui doit servir à la production & à l'accroissement de toutes

O o

les parties des Végétaux & des Animaux, choisit des particules de degrés très-differens d'attraction mutuelle, & les combine enfuite dans la proportion la plus convenable à fes deffeins, foit pour former les fibres offeufes ou les fibres plus molles dans les Animaux, ou bien pour former les fibres ligneufes ou herbacées dans les Végétaux. Le grand nombre des differentes fubftances qui fe trouvent dans le même Végétal, prouve qu'il y a des vaiffeaux faits exprès & deftinés à conduire differentes fortes de nourriture. Dans plufieurs plantes on voit ces vaiffeaux pleins d'une liqueur ou laiteufe, ou jaune, ou rouge.

Le Docteur Keill, dans fon Traité des Sécrétions animales, pag. 49. obferve, que quand la nature veut féparer du fang une matiere vifqueufe, elle trouve le moyen d'en retarder le mouvement, ce qui permet aux particules du fang de fe mieux unir, & de former ainfi la fécrétion vifqueufe; & le Docteur Grew a obfervé avant lui, un exemple de la même méthode fur les Végétaux, quand la nature veut faire une fécrétion pour compofer une fubftance dure, & cela fur les amendes des fruits à noyau, qui n'adherent pas immédiatement au noyau, ce qui feroit le moyen le plus court pour en tirer de la nourriture, mais qui font pourvûs d'un vaiffeau ombilical, qui feul porte & conduit la nourriture après avoir fait un tour entier en s'ajuftant à la concavité, & en aboutiffant à la pointe du noyau. Ce prolongement de vaiffeaux retarde le mouvement de la féve, & rend la nourriture qu'ils contiennent affez vifqueufe pour la faire devenir une substance dure & ligneuse.

L'on peut remarquer un art tout semblable dans les longs vaisseaux capillaires fibreux, qui sont entre l'écorce verte & la coquille de la noix, comme aussi dans le macis fibreux des noix de Muscade; les extrémités de ces fibres ont leurs insertions dans les angles des sillons de la coquille. Ils servent sans doute à conduire la matiere visqueuse, qui se change lorsqu'elle est séche dans une substance dure, dont est faite la coquille, au lieu que si cette coquille tiroit immédiatement sa nourriture de la pellicule molle & pulpeuse qui l'environne, elle seroit certainement de la même qualité : cette pellicule sert seulement à conserver la souplesse & la ductilité de l'écorce jusqu'à l'entier accroissement de la noix.

Dans les Arbres toûjours verds qui transpirent peu, la séve se meut bien plus lentement que dans les Arbres qui transpirent davantage; aussi leur séve est bien plus visqueuse, & par cette qualité elle les rend eux & leurs feuilles, plus propres à résister au froid des Hyvers. L'on a même observé que la séve des Arbres toûjours verds des pays méridionaux, n'est pas si visqueuse que la séve des Arbres toûjours verds des pays Septentrionaux, comme celle du Sapin, &c. & en effet la séve dans les contrées plus chaudes, transpirant en plus grande quantité, doit être en plus grand mouvement.

EXPERIENCE CXXIV.

Pour trouver la façon dont les feuilles se développent, je me suis servi d'une petite planche ou spatule de Chêne *a b c d*, de la même forme & de la même grandeur qu'on la voit représentée dans la fig. 43.

J'ai fixé sur cette spatule vingt-cinq pointes d'épingles *x x*, toutes à égale distance d'un quart de pouce, & également élevées au dessus de la surface de la spatule d'un quart de pouce.

J'ai piqué dans la saison plusieurs jeunes feuilles avec toutes ces pointes à la fois, que j'avois auparavant trempées dans une couleur de plomb rouge.

La figure 44 représente la grandeur & la figure d'une jeune feuille de Figuier, lorsque je la marquai par des points rouges éloignés les uns des autres d'un quart de pouce.

La figure 45 représente les justes proportions de cette même feuille, après qu'elle eut pris tout son accroissement : j'ai marqué des mêmes nombres les points correspondans des deux figures ; on peut en les comparant voir dans quelle proportion ces points se sont éloignés, ce qui va à peu près jusqu'à trois quarts de pouce.

L'on voit par cette Expérience, que l'expansion des feuilles se fait comme l'extension des rejettons par la dilatation de chaque partie ; & sans doute c'est à la même mécanique que l'on doit attribuer l'accroissement des fruits.

Chapitre VII.

Si l'on répétoit souvent ces Expériences sur les feuilles, elles nous fourniroient, selon toutes les apparences, plusieurs observations curieuses sur la figure des feuilles, en remarquant la différence des mouvemens directs & lateraux sur des feuilles de longueur & de largeur très-inégale.

Nous concevons aisément que l'air & la séve renfermée dans les vésicules innombrables des jeunes rejettons & des feuilles, ont assez de force pour causer l'extension des pousses & l'expansion des feuilles; puisque nous avons vû la grande énergie avec laquelle cette séve agit dans le Sarment, Chap. III. & que l'Expérience XXXII. nous donne une preuve de la grande force avec laquelle l'humidité s'insinue dans les Pois & les dilate.

Nous sçavons d'ailleurs que l'eau agit avec une force très-grande lorsqu'elle est échauffée dans la machine à élever l'eau par le feu; la séve qui n'est qu'un composé d'eau, d'air & d'autres particules actives, agit donc avec une très-grande force dans les tuiaux capillaires & dans les vésicules, quoiqu'elle ne soit échauffée & dilatée que par la chaleur du Soleil.

Tout ceci nous démontre que la nature exerce une puissance considérable, mais secretement & dans le silence, pour conduire tous ses ouvrages à leur perfection ; preuve évidente de l'intelligence de son Auteur, qui a sçû donner à toutes ces puissances la proportion & la direction convenable pour mieux concourir à la production & à la perfection des êtres naturels ; car toutes ces puissances n'auroient produit qu'un cahos, si elles avoient été dénuées du Guide éclairé qui les dirige.

La chaleur du Soleil dilate la féve, & influe aussi-bien sur les racines des Végétaux, que sur leurs parties exposées à l'air ; car nous voyons dans l'Expérience XX. qu'elle agit très-sensiblement sur les boules des Thermometres, jusqu'à deux pieds de profondeur en terre.

Lorsque pendant la plus grande chaleur du jour, l'esprit de Vin contenu dans le Thermométre exposé à l'air libre & à la chaleur du Soleil s'élevoit, à commencer dès le grand matin, de 21 degrés jusqu'à 48, alors l'esprit de Vin du second Thermométre, dont la boule étoit à deux pouces sous terre, étoit à 45 degrés, & les trois, quatre & cinquiéme Thermométre toûjours moins élevés à proportion qu'ils étoient placés plus bas ; de sorte que le sixiéme, dont la boule étoit à deux pieds sous terre ; c'est-à-dire, à la plus grande profondeur, n'étoit qu'à 31 degrés. Le Soleil échauffe donc toutes les parties des Végétaux, & dilate par conséquent la féve de toutes ces mêmes parties ; mais cette chaleur est bien plus sensible à l'égard du tronc & des autres parties qui sont hors de terre, qu'à l'égard des racines, sur-tout de celles qui sont à deux pieds & plus de profondeur ; aussi ne sont-elles pas tant affectées par les alternatives du chaud & du froid du jour & de la nuit ; mais la dilatation de la féve doit être bien grande dans les parties qui sont hors de terre, puisque la chaleur augmente assez pour élever l'esprit de Vin du Thermométre de 21 degrés au deſſus du point de la congellation juſqu'à 48.

Lorſque pendant le plus grand froid de l'Hyver 1724. la gelée avoit aſſez de force pour glacer la ſurface d'une eau calme, d'environ un pouce d'épaiſſeur, l'eſprit de Vin du Thermométre expoſé à l'air libre avoit baiſſé de quatre pouſſes au deſſous du point de la congellation ; celui du Thermométre, dont la boule étoit à deux pouces ſous terre, étoit à 4 degrés au deſſus, les trois, quatre & cinquiéme Thermométres étoient plus hauts à proportion de la profondeur à laquelle leurs boules étoient placées ; & enfin le ſixiéme Thermométre qui étoit à deux pieds de profondeur, étoit à 10 degrés au deſſus du point de la congellation : il ſembloit, que dans cet état, l'ouvrage de la végétation eût ceſſé abſolument, ou tout au moins dans les parties ſur leſquelles la gelée pouvoit agir.

Mais lorſque le froid eut diminué aſſez conſidérablement pour laiſſer remonter l'eſprit de Vin dans le premier Thermométre expoſé à l'air juſqu'à 5 degrés au deſſus du point de la congellation, dans le ſecond Thermométre à 8 degrés, & dans le ſixiéme à 13. la ſéve que le froid avoit extrêmement condenſée, s'étendit en ſentant ce petit retour de chaleur, & fit pouſſer pluſieurs Plantes plus courageuſes que les autres ; ſçavoir quelques Plantes *toûjours vertes*, quelques Narciſſes *, quelques Crocus, &c. Ces Plantes hâtives participent ſans doute beaucoup de la nature de celles qui ſont *toûjours vertes* ; c'eſt-à-dire,

*Narciſſo Leucoium vulgare. Tournefort.

qu'elles tranfpirent peu ; que le mouvement de leur féve eft très lent; que cette féve devient par conféquent plus vifqueufe, plus propre à réfifter au froid ; & enfin que la petite force d'expanfion qu'elle peut avoir en Hyver, s'employe prefque toute à dilater & faire pouffer la Plante, tandis que dans celles qui tranfpirent beaucoup, la plus grande partie de cette petite force eft détruite par la tranfpiration.

Je vais fuivre à préfent, à la faveur des lumieres que m'ont fourni les Expériences précédentes, la végétation des Plantes depuis l'embrion jufqu'à l'état de maturité parfaite, fans cependant entrer dans le détail d'une defcription exacte de leurs parties & de leur ftructure ; car cela a déja été fait avec grand foin par le Docteur Grew, & par Malpighi.

Nous voyons par les Expériences LVI. LVII. & LVIII. fur le Bled, les Pois & la graine de Moutarde diftilée, que les femences des Plantes contiennent les principes les plus actifs ; ils y font réunis & retenus jufqu'au tems de la germination par un degré de cohéfion, tel qu'il le faut pour cet effet : fi ces femences étoient d'une conftitution plus molle, elles fe corromproient & fe diffoudroient trop vîte, comme les autres parties tendres & annuelles des Végétaux fe diffoudent : fi elles étoient d'une conftitution plus ferme, comme le cœur de Chefne, il leur faudroit plufieurs années pour germer.

Quand donc on met en terre une graine, elle en tire en peu de jours affez d'humidité pour fe gonfler avec une très-grande force, comme on l'a vû dans

l'Expérience

l'Expérience des Pois mis dans le pot de fer; ce gonflement des lobes *a r a r* (fig. 46.) de la graine, pousse & fait passer l'humidité depuis les vaisseaux capillaires *r r* (qui sont les racines de la graine) à la radicule *c z d*, & par-là fait grandir cette radicule: aussi-tôt qu'elle a acquis quelque longueur, elle tire elle même de la terre l'humidité qu'il lui faut pour se nourrir & s'augmenter; cet accroissement se fait en haut vers *c*, & en bas vers *d*; ainsi les lobes sont poussés en haut, & la radicule en bas. Après qu'elle a pris un bon accroissement, elle fournit de la nourriture à la *plume b*; cette plume grossit donc & ouvre les lobes *a r a r*, qui dans le même tems continuent de s'élever, jusqu'à ce que sortant de terre, s'étendant & s'élargissant en diminuant d'épaisseur, ils deviennent des feuilles qui servent de nourrices à la jeune plume, & qui lui sont si nécessaires, qu'elle périt quand on les ôte (il faut excepter ici les graines légumineuses, dont les lobes ne se changent point en feuilles); de sorte qu'il est très-probable que ces feuilles rendent à la jeune plume les mêmes services que les feuilles qui accompagnent les Pommes, les Coings & les autres fruits, rendent à ces mêmes fruits en tirant la séve, & la conduisant jusqu'au dedans de leur sphére d'attraction. *Voyez* Expériences VIII. & XXX. Mais lorsque la plume a pris assez d'accroissement pour avoir déja des branches & des feuilles développées, jusqu'au point de pouvoir tirer en haut la nourriture; ces feuilles seminales & nourricieres deviennent inutiles, & périssent non seulement à cause de l'ombre que leur font les autres feuilles, ce qui diminuant leur transpiration, diminue leur force de succion ; mais encore parce que les feuilles d'enhaut s'accroissent de leur substance, & les privent de nourriture.

A mesure que l'Arbre croît, le premier, le second, le troisiéme & le quatriéme rang des branche pousse & se développe, les plus basses sont toûjours les plus longues, non seulement à cause de leur aînesse, mais aussi parce qu'elles ont leur insertion plus près de la racine, & dans de plus grosses parties du tronc, qui leur fournissent une plus grande quantité de séve. La belle figure des Arbres isolés qui est à-peu-près parabolique, dépend de cette proportion des branches.

Mais les Arbres ne conservent point cette figure dans les Forêts, où ils sont serrés près les uns des autres ; car leurs branches les plus basses se trouvant fort à l'ombre, ne peuvent transpirer que peu, & ne tirent par conséquent que peu de nourriture, ce qui les fait périr, tandis que les branches de la cime qui sont exposées au Soleil & à l'air libre, transpirent abondamment, & tirent la séve au sommet en abondance, ce qui le fait élever de plus en plus ; & par l'expérience & la raison contraire, si l'on coupe une forêt d'Arbres élevés, & qu'on y laisse des baliveaux, ils pousseront des branches latérales, dont les feuilles transpirant alors abondamment, tireront la séve en abondance, & s'accroîtront aux depens du sommet, qui périra faute de nourriture.

Et de même que dans les Forêts, les Arbres croissent seulement en hauteur, parce que toute la séve est élevée par les feuilles au sommet, ce qui fait périr les branches latérales faute de transpiration & de nourriture ; de même aussi les plus grosses branches, qui font ordinairement avec la tige, un angle de 45 degrés, & par-là remplissent également les intervalles entre les branches les plus basses & le sommet, forment aussi une espece de buisson épais, qui met à l'ombre les petits rameaux que ces mêmes branches poussent, ce qui les fait périr aussi faute de transpiration & de nourriture ; & c'est ce qui fait que dans les Forêts, les branches des Arbres sont aussi lisses que le tronc, & que quand le sommet de ces branches est bien exposé à l'air libre & au Soleil, elles grossissent beaucoup.

Lors que les branches sont assez vigoureuses, & ont assez de rameaux & de feuilles pour tirer la séve en grande abondance, l'Arbre ne s'éleve gueres à une grande hauteur ; & au contraire lorsqu'un Arbre s'éleve, ses branches sont ordinairement foibles. Nous pouvons donc regarder un Arbre comme une machine composée d'autant de puissances qu'il a de branches, qui toutes tirent leur substance d'une mere commune, qui est la racine, & nous pouvons dire que l'accroissement de chaque année dans un Arbre est proportionnel à la somme de leurs puissances attractives, & à la quantité de nourriture que fournit la racine : or cette puissance attractive est plus ou moins grande, selon le different âge de l'Arbre, & les saisons plus ou moins favorables.

La proportion de l'accroissement des branches latérales à l'égard de celles du sommet, dépend beaucoup de la proportion de leurs puissances attractives ; car si la transpiration des branches latérales est fort petite, ou bien nulle, la tige s'élevera, & les branches du sommet surpasseront les autres de beaucoup ; c'est ce qui arrive aux Arbres des Forêts ; mais si la transpiration des branches latérales est à-peu-près égale à celle des branches du sommet, celles-ci s'éleveront & grossiront beaucoup moins, & les autres beaucoup plus que dans le premier cas, & c'est ce qui arrive aux Arbres isolés. Les Arbres en général, ont cela de commun avec plusieurs autres Plantes, qui s'élevent beaucoup, dès qu'elles sont serrées.

Comme les feuilles sont très-nécessaires à l'accroissement des Arbres, la nature n'a pas manqué de les placer dans les endroits où il falloit plus de nourriture qu'ailleurs, & même elle a placé de petites surfaces herbacées, que l'on peut appeler des premieres feuilles dans les endroits où les boutons à feuilles & les rejettons doivent pousser, afin de les protéger & de leur tirer de la nourriture, avant que la feuille elle-même soit développée.

Ceci nous fournit un exemple bien sensible de l'intelligence admirable de l'Auteur de la nature dans la conduite de ses ouvrages, & des différens moyens dont il se sert, selon les circonstances differentes pour amener les choses à leur perfection ; car lorsque les

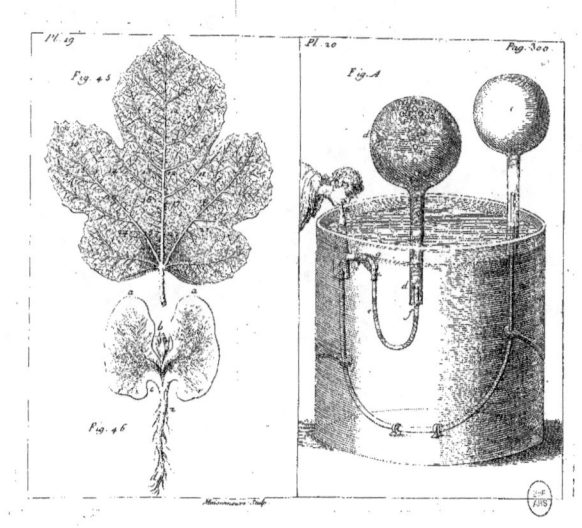

boutons font encore fi petits, qu'ils ne font, pour ainfi dire, que les embrions des rejettons à venir, nous voyons que les moyens dont fe fert la nature pour leur amener la nourriture, font proportionnés à leur petiteffe, & à celle de leurs befoins; mais lorfqu'ils font formés & qu'il leur faut par conféquent une plus grande quantité de nourriture, la nature change de méthode, & devient plus libérale; ce qui augmente tous les jours à mefure que les feuilles fe développent; c'eft-à-dire, à mefure que leur puiffance attractive devient plus forte, & ainfi la quantité de la nourriture augmente à proportion des accroiffemens & des befoins.

L'art eft encore plus grand & plus admirable dans les fleurs que dans les feuilles; leur maniere de s'épanouir & de croître eft plus finguliere; la nature les a formées non feulement pour protéger le fruit ou la graine; mais auffi pour leur amener la nourriture qui leur eft néceffaire; mais lorfque le fruit eft noué, & qu'il contient en racourci le petit arbre feminal avec toutes fes membranes, deflors il eft en état de tirer par lui-même, & avec l'aide des feuilles qui fe dévelopent, affez de nourriture pour lui, & pour le fœtus dont il eft imprégné; & les fleurs devenues inutiles fe féchent & tombent en peu de tems.

Les plus habiles Obfervateurs, après des recherches infinies, ne nous ont donné que des conjectures fur l'ufage de la pouffiere des étamines; s'il m'étoit permis après cela de hazarder les miennes, je les prierois d'examiner, fi la preuve manifefte que nous avons que le soulfre attire fortement l'air, ne nous conduit pas à penser que la premiere action de cette poussiere est d'attirer l'air élastique, & de s'unir intimement avec ses particules les plus actives & les plus exaltées; car il est très-probable que cette poussiere contient beaucoup de soulfre rafiné, puisque les Chymistes tirent du safran, une huile si subtile; & supposé que ce soit là l'usage auquel cette poussiere est destinée, étoit-il possible de la mieux placer que sur des extrémités mobiles au dessus des pointes menues des étamines, où le plus petit souffle de vent peut les disperser dans l'air, & environner ainsi la Plante d'une athmosphere de soulfre subtil & sublimé, qui s'unissant avec les particules d'air élastique, est peut-être tiré par differentes parties de la Plante, & sur-tout par le pistille d'où il est conduit dans la capsule séminale, ce qui doit arriver principalement pendant la nuit, lorsque les pétales des fleurs sont fermés, & qu'ils sont, aussi-bien que toutes les autres parties des Végétaux, dans l'état & le tems où ils attirent le plus fortement. Et si en nous appuyant sur les Expériences du Chevalier Newton, qui a trouvé que le soulfre attire la lumiere, nous supposons qu'à ces particules d'air & de soulfre mêlées & unies ensemble, il se joigne quelques particules de lumiere, ne pouvons-nous pas dire que le résultat de ces trois principes les plus actifs de toute la nature, forme le *punctum soliens* ou le principe de vie qui la doit communiquer à toute la Plante séminale ? Nous serions donc ainsi parvenus, par une analyse réguliere de

CHAPITRE VII. 303

la nature végétale, au principe primitif qui l'anime dans sa premiere origine.

CONCLUSION.

Nous connoissons par les Expériences précédentes la quantité de liqueur que plusieurs espéces d'Arbres tirent & transpirent, avec les changemens que le froid, le chaud, la sécheresse & l'humidité, causent à cette transpiration : nous sçavons combien la nature a mis de liqueur dans la terre pour fournir à la production & à l'entretien des Végétaux ; nous voyons ce que la rosée ajoûte à cette provision de liqueur, & nous remarquons qu'elle ne seroit pas, à beaucoup près, suffisante pour suppléer elle seule à la transpiration : nous voyons que les Végétaux tirent l'humidité à travers leur tige & leurs feuilles, aussi-bien qu'ils la transpirent. Nous connoissons le degré de chaleur avec lequel le Soleil agit sur les differentes parties des Végétaux, depuis leur sommet jusqu'à leurs racines, à deux pieds sous terre. Nous connoissons aussi la grande force avec laquelle les Plantes, leurs branches & leurs feuilles tirent la séve par leurs tuiaux capillaires. Nous remarquons combien les feuilles transpirent, & combien elles ont de part à l'ouvrage de la végétation : nous reconnoissons l'attention & les soins de la nature, qui les a placées dans les endroits où elles peuvent être utiles, sur-tout dans ceux où la Plante a besoin de beaucoup de nourriture, soit pour nourrir les jeunes rejettons, ou bien pour faire grossir les fruits.

Nous voyons aussi que l'accroissement des rejettons des feuilles & des fruits, consiste dans l'extension particuliere de chaque partie, qui se fait au moyen des vésicules innombrables qui les composent, & qui sont remplies d'une liqueur, qui par son expansion étend & dilate les parties ductiles.

Nous connoissons la force de la séve du sarment, lorsque la Vigne pleure, & la liberté avec laquelle la séve en général monte & descend, selon qu'elle est agitée par la transpiration des feuilles : nous sçavons que la séve se communique par des vaisseaux latéraux, & même avec beaucoup de facilité. Enfin nous avons des preuves évidentes que les Végétaux tirent une grande quantité d'air, & que cet air s'incorpore avec eux.

Toutes ces connoissances ne peuvent pas être stériles, & nous avons lieu de croire qu'elles seront utiles à l'Agriculture & au Jardinage, soit pour rectifier des pratiques fondées sur des notions mal conçûes, soit pour nous aider à expliquer les raisons de plusieurs usages, dont la seule expérience nous a fait reconnoître l'utilité, soit pour nous mettre en état d'aller plus loin, & de pousser nos découvertes sur les Végétaux; mais comme nous ne pouvons espérer d'avancer que par des Expériences aussi suivies que variées, nous ne devons aussi nous attendre dans la pratique, qu'à des progrès lents & proportionnés à notre travail.

C'est de la même nourriture que tous les Végétaux tirent leur subsistance ; nous devons donc attribuer

CONCLUSION.

buer la difference de leurs formes à celle de leurs petits vaiſſeaux; cela ſuffit pour changer & varier les combinaiſons des principes communs, & pour nous préſenter differentes figures, & c'eſt ce qui fait que les uns contiennent plus de ſoulfre, les autres plus de ſel, plus d'eau, &c. que les uns ſont d'une conſtitution plus ferme & plus durable; les autres d'une conſtitution plus molle & plus aiſée à détruire, c'eſt ce qui fait que certaines Plantes viennent mieux dans de certains climats; que la grande humidité convient aux unes, & nuit aux autres; que pluſieurs demandent un terrain gras & terreux, & pluſieurs autres un terrain maigre & ſabloneux; que l'ombre fait bien aux unes, & le Soleil aux autres, &c. Si nous pouvions atteindre à voir & connoître inſtructivement la ſtructure des parties d'où dépend la figure des Végétaux, quel ſpectacle magnifique & charmant, quels mélanges inimitables, quelle variété de machine, que de coups de maître, que de chefs-d'œuvres, que de démonſtrations d'une ſageſſe conſommée ſe préſenteroient à nos yeux?

L'état des Végétaux répond aſſez à celui de l'air & des ſaiſons : ils ſont vigoureux tant que la ſaiſon eſt mêlée à propos de chaleur, de fraîcheur, de ſécheresse & d'humidité; mais dès qu'elle devient extrême, ils en ſouffrent plus ou moins, ſelon leur plus ou moins de force & de ſanté.

La convenance des ſaiſons pour les Plantes, dépend en partie de la quantité de leur tranſpiration; ainſi les Plantes toûjours vertes, qui tranſpirent peu,

Qq

CONCLUSION.

& dont la séve est visqueuse, épaisse & huileuse, résistent plus que les autres au froid, & vivent avec peu de nourriture; elles ne se portent pas si bien pendant les chaleurs, parce que leur transpiration est alors trop abondante pour pouvoir être remplacée par la nourriture qu'elles tirent lentement & en petite quantité. L'on doit dire la même chose des Plantes qui végétent pendant les mois de Janvier & de Février, & qui périssent dès que le Printems est avancé; c'est-à-dire, dès que leur transpiration devient trop grande; ainsi quoique les grains que l'on seme avant l'Hyver, & les Pois & les Féves qu'on seme dans la saison qui leur convient le mieux; sçavoir en Novembre, Janvier & Février, ne poussent que très-peu en hauteur : pendant la saison froide, ils ne laissent pas que de pousser profondément leurs racines dans la terre plus chaude alors que l'air, ce qui les met en état de tirer une grande quantité de nourriture lorsque leur accroissement & leur transpiration augmentent. Mais si l'on seme les Pois au mois de Juin, pour les recueillir au mois de Septembre, ils ne réussissent pas, à moins que l'Eté ne soit frais & humide; car sans cela la chaleur du Soleil qui les fait transpirer trop abondamment, séche & endurcit leurs fibres avant qu'ils ayent pris leur entier accroissement.

Quoique les Expériences précédentes, & même les Observations communes nous montrent, que les racines ont une grande force pour pousser & s'étendre, cependant nous pouvons dire, que moins elles trouvent de résistance, & plus elles font de progrès; ainsi quand on laboure & qu'on remue la terre, quand on la mêle avec differentes matieres, comme de la Craye, de la Chaux, de la Marne, du Limon, &c. il en résulte de bons effets, dont le premier est de bonifier la terre par ces mélanges, & le second de l'adoucir & de l'éfraiser de sorte que l'air pénétre plus facilement les racines, & que ces racines elles-mêmes poussent plus vigoureusement.

Plus la surface des racines sera grande, à proportion de celle des parties de la Plante, qui sont exposées à l'air, plus aussi la Plante tirera de nourriture, & plus elle sera vigoureuse & capable de résister au froid, & aux autres intempéries de l'air.

La science du ménage de la Campagne, consiste donc principalement à connoître les convenances des terrains & des saisons, avec les differentes espéces de grains que l'on veut employer ; en sorte que depuis la terre la plus dure, jusqu'à la plus legere, rien ne demeure inutile, & que le tout soit travaillé pour faire pousser & nourrir les racines le mieux qu'il est possible. Il nous viendroit sans doute plusieurs idées utiles sur les differentes espéces de graisses, & sur la differente culture que l'on doit donner aux differens terrains, selon les saisons & les differens grains, si nous faisions souvent des observations sur tout ce qui arrive aux grains pendant leur accroissement ; & non seulement sur ce qui leur arrive au dessus de terre, mais même sur ce qui se passe au dessous à leurs racines : nous devrions principalement observer les Plantes qui croissent en differens terrains, & qui, quoique de la même espéce, sont quelquefois cultivées differemment : nous connoîtrions, par exemple entr'autres choses très utiles, si nous semons le grain trop clair ou trop épais ; & cela seulement en comparant la longueur & l'extension de chaque racine & de tout son chevelu, à l'espace de terre qu'elle doit occuper, sans nuire à ses voisines ; puisqu'il se mêle avec la séve une grande quantité d'air qui s'incorpore avec la substance même des Végétaux : l'on peut assurer que le labour & la façon des terres, sert non seulement à les rendre plus meubles & plus pénétrables par les racines des Plantes, mais même les met en situation de devenir bien plus fertiles en recevant les particules aëriennes, sulphureuses & acides de l'air qui se mêle alors bien plus facilement avec elles : ceci se confirme par la fertilité que les terres vierges acquierent quand elles demeurent exposées à l'air.

Comme nous avons vû que les Plantes tirent & transpirent une grande quantité de liqueur ; & comme nous avons remarqué que la température de l'air influe beaucoup sur leur transpiration, l'une de nos premieres attentions pour leur culture, doit être de les semer ou de les planter dans les terrains & dans les saisons convenables ; en sorte qu'elles puissent tirer justement la quantité de nourriture qui leur est nécessaire, & de ne pas manquer ensuite de changer ou du moins de renouveller la terre, en y mêlant des matieres pleines de particules salines, sulphureuses

CONCLUSION.

& aëriennes, comme du fumier, de la chaux, des cendres, du gazon, & de la tourbe brûlée, & même des matieres qui contiennent du Nitre & des autres Sels ; car quoiqu'on ne trouve ni Nitre ni Sel commun dans les Végétaux *, comme l'on a cependant remarqué que ces Sels augmentent la fertilité de la terre, nous devons seulement dire, que si on ne les trouve pas dans les Végétaux, c'est parce que leur forme est extrêmement altérée dans la végétation; leur Sel acide volatile étant peut-être separé de son air & de sa terre, & formant avec le suc nourricier de nouvelles combinaisons qui ne ressemblent point du tout au Sel : ceci se confirme par la grande quantité d'air & de Sel volatile qui se trouve dans le Tartre des liqueurs fermentées que l'on doit regarder comme venant des Végétaux ; car les Chymistes croyent qu'il n'y a dans la nature qu'un seul Sel volatile, dont tous les Sels sont formés par des combinaisons très differentes les unes des autres : ce sont tous ces principes qui forment la matiere nutritive & ductile, dont sont composés les Végétaux, le vehicule acqueux n'étant pas suffisant pour rendre tout seul un terrain fertile.

* M. Bouldue en a trouvé.

Mais ce n'est pas encore là toutes les attentions & tous les soins que l'on doit donner aux Plantes lorsqu'on veut les faire réussir, leur succès dépend de bien d'autres circonstances : par exemple, il y a bien des Arbres qui sont stériles, parce que leurs racines sont à une trop grande profondeur, & que par conséquent elles sont trop humides & trop éloignées

CONCLUSION.

de l'action du Soleil ; ces Arbres ne tirent donc qu'une féve crûe qui n'est pas propre à former le fruit, quoiqu'elle soit bonne pour nourrir & faire augmenter le bois. Il y a des Plantes gourmandes ou plantées à l'ombre, ou dans un terrain humide, qui sont stériles aussi, quoique leurs racines ne soient qu'à une petite profondeur, & cela par la même raison ; c'est-à dire, parce que leur féve n'est pas suffisamment digérée par la chaleur du Soleil.

Aussi voyons-nous que la Vigne qui se plaît dans un terrain sec, graveleux & pierreux, donne moins de fruit lorsqu'elle se trouve dans un terrain ferme, gras & humide : nous pouvons observer en conséquence que dans l'Expérience III. la Vigne transpire, à la vérité, plus que les Plantes toûjours vertes, mais beaucoup moins que le Pommier qui préfére le terrain gras & humide ; car quoique la Vigne jette de la féve en abondance dans le tems qu'elle pleure ; & quoiqu'elle porte une très-grande quantité de fruits pleins de sucs, cependant l'Expérience III. nous montre qu'elle ne transpire pas beaucoup, ce qui fait qu'elle préfére les terrains secs & graveleux.

L'Expérience XVI. nous montre que pendant l'Hyver la transpiration ne cesse pas, & même qu'elle ne laisse pas d'être considérable ; c'est sans doute à cette cause que l'on doit attribuer la perte des fleurs, des jeunes feuilles, & des fruits au commencement du Printems lorsqu'ils sont gâtés & noircis par les vents froids du Nord-Est, ces vents les desséchent trop vîte, & la féve ne peut fournir à cette transpira-

CONCLUSION.

tion forcée & trop abondante ; car plus le tems est froid & plus le mouvement de la féve est lent, quoiqu'il ne cesse jamais.

La même chose arrive au Bled verd au commencement du Printems : quand ces vents froids & desséchants régnent, il languit & devient jaune ; de sorte que le Laboureur a raison de souhaiter de la négé ; car quoiqu'elle soit très-froide, elle défend la racine de la gelée, elle garantit le Bled de ces vents nuisibles, & lui conserve l'humidité & la souplesse nécesceſſaire à son accroissement.

Il semble donc que quelques-uns des Auteurs qui ont écrit sur le Jardinage & l'Agriculture, nous donnent un très bon conseil, quand ils nous prescrivent d'arroser les Arbres dans les terrains secs pendant ces vents froids & desséchans, dans le tems que les fleurs sont épanouies, ou que le fruit est extrêmement tendre, pourvû qu'il ne tombe pas beaucoup de rosée, ou que la gelée ne soit pas à craindre immédiatement après l'arrosement ; & en cas que la gelée soit continuelle, de bien couvrir les Arbres, & de les arroser en même tems tout pardessus en forme de pluie ; mais quand même le succès de cette pratique en Hyver seroit un peu douteux, il est sûr par l'Expérience XLII. qu'elle ne peut être que très-utile en Eté ; car la Plante tire beaucoup plus de rafraîchissement des arrosemens en forme de pluie, que des arrosemens ordinaires.

Pour ce qui est des abris ou couverts que quelques-uns mettent au dessus des Espaliers, j'ai reconnu

CONCLUSION.

que dès qu'ils font assez avancés pour empêcher la rosée & la pluie de tomber sur les Arbres, ils font beaucoup plus de mal que de bien pendant le régne de ces vents desséchants ; car les Arbres ont alors plus besoin que jamais de rafraîchissement & de nourriture ; mais ces couverts & tous les autres abris sont bons dans le tems de gelée, précédé de pluies abondantes, parce qu'ils défendent les Arbres contre le trop grand froid, qui n'agit jamais avec tant de force, que quand les Arbres font bien remplis d'humidité, & qui souvent les détruit alors absolument.

La preuve évidente que nous avons par ces Expériences de l'utilité des feuilles pour élever la séve, & l'attention que la nature apporte à en garnir les tiges, sur-tout auprès des fruits, peut nous apprendre d'un côté à ne pas trop ôter des feuilles aux Arbres, & à en laisser toûjours derriere les fruits, & d'autre côté à ne pas négliger de couper les branches chifonnes & inutiles qui consomment une grande quantité de séve : l'on pourroit essayer, outre les moyens que l'on connoît déja de diminuer la gourmandise d'un Arbre ou d'une branche, en leur ôtant une partie de leurs feuilles : je dis une partie ; car l'Expérience nous apprend qu'en les dépouillant absolument, on court risque de les faire périr.

Les feuilles servent encore à conserver le jeune fruit dans l'état de ductilité & d'humidité qui convient à son accroissement, en le défendant des ardeurs du Soleil, & de l'action des vents desséchans, qui souvent endurcissent ses fibres, & l'empêchent

de

de croître lorſqu'il y eſt trop expoſé dans ſa jeuneſſe; car dès qu'il a pris ſon accroiſſement, on peut ôter les feuilles, & lui donner un peu plus de Soleil, afin de rendre ſa maturité plus prompte & plus parfaite. Les fruits demandent plus d'ombre dans les climats plus chauds, & plus dans les Etés ſecs & brûlans que dans les Etés humides & tempérés.

La grande force de ſuccion des branches & des Arbres, & la liberté avec laquelle la ſéve paſſe & repaſſe pour obéir à cette puiſſance, peut donner des idées utiles aux Jardiniers pour la taille des Arbres, ſoit en diminuant les parties gourmandes, ſoit en aidant à celles qui ſont foibles & délicates.

Une de leurs régles, fondée ſur une longue Expérience, eſt de tailler les Arbres foibles, de bonne heure en Hyver, parce que la taille plus tardive les fait dépérir; & au contraire ils taillent les Arbres trop vigoureux & gourmands bien tard, & au Printemps, afin de leur ôter cette trop grande vigueur: il eſt ſûr que cette diminution de vigueur ne doit pas être attribuée à la perte de ſéve cauſée par la taille, puiſqu'il n'en ſort que très peu par les endroits coupés, excepté dans quelques Arbres qui pleurent lorſqu'on les taille dans cette ſaiſon; car dans les Expériences XII. & XXVII. lorſque je fixois les jauges pleines de Mercure, à des tiges d'Arbres fraîchement coupées: elles ſuçoient toutes avec force, excepté celles de Vigne, dans la ſaiſon des pleurs.

Quand on taille un Arbre foible au commencement de l'Hyver, les orifices des vaiſſeaux ſéveux ſe ferment long-tems avant le Printems, comme nous nous en fommes affurés par plufieurs Expériences du I. II. & III. Chapitre; & par conféquent lorfqu'au Printemps & en Eté, la chaleur fait augmenter la force attractive des feuilles qui tranfpirent; cette force ne fe trouve pas affoiblie par les paffages nombreux qui fe trouveroient à la coupe encore fraîche d'un Arbre nouvellement taillé: toute la puiffance des feuilles n'eft donc employée qu'à tirer la féve de la racine, tandis que d'autre côté dans un Arbre gourmand & taillé tard au Printemps, la puiffance des feuilles diminue par les paffages de la coupe encore fraîche, qui n'ont pas eu le tems de fe refermer.

Outre cela, l'Arbre taillé de bonne-heure a l'avantage de demeurer tout l'Hyver avec une tête mieux proportionnée à fes foibles racines; & comme par l'Expérience XVI. la féve monte en Hyver, & que l'on doit penfer qu'elle eft alors bien froide & bien crûe, il aura encore celui de ne pas tirer autant de cette mauvaife nourriture, qu'il auroit fait s'il n'avoit pas été taillé, & cela feul devroit prefque toûjours nous faire préférer la taille hâtive.

L'Expérience confirme cette pratique; car fi l'on taille la Vigne auffi-tôt après vendange, & fi on lui ôte en même tems toutes fes feuilles, elle produit en plus grande abondance l'année fuivante; ce qui eft arrivé particulierement en 1726. En 1725, l'Eté fut extrémement frais, & humide, & le bois qui n'avoit pû mûrir ne produifit que très-peu de fruit.

Chapitre VII.

Je ferois cependant d'avis de préferer à cette méthode la taille hâtive; car en ôtant les feuilles, on peut endommager les boutons, soit en les froissant, soit en les privant de la nourriture que les feuilles leur apportent.

Les Expériences du second Chapitre feront connoître aux Jardiniers la force avec laquelle les greffes tirent la séve du sujet, leur grande attention en greffant doit être à bien unir les parties correspondantes, & à toûjours choisir des greffes bien chargées d'yeux, afin que les feuilles soient plus en état de tirer la séve lorsqu'elles commencent à se déveloper.

La grande quantité de liqueur que les branches tirent à leur coupe dans l'Expérience XII. nous montre que c'est avec bien de la raison que l'on applique des emplâtres ou des feuilles de plomb, sur les playes des Arbres nouvellement faites, lorsqu'on veut les conserver; cette précaution est fort utile, & empêche que la pluie ne forme des abreuvoirs dans le tronc de l'Arbre.

Cette même Expérience XII. peut nous fournir une idée pour essayer de donner un goût artificiel aux fruits, en présentant aux Arbres, & leur faisant tirer quelque liqueur bien forte d'odeur & bien parfumée, mais non spiritueuse; puisque nous avons vû que cette derniere qualité les faisoit périr; j'ai fait tirer par la tige d'une branche deux pintes d'eau, sans qu'elle en soit morte; ceux qui seront curieux de faire cette Expérience auront soin de couper la tige qui doit tirer l'eau, la plus longue que faire se pourra, afin d'avoir plus de bois pour en rogner de tems en tems un pouce ou deux lorsque le bout est si rempli de liqueur, qu'il ne peut plus en passer.

 Quoique les Plantes toûjours vertes tirent & transpirent beaucoup moins que les autres; elles ne laissent pas de transpirer si considérablement, que l'on a toûjours été embarrassé pour leur fournir dans les serres assez d'air frais sans les trop exposer à l'air froid : la transpiration des Plantes n'est ni libre, ni salutaire dans un air renfermé & plein de vapeurs; ainsi la séve croupit dans ses vaisseaux, & les Plantes se moisissent, ou bien elles deviennent languissantes & tombent malades en tirant les vapeurs nuisibles de cet air renfermé; car les Observations de M. Miller sur la transpiration de l'Arbre *Musa*, & de l'*Aloës*, Expérience V. nous montrent que les Plantes tirent souvent l'humidité pendant la nuit, aussi-bien dans les serres où l'on fait du feu que dans celles où il n'y en a point : il est donc aussi important de donner aux Plantes les moyens de se décharger de cet air infecté, qu'il l'est de les garantir du grand froid de l'air extérieur, qui les feroit périr si elles y étoient exposées. J'approuverois donc fort la méthode de ceux qui bouchent les jours de leurs serres avec du cannevas, & dans le froid extrême, avec des volets de paille ou de roseau par dessus le cannevas; afin que l'air puisse toûjours entrer dans la serre, mais en filets si déliés, & en si petite quantité à la fois, que le froid ne puisse incommoder les Plantes; on pourroit, selon toutes les apparences, se servir du

CHAPITRE VII.

même moyen pour purifier par degrés les vapeurs épaisses & infectées qui s'élevent du fumier des couches, & qui souvent font beaucoup de mal aux jeunes Plantes ; c'est imiter la nature qui garantit les Animaux du froid par de bonnes couvertures, ou de poil ou de laine, ou de plume, & qui en même tems laisse à travers ces mêmes couvertures une infinité de passages à la transpiration.

J'ai dans cette conclusion & dans chaque Expérience, selon que l'occasion s'est trouvée, donné quelques petits exemples qui se présentoient naturellement, pour faire voir que des recherches de cette espece peuvent devenir très-utiles, & nous donner d'excellentes idées par rapport à la culture des Plantes ; car quoique je sente parfaitement que c'est de la longue Expérience que nous devons attendre & tirer les régles les plus sûres de la pratique, cependant je prierai toûjours les Curieux de se souvenir que le moyen le plus sûr de perfectionner les choses, est de les bien connoître.

APPENDICE

CONTENANT

PLUSIEURS OBSERVATIONS

ET

PLUSIEURS EXPERIENCES

Qui ont rapport aux précédentes.

APPENDICE

APPENDICE

Contenant plusieurs Observations & plusieurs Expériences qui ont rapport aux précédentes.

OBSERVATION I.

YANT trouvé par l'Experience XIX. *page 46.* que la quantité de vapeur qu'une surface d'eau laisse évaporer pendant neuf heures d'un jour d'hyver, est la vingt-uniéme partie d'un pouce de profondeur, cela me donna occasion de faire quelques réfléxions sur l'erreur vulgaire où l'on est, qu'il est plus mal-sain d'habiter le côté méridional de la riviére que d'habiter le côté septentrional, parce que, dit-on, le soleil par sa chaleur attire les vapeurs de son côté.

1°. Il est certain que dans un air calme l'action de la chaleur éleve perpendiculairement les particules acqueuses; mais si l'air est agité ou poussé selon telle direction que l'on voudra, il emmenera les vapeurs avec lui, & leur cours deviendra plus ou moins oblique, selon la vitesse du courant de l'air qui les entraîne. La chaleur, bien loin d'attirer les vapeurs acqueuses, les repousse, & les éloigne toûjours d'elle même.

2°. Une observation assez ordinaire a pû donner lieu à cette erreur ; plusieurs personnes ont remarqué, que lorsqu'on fait sécher un linge mouillé en le présentant au feu, les vapeurs qui s'en élevent vont toutes du côté de la cheminée & du feu : mais l'on ne doit pas attribuer ce mouvement des vapeurs à l'attraction du feu, puisqu'il est causé par le courant d'air frais qui vient prendre la place de l'air rarefié par le feu, qui étant devenu plus leger, monte continuellement, & s'en va par la cheminée.

3°. Comme l'on a observé qu'ici (en Angleterre) les vents de Sud & de Sud-ouest sont plus fréquens que leurs contraires, les vapeurs doivent par conséquent être poussées vers les bords Septentrionaux plus souvent que vers les bords Méridionaux de la riviere ; mais en vérité, la difference que cela peut faire par rapport à la salubrité du côté Méridional, me paroît si peu de chose, que je n'en aurois pas même fait mention, si je n'avois sçû combien l'opinion contraire a prévalu chez bien des gens. Je pense que le principal avantage que peut avoir le le côté du Nord sur celui du Midy, le long d'une riviere, c'est qu'il doit être un peu plus chaud, à cause de la réfléxion des rayons du Soleil par la surface de l'eau.

APPENDICE.

Observation II.

L'on a trouvé par la même Expérience XIX. que déduction faite de la quantité de rosée & de pluie qui se consomme par la végétation & l'évaporation, il en entre assez en terre pour fournir aux fontaines & aux rivieres, & que par conséquent il n'est pas nécessaire de recourir à la Mer pour en tirer leur origine ; cela se confirme par les observations suivantes.

1°. M. le Comte Marsilli, dans son *Histoire de la Mer*, *pag. 13.* observe que les rivieres qui viennent des montagnes de Languedoc & de Provence se déchargent dans la Mer voisine, par des courants qui sont à des profondeurs considérables sous l'eau de la Mer, sur-tout à Port *Miou*.

2°. J'ai appris par gens dignes de foy, que les fontaines qui descendent des montagnes de Folkstone en Kent, bouillonnent visiblement sous le sable au fond de la Mer : preuve que l'eau de la Mer ne monte pas au sommet des montagnes pour former les rivieres & les fontaines.

3°. Si l'eau transpiroit du fond de la Mer au sommet des montagnes, leur penchant du côté de la Mer devroit être fort humide, au lieu qu'il est ordinairement fort sec. Dans l'isle de Wight, par exemple ; la côte Méridionale est bordée d'une longue chaîne de montagnes crétacées à pente fort roide & toûjours fort séche ; & les sources dont le cours se détermine par l'humidité des differents lits qui composent les montagnes, sourdissent & sortent toutes du côté du Nord à une distance considérable de la Mer qui est à leur côté du Sud, & forment plusieurs petits ruisseaux qui vont se rendre à la Mer par la côte septentrionale de l'Isle. Ainsi le côté du Nord de ces montagnes qui est fort éloigné de la Mer, & considérablement élevé au dessus de son niveau, est arrosé par un grand nombre de fontaines, tandis que le côté du Midy de ces mêmes montagnes qui est proche voisin de la Mer, & presque battu des vagues, est toûjours extrêmement sec.

4°. L'on sçait à merveille, que quand il tombe de grandes pluies, l'eau pénétre la terre à des profondeurs considérables, & augmente les sources; ce ne peut donc être que par une vertu particuliere si l'eau de la Mer fait l'effet contraire; c'est-à-dire, si elle pénétre la terre en montant, au lieu de la pénetrer en descendant.

Observation III.

Le Docteur Desaguliers, dans l'extrait qu'il a fait de cet ouvrage, tire une observation de mon Expérience XX. *page 50.* où j'ai prouvé que le Soleil raréfie les vapeurs à deux pieds de profondeur sous terre: Il dit donc » que, selon toutes les apparences, la » chaleur du Soleil rarefie l'humidité de la terre à une » bien plus grande profondeur pour la conduire » aux racines des Plantes, puisqu'il a observé avec » M. Beighton de la Societé Royale, que dans la » machine pour élever l'eau, par le moyen du feu, la

APPENDICE.

vapeur de l'eau bouillante, lorsque son élasticité est « égale à celle de l'air, est plus de treize mille fois plus « rare que l'eau qui la produit. » *Transactions Philosophiques*, num. 398.

OBSERVATION IV.

1°. La force qu'a le Soleil d'élever l'Esprit de vin a trente un degrés dans le sixiéme Thermometre de l'Expérience XX. *pag. 50.* nous montre que c'est la trop grande chaleur qui fait gâter le vin dans les caves dont les murailles ou les voûtes sont exposées au Soleil, parce que ces murs n'ont pas assez d'épaisseur pour en empêcher l'action.

2°. J'ai aussi observé par ces Thermometres placés sous terre à differentes profondeurs, qu'au mois de Mars lorsque le Soleil a brillé tout le jour, il échauffe la terre assez profondément, malgré le vent froid d'Est qui souffloit continuellement le jour de mon observation. Le Soleil a sans doute la même action sur la séve dans l'intérieur des arbres, & sur le sang dans le corps des animaux, lors même que la surface est très-froide à cause du vent. Si l'on doit donc ajoûter foy à l'opinion commune, que de demeurer longtems au Soleil dans cette saison, peut causer la fiévre, il est probable qu'on doit l'attribuer à la chaleur & au froid qui agissent en même tems sur le corps; la premiere à l'intérieur, & l'autre à l'extérieur, où le mouvement du sang diminuant de beaucoup, il ne pourra manquer de s'épaissir, & l'on croit qu'au commencement des fiévres le sang est dans cet état. Une observation commune nous apprend d'ailleurs que le sang n'a qu'un mouvement lent près de la surface du corps, lorsqu'on demeure au froid pendant un tems considérable; car si l'on demeure sans se remuer dans un lieu froid, il arrive souvent que dans cette situation l'on ne sent pas le froid bien vivement; mais dès que l'on commence à se remuer & à mettre par conséquent le sang plus en mouvement, l'on sent un frisson dans tout le corps; ce que l'on doit attribuer au refroidissement du sang dans les petits vaisseaux: car il coule alors en plus grande quantité, & plus vîte dans les vaisseaux intérieurs, & il les affecte d'autant plus sensiblement, que leur chaleur est plus grande en comparaison de celle du sang de la surface du corps qu'ils reçoivent dans ce moment.

Observation V.

1°. Lorsqu'on enleve à une branche une ceinture d'écorce d'un pouce de large, il arrive souvent que cela fait mourir la branche voisine au dessous de la premiere; quand même elle se trouve du côté opposé, l'Expérience XL. *pag. 111.* en nous fournissant des preuves de la libre communication laterale des vaisseaux de la séve dans les arbres, nous fournit en même tems la raison de cet effet singulier; car en dépouillant la branche de son écorce, vous la privez d'une partie considérable de sa nourriture qu'elle recevoit par les vaisseaux de l'écorce & du livre; elle se trouve donc obligée de tirer sa nourriture par les vaisfeaux du bois, mais avec plus de force & en plus grande quantité que ne peut faire la branche opposée: elle enleve par conséquent à celle-ci une partie de sa nourriture, qui, dès qu'elle est considérable, affame la branche & la fait périr.

2°. J'ai souvent vû des exemples d'une gourmandise pareille dans les branches d'un Poirier * qui avoient environ deux pouces de diamétre, & qui étoient jeunes & très-vigoureuses ; elles attiroient si puissamment la séve, qu'elles affamoient & faisoient mourir les branches voisines au dessous, & même les rameaux collateraux jusqu'à dix-huit pouces également de tous côtés.

* Catharine Peartreé.

3°. Je soupçonne même qu'on doit quelquefois attribuer à la même cause la mort des branches qui noirciffent, puisque cela arrive souvent par une maladie ou un défaut dans la racine particuliere qui servoit à cette branche, & encore par la mauvaise qualité de l'air qui peut faire périr les branches déja affoiblies par l'une ou l'autre de ces causes internes.

4°. L'expérience nous apprend que les arbres plantés dans un mauvais fond ou dans un terrain qui ne leur convient point, sont très sujets à être brouis : autre raison pour attribuer la cause de cette maladie au défaut de nourriture.

Observation VI.

Dans l'Expérience XLVI. *pag. 120.* j'ai dit comme une simple conjecture, que si l'on faisoit au commencement du Printems des épreuves pour connoître si le pied des arbres est plûtôt en séve que les branches, je pensois qu'on le trouveroit ainsi, & que par conséquent la séve ne monte pas par les vaisseaux du bois pour redescendre ensuite entre l'écorce & le bois. Je me suis informé depuis auprès des Ouvriers qui écorcent les Chênes, ils m'ont assuré qu'au commencement du Printems l'écorce du pied se détache plus facilement que celle des branches, & qu'au contraire vers la fin de cette saison celle du pied est plus adhérante que celle des branches ; je suis presque sûr de la même chose dans la Vigne par mes propres observations. Cependant on voit que si la séve descendoit par l'écorce, il faudroit absolument que les branches du sommet fussent humectées les premieres.

Observation VII.

On peut ajoûter aux argumens contre la circulation de la séve (Expérience XLVI. *pag. 120.*) une observation de M. le Comte Marsilli sur les Plantes marines, qui toutes, excepté l'Algue, n'ont point de racine. Il a reconnu que ces Plantes n'ont point comme les Plantes à racines, de vaisseaux capillaires longitudinaux pour porter la séve à toutes les parties ; mais qu'elles sont entierement composées de vésicules qui tirent immédiatement leur nourriture de l'eau qui les environne : on peut donc dire, que puisqu'il n'y a point de vaisseaux pour porter la séve d'une extrémité de la Plante à l'autre, il n'y a point de circulation

culation, & qu'ainsi la végétation peut se faire sans elle.

Observation VIII.

L'on a vû dans la même Expérience XLVI. la grande force de succion qui réside dans les sujets sur lesquels on a greffé; j'ai retrouvé depuis cette même force dans des branches de Figuier; car si on laisse dessus ces branches pendant l'Hyver les fruits tardifs qui n'ont pû mûrir, ils feront périr la branche qui les porte: la pourriture commence à la queue de la Figue, & s'étend sur toutes les parties de la branche, tandis que sur le même arbre les autres branches qui n'ont point de fruit, se portent bien; ainsi il est bon de cueillir les dernieres Figues avant l'Hyver pour conserver les branches, cette attention suffira pour les Hyvers ordinaires; mais lorsqu'ils sont rigoureux comme en 1728. il faut de plus, pour conserver les branches à fruit de vos Figuiers, les couvrir & les mettre dans la situation la moins exposée au froid. L'on ne peut pas dire que la pourriture de la branche soit occasionnée par la circulation de la séve dans la Figue & la branche; il est plus raisonnable de penser que cette pourriture vient du pus de la Figue que la branche tire avec force. J'ai observé la même chose sur des Coins pourris & dessechés, qui demeurerent tout l'Hyver sur la branche; & c'est sans doute de cette façon que les chancres répandent leur venin, & augmentent toûjours, à moins que vous ne les arrêtiez en les coupant jusqu'au vif.

APPENDICE.
Observation IX.

J'ai montré par plusieurs exemples sensibles, que l'air entre avec liberté, & réside en grande quantité dans les arbres: Qu'il me soit permis de demander si ces petites fibres spirales qui se trouvent au dedans des vaisseaux qui passent pour être ceux de l'air, & que l'on voit clairement dans plusieurs arbres & dans plusieurs feuilles, comme dans celles de Vigne & de Scabieuse, ne sont pas faites pour faire monter l'air plus vîte par la conformité de leur figure avec celle que doivent avoir les parties élastiques de l'air ; car ces fibres spirales me paroissent de peu d'usage pour faire élever une liqueur comme la séve qui monte bien plus facilement par les autres vaisseaux capillaires qui n'ont pas ces fibres tortilleuses. Je ne suppose pas ici que l'air touche actuellement ces spirales, & qu'il se détermine par là à en suivre les détours; mais je suppose, qu'à l'exemple de la lumiere qui est réfléchie par les corps, sans les toucher immédiatement, l'air élastique peut changer de route lorsqu'il approche des corps, sans que pour réfléchir il soit obligé de les toucher.

2°. J'ai observé que ces fibres spirales sont tortillées dans un sens contraire au cours du Soleil; c'est-à-dire, de l'Occident à l'Orient.

3°. J'ai souvent remarqué qu'en brûlant du souffre près d'un arbre, les branches exposées à la fumée se fannent en très-peu de tems ; la chaleur des fumées ne pouvoit faire cet effet, car le souffre brûloit à une

APPENDICE.

trop grande diſtance pour que ces fumées puſſent conſerver de la chaleur : il paroît donc qu'on doit l'attribuer à l'action des fumées ſulphureuſes ſur l'air contenu dans les feuilles, dont elles fixoient l'élaſticité : & ne peut-on pas dire que les vapeurs ſulphureuſes qui flottent quelquefois en grande quantité dans l'air, cauſent par cette même raiſon des nielles, &c ?

Experience I.

1°. L'on a vû dans l'Expérience LXVI. *pag. 157.* la méthode dont je me ſers pour connoître la quantité d'air que contiennent l'eau de vie, l'eau commune, l'eau de pluie, celle de Holt, celle de Briſtol, & celle de Pyermont ; j'ai tiré de la même façon une bonne quantité d'air des eaux de Spaw & de Tumbrigde.

2°. L'on obſerve, que dès que ces eaux viennent à perdre une matiere élaſtique & imprégnée d'un eſprit vitriolique ſulphureux qu'elles contiennent, elles perdent en même tems leur vertu minérale, elles ne ſe colorent plus ni avec la Noix de Galles, ni avec le Sirop Violat, & ne font par conſéquent plus d'effet à ceux qui les boivent.

3°. J'ai trouvé de même que les eaux d'*Ebsham* & d'*Acton* ne contiennent gueres plus de matiere élaſtique que l'eau commune ; & ſans doute on trouveroit la même choſe ſur les eaux de *Scarborough*, de *Stretham*, & ſur les autres eaux purgatives. L'air qui étoit ſorti de quelques-unes de ces Eaux minérales, perdit ſon élaſticité, ou fut abſorbé par ſon eau dans

APPENDICE.

deux ou trois jours ; mais une grande partie de l'air qui étoit sorti des eaux d'*Ebsham* & d'*Acton*, conserva sa forme élastique pendant quelques semaines.

4°. De quatre pintes d'eau de *Bath*, à peine ai-je pû tirer de l'air gros comme la moitié d'un poids : l'on peut dire que la chaleur de cette eau en chasse l'air élastique, & que le souffre qu'elle contient le fixe, & qu'ainsi il n'est pas étonnant qu'elle en contienne peu.

5°. J'ai mis de cette eau sous un vaisseau renversé à moitié plein d'air, & je l'ai échauffée, pour voir si les fumées qui s'en élevent absorbent l'air ; mais après avoir tout laissé refroidir, j'ai trouvé que non : ainsi quand l'eau de Bath guérit les coliques venteuses d'estomach, elle ne le fait pas en absorbant les vents qui sont actuellement dans l'estomach, mais en empêchant, au moyen du souffre subtil qu'elle contient, qu'il ne s'en éléve d'autres des alimens, à peu près de la même maniere que les fumées du souffre préviennent la fermentation des liqueurs spiritueuses. Les vapeurs sulphureuses les plus violentes, telles que celles qui s'élevent du souffre enflammé, ou de la fermentation violente qui se fait par l'Esprit de Nitre versé sur des pierres vitrioliques en poudre, ne peuvent jamais absorber la moitié d'aucune quantité d'air renfermé ; il y a donc peu d'espérance de guérir les coliques venteuses en voulant absorber l'air que les alimens ont déja produit ; mais en même tems il y a apparence de réussir en prévenant ces coliques par

APPENDICE.

quelque remede fulphureux qui empêchera l'air de s'élever des aliments.

6°. Ce remede pourroit avoir le même effet fur le fang, il pourroit en fortifier & ferrer les parties, au moyen du Souffre ou de l'Acier fubtil qui s'y mêleroit, ce qui rendroit les fécrétions du fang dans l'eftomach & les boyaux, beaucoup moins flatulentes.

7°. Et comme l'eau de pluie eft, fur-tout dans les tems chauds, imprégnée d'une plus grande quantité de fouffre fubtil que l'eau commune, les gens fujets aux coliques venteufes devroient la préférer à celle-ci: fi on laiffe repofer l'eau de pluie, & qu'enfuite on la tire au clair dans un autre vaiffeau, on dit qu'elle fe conferve bonne à boire pendant long-tems.

8°. Les expériences que j'ai faites fur l'eau de *Bath*, ne m'ont pas conduit affez loin pour pouvoir décider des effets que ces eaux peuvent avoir pour purifier le fang, rectifier les efprits animaux, fortifier les fibres relâchées de l'eftomach, & des autres parties du corps : il eft certain, toutes chofes égales d'ailleurs, qu'il s'élève des aliments une plus grande quantité d'air dans un eftomach foible & relâché que dans un eftomach vigoureux qui les refferre & les comprime de la même façon que les liqueurs qui fermentent dans un vaiffeau découvert, produifent plus d'air que lorfqu'elles fermentent dans un vaiffeau clos.

Expérience II.

1°. J'ai renverfé une bouteille de * Bierre, le goulot dans un vaiffeau plein de la même liqueur, &

*Ale.

APPENDICE.

quand il se fut élevé au dessus de la Bierre dans la bouteille près de deux pouces cubiques d'air, je fis passer cet air dans une autre bouteille pleine d'eau, au dessus de laquelle il monta : dans l'espace de dix heures, une grande partie de cet air avoit perdu son élasticité, ou avoit été absorbé par l'eau; car il n'en demeuroit que très-peu le lendemain.

2°. De-là nous voyons que de l'air élastique qui s'éleve de la bierre ou des autres liqueurs fermentatives, une partie retourne à son premier état de fixité, & cela peut être dans le tems même qu'il continue de s'en élever ; ce qu'il étoit impossible de sçavoir au juste sans en séparer une partie comme j'ai fait dans cette Expérience, à cause des nouvelles bulles d'air qui montent continuellement.

3°. Cette Expérience nous explique aussi pourquoi plusieurs mélanges du Chap. VI. produisent de l'air, & en absorbent ensuite ou au contraire; car cela n'arrive que parce qu'ils en produisent plus qu'ils n'en absorbent dans le premier cas, & que dans le second, qui est assez ordinaire dans un changement du chaud au froid, ils en absorbent plus qu'ils n'en produisent; ce n'est pourtant pas que leur puissance d'absorber devienne ou soit plus forte dans le froid : mais c'est parce qu'alors la quantité d'air qu'ils produisent est très-petite, & que celle de l'air déja produit qui perd son élasticité est toûjours la même.

4°. Par plusieurs Expériences semblables, j'ai trouvé que tout l'air, de quelque espéce de bierre que ce fût, ne perdoit pas son élasticité , & n'étoit pas absorbé

APPENDICE.

entierement par l'eau, soit que je fis mes Expériences sur une petite ou une grande quantité d'air, avec de l'eau de pluie ou de l'eau commune, avec de l'eau douce ou de l'eau salée, & même avec de l'eau que j'avois fait bouillir pour en faire sortir l'air.

5°. Et même, comme je l'ai observé dans l'Expérience précédente sur l'eau d'*Ebsham* & d'*Acton*, l'air que la chaleur fera sortir de certaines eaux ne perdra son élasticité qu'au bout de plusieurs semaines. Pour les eaux de Pyermont de Spaw & de Tumbrigde, comme il en sort une très-grande quantité d'air élastique par la chaleur, il ne demeure pas élastique aussi long-tems que l'autre, ce qui pourroit bien être la raison pour quoi la plûpart de ces Eaux minérales s'évantent ou perdent leurs vertus médicinales au bout d'un tems, quoique renfermées dans des bouteilles bien bouchées & même fermées hermétiquement, comme le Docteur Jacques Keill m'a assuré l'avoir essayé sur une eau minérale près de Northampton: ainsi ces eaux peuvent perdre leurs esprits, non-seulement par l'évaporation lorsque les vaisseaux qui les contiennent demeurent ouverts, ou lors qu'on les échauffe, mais encore par la fixation de ces parties spiritueuses & élastiques.

6°. De-là nous pouvons raisonnablement conclure que les eaux, & plusieurs autres fluides, contiennent des parties élastiques, aussi bien que des parties non élastiques; ces particules élastiques grossissent par expansion, & deviennent des bulles très-visibles lorsqu'on ôte la pesanteur de l'air de dessus ces liquides;

mais la quantité d'air qui s'éleve de cette façon, & même par la chaleur, est très-petite en comparaison du volume de l'eau, quoique M. Mariotte croye avoir fait sortir d'une goutte d'eau par la chaleur, une quantité d'air égale à huit ou dix fois le volume de la goutte : *Essai de la nature de l'air, pag. 111.* Cet air sortit sans doute de l'huile qui environnoit la goutte d'eau ; car j'ai trouvé par les Expériences LXII & LXVI. que l'huile abonde en air élastique. J'ai donné à de l'eau une chaleur telle que si elle eût été plus grande. L'eau auroit par la force de son expansion, ou chassé le vaisseau renversé sous lequel elle étoit, ou bien elle se seroit divisée, & s'en seroit allée avec force, ce qui sans doute seroit arrivé de même à la goutte d'eau de M. Mariotte, qui étoit au fond d'un petit vaisseau de verre plein, & même environné d'huile ; supposé qu'il eût donné à cette goutte une plus grande chaleur, ou seulement la même que je donnai à l'eau sous mon vaisseau renversé.

7°. J'ai trouvé par l'Expérience suivante, que l'air qui se sépare des fluides, devient plus étendu & occupe plus d'espace, que lorsqu'il est dans ces mêmes fluides.

J'ai joint & mastiqué au goulot d'une bouteille d'une chopine, un tuyau de verre de trois pouces de longueur, & d'un demi pouce de diamétre intérieur ; j'ai rempli de bierre la bouteille toute entiere & le tuyau, & je l'ai mise dans un vaisseau de verre profond de dix pouces ; j'ai rempli d'eau ce vaisseau, & j'ai placé sur le trou du tuyau de la bouteille un petit entonnoir

APPENDICE.

entonnoir de verre renversé, qui n'étoit autre chose que le col d'une bouteille de Florence; le petit orifice de cet entonnoir étoit bouché d'un liége qui portoit sur le trou du tuyau. J'ai fait alors sortir tout l'air qui étoit retenu sous le fond de la bouteille & sous l'entonnoir, en inclinant le grand vaisseau de verre, & j'ai placé ensuite le tout sous le récipient de la machine pneumatique. J'ai pompé jusqu'à ce que les bulles d'air qui s'élevoient de la bierre ayent occupé dans l'entonnoir un espace à très peu près égal à un pouce cubique; ensuite laissant rentrer l'air, j'ai trouvé que l'air qui s'étoit élevé de la bierre, & qui étoit contenu sous l'entonnoir, occupoit un espace beaucoup plus grand que celui du vuide du tuyau; car d'abord la bouteille & le tuyau étoient absolument remplis de bierre, & il ne s'en manquoit que peu qu'ils ne le fussent encore après l'opération; & même la bierre qui s'éleva en moussant, & qui coula par-dessous le tuyau, fut en partie cause de ce vuide, & l'air qui étoit sorti de la bierre n'en occasionna qu'une très-petite partie : d'où il est clair que l'air, après être sorti de la bierre occupe plus d'espace que lorsqu'il y est contenu. L'on trouve dans l'*Abregé des Transactions philosophiques par Lowthorp, vol. 2. pag. 219.* qu'après avoir pompé l'air de l'eau, le volume de cette eau n'est presque pas sensiblement diminué. On ne peut cependant pas inférer de là que cet air ne soit pas élastique, lorsqu'il est contenu dans les liqueurs; & même on peut prouver que dans l'eau il se trouve de l'air élastique; car lorsqu'elle se glace, les bulles

V u

d'air, en se réunissant, en forment de plus grosses, & sont alors très-visibles, quoique le froid, comme on le sçait fort bien, diminue l'expansion de l'air au lieu de l'augmenter.

8°. Il y a des gens qui ont attribué l'expansion de la glace à la réunion de ces particules d'air; car lorsque l'eau commence à se glacer, elles ne sont pas encore visibles, mais elles augmentent sensiblement tous les jours: ce qui peut faire douter de cette explication, c'est que l'air de ces mêmes bulles n'est pas comprimé dans la glace; car ayant mis un morceau de glace sous l'eau, j'ai percé plusieurs de ces bulles, & l'air en est sorti doucement & sans aucune force, ce qui ne seroit pas arrivé s'il y eût été comprimé.

9°. Mais quoique l'air qui sort des fluides semble avoir existé, du moins pour la plus grande partie, sous la forme élastique dans ces mêmes fluides, cependant l'air qui sort des solides, soit par la force du feu ou par la fermentation, semble moins venir des interstices de ces corps que de leurs parties les plus fixes; car puisque les differens airs que le même esprit acide fait sortir de différentes substances conservent & perdent leur élasticité dans des tems bien différens, comme je l'ai trouvé par des expériences sur les pierres de la vessie, il est probable que ces airs ne sortent pas des interstices, mais des parties solides de ces pierres; & même puisqu'il y a quelques uns de ces airs, qui dans peu de jours perdent absolument leur élasticité, on peut penser que tout l'air qui s'éleve de l'esprit acide dans la fermentation, n'est pas élaſtique, permanent; ou bien que dans de certaines diſſolutions cet air ſoit doué d'une élaſticité plus permanente que dans d'autres diſſolutions.

10. Une autre preuve que l'air qui s'éleve des ſolides par la fermentation n'eſt pas ſimplement contenu dans leurs interſtices, c'eſt que le Tartre qui contient une ſi grande quantité d'air, n'en produit point lorſqu'il eſt diſſous par l'eſprit de Nitre *; donc il faut que la fermentation produiſe des vibrations d'une certaine force, pour que les parties du corps qui ſe diſſout, s'élevent en air élaſtique.

*L'Auteur l'a démontré dans des Expériences ſur les pierres de la veſſie.

11. Il y a d'autres exemples dans la nature de ces particules, tantôt fixes & tantôt élaſtiques; car dans les Expériences ſur l'électricité, le même duvet ou la même feuille d'or, eſt quelquefois dans un accès de répulſion; c'eſt-à-dire, d'élaſticité, & quelquefois dans un état d'attraction qui tend à la fixité. On peut obſerver la même choſe ſur l'eau; car ſes parties, lorſqu'elles ſont fort échauffées, ſont violemment élaſtiques *, & lorſqu'elles ſont refroidies juſqu'à ſe glacer, elles deviennent fixes & fortement attachées les unes aux autres. Pourquoi les particules de l'air n'auroient-elles pas les mêmes propriétés ? toutes les parties de ce vaſte Univers ſont dans un mouvement continuel d'oſcillation, toute la matiere pourroit bien être aſſujettie à des forces variables toûjours agiſſantes d'attraction & de répulſion.

* On n'en peut douter, pour peu qu'on connoiſſe la force de la vapeur de l'eau dans la machine à élever l'eau par le moyen du feu.

12. Les corps plus peſans que l'eau, donnent de l'air permanent en grande quantité; leur attraction dans l'état fixe & leur répulſion dans l'état élaſtique

est plus grande que celles des particules de l'eau, qui sont plus légeres; aussi ces particules pesantes venant à être puissamment attirées par le souffre, sont plus propres à former la *bande* d'union qui donne aux corps la solidité, que les particules acqueuses; car quoique je ne doute pas que toutes les parties de la matiere n'adherent dès qu'elles se touchent; cependant comme l'on a trouvé dans les Expériences XLIX. & LV. que les parties les plus solides des Animaux & des Végétaux donnent beaucoup plus d'air & moins d'eau que leurs parties molles ou fluides, il semble qu'on peut attribuer leur solidité aux particules d'air & de souffre, & non aux particules d'eau que ces corps contiennent.

13. La même chose se trouve vraie, lorsque nous considérons ces particules dans leur état élastique; car les particules de l'air spécifiquement plus pesantes que les particules acqueuses, conservent plus long-tems leur état d'élasticité : il est vrai que ces particules acqueuses échauffées jusqu'à un certain point, font une grande explosion; mais apparemment, c'est qu'à volume égal il y en a une bien plus grande quantité; & d'ailleurs aussi-tôt que la chaleur cesse, l'élasticité des particules acqueuses cesse aussi.

14. Je laisse à penser aux Epicuriens, comment un cahos, une nécessité, un concours au hazard d'atomes, a pû placer dans tous les corps cette matiere précieuse, tantôt fixe & tantôt élastique, & si l'on ne doit pas attribuer cette merveilleuse proprieté à la sagesse infinie d'un Etre intelligent.

APPENDICE.

Observation X.

Lorsque j'ai distilé du Tartre ou quelqu'autre substance qui contenoit beaucoup d'air, j'ai trouvé que le meilleur moyen d'empêcher que les vaisseaux ne crévent, est de luter à la retorte & au récipient un tuyau de verre de huit ou dix pieds de longueur, & d'un demi pouce de diamétre, dans lequel l'air qui s'éleve par la distilation, doit passer pour arriver au récipient; la longueur du tube, fait même qu'une bonne quantité des parties volatiles, qui sans cette précaution s'envoleroient, se conserve & demeure dans le récipient. On peut aussi par ce moyen remplir d'air, & de substances flatulentes comprimées, une retorte sans craindre de la casser.

Observation XI.

Dans l'Expérience LXXIV. *pag. 159.* un demi pouce cubique de sel de Tartre distilé avec de la chaux d'os, donna deux cens vingt-quatre fois son volume d'air, & les scories ne coulerent pas par défaillance, preuve évidente que tout le sel de Tartre en étoit sorti; ce qui montre que le sel de Tartre est composé d'un sel volatile, fermement uni aux particules d'air par l'action du feu : Car dans la dissolution par le feu des parties d'une substance végétale, une quantité considérable de sel volatil s'éleve & s'envole, & dans le même tems une autre partie est réduite à la fixité en se trouvant fortement unie dans l'opération aux particules qui doivent s'élever sous la forme d'un air élastique permanent. On a souvent pû observer ceci en faisant du charbon : la poussiere qui couvre la pile lorsque le bois est presque réduit en charbon, est mêlée à la surface & comme poudrée d'une espéce de sel volatil blanc qui s'éleve du bois, tandis que l'autre partie du sel volatil de ce même bois, que l'on trouve dans les cendres du charbon sous la forme de sel de Tartre, est réduite à un état si fixe, qu'il est très-difficile de le volatiliter, à moins que de le mêler avec une chaux, comme l'on a fait dans cette Expérience.

Experience III.

1°. Dans l'Expérience XCVI. *p. 192.* j'ai observé que quand je laissois entrer du nouvel air dans le vaisseau de verre *a y*, (fig. 34) les vapeurs sulphureuses qui s'élevoient du mélange de l'esprit de Nitre & du minéral Vitriolique de Walton, absorboient ce nouvel air si vîte, que l'eau s'élevoit à vûe d'œil dans le verre renversé *a y* ; je ne poursuivis pas alors cette Expérience, mais je l'ai fait depuis.

2°. J'ai trouvé qu'après toute fermentation cessée, lorsque l'air *a z* s'est éclairci, si l'on fait entrer du nouvel air dans le verre renversé *a y*, ces deux airs se combattent violemment : de clairs & de transparans qu'ils étoient, ils deviennent semblables à de la fumée trouble & rougeâtre, & pendant que cette agitation dure, il s'absorbe environ autant d'air qu'il en est entré : & si après que tout est devenu

APPENDICE. 343

calme, & que l'air s'est éclairci, on laisse encore entrer du nouvel air, la même agitation arrive de nouveau, & il est absorbé de même : cela arriva plusieurs fois de suite ; mais après chaque fois, j'observois que la quantité de l'air absorbé diminuoit, en sorte qu'après un très-grand nombre de ces mêmes opérations, il ne s'en absorboit plus du tout. Ceci arrivoit de même au bout de plusieurs semaines d'intervalle entre les opérations, pourvû qu'on ne laissât pas entrer une trop grande quantité de nouvel air à la fois.

3°. L'Antimoine & l'esprit de Nitre absorberent d'abord un peu d'air, & furent assez tranquilles le premier jour ; mais le lendemain matin, je vis qu'ils produisoient de l'air en assez grande quantité, qui s'élevoit avec des fumées rougeâtres, je soulevai alors le verre renversé ay, de dessus le matras, & je plongeai tout de suite son orifice dans l'eau du vaisseau xx ; dans une heure de tems, il y eut une quantité d'air égale au quart de la capacité du vaisseau ay qui fut absorbé ; car il y en eut de quatre pouces en hauteur ; la seconde, la troisiéme & la quatriéme fois il y en eut autant d'absorbé ; mais à la cinquiéme fois qu'on y fit entrer du nouvel air, il n'y en eut d'absorbé que de la hauteur de trois pouces & demi, & à la sixiéme fois, il ne s'en absorba plus du tout, & même l'air ne devint pas trouble.

4°. J'ai placé le matras b avec la masse en fermentation, qu'il contenoit sous un autre verre ; ce nouvel air fut absorbé plus vîte & en plus grande quantité que les matieres qui fermentoient n'en pouvoient produire ; en sorte que l'eau monta dans le verre renversé ; mais après quelque tems l'eau devint stationaire : preuve qu'alors il se produisoit plus d'air qu'il ne s'en détruisoit.

5°. Cet air éteint sur le champ une chandelle qu'on y met : la plûpart des airs imprégnés des vapeurs de ces mélanges en fermentation, font le même effet.

6°. De l'esprit de Nitre, & autant d'eau versée sur de la limaille d'acier, absorberent dans une heure une bonne quantité d'air. Trois heures après, lorsque l'air contenu dans le verre *a y* se fut éclairci, j'y laissai rentrer autant de nouvel air qu'il y en avoit eu d'absorbé ; mais cela ne troubla ni ne changea l'air contenu dans le vaisseau *a y*, & le nouvel air ne fut point du tout absorbé ; cependant une autre fois que je gardai pendant six ou sept jours un mélange semblable d'esprit de Nitre, d'eau & de limaille de fer, je vis qu'en faisant entrer du nouvel air sous le vaisseau *a y*, l'air qu'il contenoit devint trouble & rougeâtre, & que le nouveau fut absorbé comme il l'avoit été avec de l'esprit de Nitre ou de l'eau Régale & de l'Antimoine ; mais la seconde fois que je fis entrer du nouvel air sous le vaisseau, il n'arriva presque point de changement sensible.

7°. De l'eau forte ou de l'esprit de Nitre avec un minéral de *Wuhstable*, dont je parlerai dans l'Expérience suivante, produisoient en fermentant des fumées, dont l'air contenu dans le vaisseau *a y* étant imprégné,

APPENDICE.

imprégné, abſorboit pluſieurs fois de ſuite le nouvel air qu'on y laiſſoit entrer, & ne manquoit jamais de devenir extrémement trouble & très-rouge.

8°. Dans toutes ces Expériences où l'on fait entrer du nouvel air dans le vaiſſeau ay déja plein d'un air, qui, quoique clair, eſt mêlé de matieres ſulphureuſes, il doit arriver aux particules de ce nouvel air un changement conſidérable ; car les parties ſulphureuſes doivent par leur attraction ſubjuguer les autres, & d'*élaſtiques* qu'elles étoient, les réduire à l'état *de fixité*, tout comme dans les fermentations à l'ordinaire ; ainſi l'on ne doit pas attribuer l'aſcenſion de l'eau dans le vaiſſeau ay, entierement à la diminution de l'élaſticité de l'air, mais *plûtôt* à ſa réduction de l'état élaſtique à l'état fixe ; ce qui ſe confirme en faiſant attention, que dans ces opérations réiterées, l'on faiſoit entrer autant ou preſque autant de nouvel air que az en pouvoit contenir, & que par conſéquent le même eſpace az contenoit les deux airs, & cela ſans les avoir comprimés.

9°. La vapeur du Mercure en diſſolution dans l'eau forte, abſorbe auſſi le nouvel air qu'on fait entrer ſous le vaiſſeau ay.

10. Les airs imprégnés des vapeurs de Vinaigre & d'écailles d'Huîtres, d'huile de Vitriol & d'écailles d'Huîtres, de Vinaigre & de pierre Belemnite, n'abſorberent point le nouvel air qu'on laiſſa entrer ; mais l'air imprégné des vapeurs de l'eſprit de Nitre & de pierre Belemnite, en abſorba, auſſi-bien que les airs ſortis par diſtillation du Tartre & du Charbon de

Xx

APPENDICE

Newcastle; mais l'air sorti de même de la dent d'un Bœuf n'en absorba point du tout.

11. Cette Expérience nous fournit, comme l'on voit, bien des exemples d'une violente agitation dans l'air qui se mêle avec de l'autre air imprégné de fumées sulphureuses ; d'ailleurs nous avons prouvé par plusieurs autres Expériences l'action & la réaction des particules élastiques & sulphureuses ; ainsi l'on peut expliquer par-là cette chaleur accablante que l'on souffre quelquefois dans un tems couvert & étouffé, le mouvement intestin de l'air & des vapeurs sulphureuses qui s'élevent de la terre, la produisent. Ce mouvement de fermentation cesse dès que les vapeurs sont également mêlées avec l'air ; car c'est ici comme dans toutes les autres fermentations où l'on observe que tous les differens fluides, & même les métaux en fusion, mêlent uniformément leurs parties constituantes. L'observation commune que l'éclair rafraîchit l'air, a donc quelque fondement, puisque l'éclair est le plus violent, mais en même tems le dernier effort de la fermentation.

12. Ne pouvons-nous pas conjecturer aussi que l'inflammation de l'éclair se fait par le mélange subit de l'air pur & serein qui est au dessus du nuage, avec les vapeurs sulphureuses que souvent il contient en abondance ? le nuage fait ici l'effet du verre renversé 4 z, & sert de séparation entre l'air pur & l'air plein de soufre ; celui-ci venant à passer par les interstices du nuage, se mêle avec l'autre, & fait le même effet que nos deux airs sous notre verre. La fermentation

APPENDICE.

dans l'air doit dans ce cas être bien plus violente, que si ces deux airs sans obstacle & sans nuages, s'étoient mêlés doucement par dégrés & par une espéce de circulation entre les vapeurs sulphureuses les plus échauffées qui auroient monté, & l'air serein plus frais qui seroit descendu. Il est vrai que dans mes verres il ne paroissoit aucun accident de lumiere lorsque les deux airs se mêloient ; mais il est très-probable que dans l'air libre une beaucoup plus grande quantité de ces vapeurs sulphureuses peut acquerir assez de vîtesse par la force de la fermentation pour s'enflammer.

13. C'est en détruisant l'élasticité de l'air dans les poumons des Animaux que l'éclair les tue ; c'est en détruisant cette élasticité près & en dehors des fenêtres qu'il brise ces mêmes fenêtres : en quelque endroit que les vapeurs sulphureuses se trouvent, elles détruisent donc l'élasticité de l'air, ce qui doit causer des mouvemens terribles dans l'air ; car l'air qui environne celui qui vient d'être fixé, doit se précipiter pour aller prendre sa place. M. Papin a supputé que la vîtesse de l'air qui entre dans le vuide sous un récipient lorsqu'il est poussé par le poids de toute l'athmosphére, est telle qu'elle lui feroit parcourir mille trois cens cinq pieds dans une seconde. *Abregé des Transactions Philosophiques par Lowtorps, vol. 1. pag. 586.* Cette vîtesse est un peu plus grande que celle du son qui parcourt douze cens quatre vingt pieds dans une seconde. On ne doit donc pas être étonné qu'un mouvement aussi violent produise des orages, des tourbillons, des houragans & des tonnerres, sur-tout dans

les climats chauds, où les vapeurs sulphureuses & acqueuses s'élevant plus haut, doivent causer de plus violents effets, & où l'on entend souvent ces tonnerres après de longues sécheresses, & même de longues gelées, parce que les vapeurs s'élevent alors de la terre en abondance.

14. Si l'inflammation de l'éclair étoit causée par les rayons du Soleil rassemblés dans un nuage comme dans un foyer brûlant, la nuit seroit exemte de tonnerres & d'éclairs; tout le monde cependant sçait le contraire; ainsi l'on doit attribuer le tonnerre de la nuit à la seule fermentation qui se fait dans l'air, ce qui n'empêche pas que cette fermentation n'augmente, & même ne puisse s'enflammer le jour par les réfractions & réflexions des rayons du Soleil dans les nuages, comme l'a observé le sçavant *Boerrhave*, dans ses *Elemens de Chymie*, vol. 1. pag. 232.

15. Il me paroît que l'on ne doit pas attribuer la cause de ces fusées, faisant la crosse, qui accompagnent quelques éclairs, à une suite de vapeurs sulphureuses qui s'enflamment successivement; car en frappant de la main un récipient de verre vuide d'air, il s'en éleve une petite flamme pâle qui fait la crosse, & qui n'a que cinq à six pouces de longueur: l'on ne doit sûrement pas attribuer cette crosse à la suite des vapeurs sulphureuses qui s'enflamment, car cela arrivera toutes les fois que vous frapperez le récipient, soit que vous le teniez dans la même place, ou que vous en changiez avec lui; je crois donc que le coup & l'effort de l'éclair se fait tout entier dans l'instant.

APPENDICE.

même qu'il s'enflamme, & que cet effort est plus ou moins grand, selon le plus ou le moins de vapeurs qui s'enflamment à la fois.

EXPERIENCE IV.

L'on a vû dans la même Expérience XCVI. que le minéral de Walton, qui est une espéce de pierre Vitriolique, absorbe plus d'air qu'il n'en produit lorsqu'on le mêle avec l'eau forte; mais qu'au contraire il en produit plus qu'il n'en absorbe quand on le mêle avec quantité égale d'eau forte & d'eau: j'ai fait de pareils essais sur un minéral Vitriolique que l'on trouve au bord de la Mer, près de Whistable en Kent, & dont on tire la couperose; mais les effets ont été différens; car un pouce cubique d'eau forte sur un demi pouce ou 525 grains de ce minéral en poudre, produisit une fumée rouge, & remplit en se dilatant un espace égal à 216 pouces cubiques; mais au bout de deux heures, cette expansion disparut entièrement, & cent huit pouces cubiques d'air furent absorbés. Les vapeurs qui s'élevoient de ce minéral étoient absorbantes à un tel dégré, que quand l'eau forte étoit délayée dans trois fois autant d'eau, elles absorboient cent quarante-quatre pouces cubiques d'air au-delà de celui qu'elles produisoient.

2°. L'Expérience suivante nous donne une nouvelle preuve que ces vapeurs produisent & détruisent de l'air en même tems.

Sous un grand récipient renversé, dont l'orifice

trempoit dans l'eau, j'ai placé cinq tuyaux de verre profonds & assez larges, chacun scellé hermétiquement d'un bout, & tous joints & soûtenus ensemble à la hauteur convenable au dessus de l'eau, par le moyen d'un bâton qui étoit au milieu des cinq tuyaux. Dans chacun de ces tuyaux, il y avoit un pouce cubique d'eau-forte, sur laquelle j'ai laissé tomber du minéral de Whistable pulvérisé; mais à différents tems, c'est-à-dire, je n'en ai laissé tomber dans le second tuyau que deux heures après en avoir mis dans le premier, & dans le troisiéme tuyau, deux heures après en avoir laissé tomber dans le second; & ainsi de suite; il arriva que les deux premiers mélanges absorberent plus d'air qu'ils n'en produisirent; mais ensuite les trois autres en produisirent beaucoup plus qu'ils n'en absorberent : & cela comme nous l'avons déja dit ailleurs, parce que l'air contenu sous le récipient étant fort imprégné des vapeurs sulphureuses des deux premiers mélanges, les vapeurs des trois autres ne purent plus absorber d'air; celui qu'ils produisoient se reconnoissoit à l'abaissement de l'eau dans le récipient renversé.

3°. L'huile de Vitriol, l'huile de Souffre, l'esprit de Sel, chacun mêlé avec de l'eau & versé séparément sur ce minéral Vitriolique, causoient une grande chaleur, mais sans fumée & sans fermentation visibles.

4°. Dans ces Expériences, je me suis souvent servi d'un grand récipient renversé, au lieu du verre cylindrique (fig. 34.) : il étoit soûtenu par une corde qui

APPENDICE. 351

le lioit en l'environnant ; je versois auparavant l'esprit acide dans le verre ou grand tuyau, & ensuite je mettois au sommet de ce tuyau de col renversé d'une bouteille de *Florence*, ce qui formoit une espéce de petit entonnoir, dont je bouchois légerement l'orifice inférieur, soit avec du liége, du coton ou du lin, je remplissois l'entonnoir avec les poudres, par exemple, avec le minéral de Whistable pulverisé, & j'y mettois dans le même tems un morceau de fil d'archal fort, qui étoit plus long de deux ou trois pouces que l'entonnoir : alors plaçant le verre ou le grand tuyau sous le récipient renversé, j'élevois l'eau dans le récipient à la hauteur convenable, par le moyen d'un syphon ; je soulevois ensuite avec ma main le verre ou grand tuyau, jusqu'à ce que le fil d'archal touchant & venant à presser contre le sommet du récipient, le bouchon de liége ou de coton, sortoit & laissoit tomber la poudre sur l'esprit acide.

5°. Mais lorsque je plaçois comme ci-dessus les cinq tuyaux à la fois sous le récipient, alors j'attachois au sommet de chaque fil d'archal une longue ficelle, afin de pouvoir déboucher tel tuyau que je voulois, & ne déboucher que celui-là seul.

EXPERIENCE V.

PUISQUE l'air est un principe actif répandu dans la nature puisqu'il se trouve, & qu'il agit si puissamment dans les Animaux, dans les Végétaux & dans les Minéraux, il peut aisément nous fournir un grand champ pour faire de nouvelles Expériences, & peut-être des découvertes importantes sur son usage pour la vie & l'entretien des Plantes & des Animaux; car il contribue infiniment à leur santé lorsqu'il est pur, & leur nuit beaucoup dès qu'il est souillé ou altéré.

Je rapporterai ici les Expériences de M. Muskhenbroek, sur un grand nombre de mélanges fermentatifs, faites dans le vuide & dans l'air, & qu'il nous a données dans ses *Additamenta ad Tentamina Experimentorum naturalium captorum in Academia del Cimento*.

1°. « Trois dragmes d'esprit de Vin bien rectifié, » & autant de Vinaigre, n'ont produit aucun mouve- » ment visible; cependant ce mélange s'est réchauffé » assez pour faire monter le Thermométre de Fah- » renheyt de quarante-quatre degrés à cinquante- » deux.

» 2°. Dans le vuide, ce même mélange a fait une » ébullition remarquable qui a peu duré, mais qui a » été accompagnée d'une chaleur qui a fait monter » le Thermométre de quarante-quatre à quarante- » neuf. Le Mercure a baissé de deux lignes dans la » jauge qui le contenoit, & qui étoit attachée au » récipient. La grandeur de ce récipient étoit de cent » quarante-deux pouces cubiques *du Rhin*. Le mé- » lange n'étoit pas bien clair, mais tiroit sur le bleu. » Le Mercure est descendu dans la jauge, parce que » dans l'effervescence les matieres ont produit un » fluide élastique.

» 3°. Une demie once d'esprit de Vin sur une dragme

dragme d'esprit de Sel a produit une chaleur de 46 «
à 50, mais sans aucun mouvement sensible. «
4°. Dans le vuide, ces matieres se sont échauffées «
à un degré de plus, c'est-à-dire, de 46 à 51. «
5°. M. Geoffroy dans l'*Histoire de l'Académie Royale* «
des Sciences, année *1727.* dit que la plûpart des huiles «
essentielles des Plantes, produisent un refroidisse- «
ment assez sensible, lorsqu'on les mêle avec l'esprit «
de Vin rectifié. M. Muscoenbrock a trouvé ce froid «
plus grand, quand on fait ce mélange dans le vuide. «

L'esprit de Vin & l'huile de Fenouil ont fait des- «
cendre le Thermométre de 44 à 42 dans le vuide, «
& ils n'ont eu aucun effet dans l'air libre. «

6°. L'huile de Carvi & l'esprit de Vin, n'ont fait «
baisser le Thermométre que d'un demi-degré dans «
l'air, mais dans le vuide il a baissé de 45$\frac{1}{2}$ à 41$\frac{1}{2}$. «

7°. Une demie once d'huile de Therebentine, & «
autant d'esprit de Vin, ont fait baisser le Thermo- «
métre de 45 à 43 dans l'air, & de 45 à 42 dans le vuide. «

8°. Une demie once de Vinaigre sur une dragme «
de Corail rouge, a causé une grande effervescence «
à peu près comme celle de l'eau bouillante, il en est «
sorti un nombre infini de bulles d'air, le Thermo- «
métre a monté de 44 à 46. «

9°. Une demie once de Vinaigre sur une dragme «
d'yeux de cancre, a causé dans l'instant une grande «
effervescence qui a duré long-tems, & a produit «
beaucoup d'écume. La chaleur a augmenté de 44 «
à 46. «

10. Dans le vuide, ces mêmes matieres ont aussi fer- «

Yy

» menté beaucoup, elles ont fait une écume gluante
» & visqueuse; mais ce qui est fort remarquable, le
» Thermométre a baissé de 44 à 43: le Mercure dans la
» jauge est descendu de 4 lignes; le dissolvant a beau-
» coup moins agi que dans l'air, car les yeux de can-
» cre étoient bien moins altérés.

» 11. Une demie once de Vinaigre, sur une dragme
» de Craie blanche, a fait une effervescence sensible,
» mais peu d'écume: la chaleur a augmenté de 44 à
» 45 $\frac{1}{4}$.

» 12. Dans le vuide, l'effervescence s'est faite avec
» plus de force & plus d'écume; mais le Thermo-
» métre a descendu de 44 à 43; la quantité de ma-
» tiere élastique qui se produisoit étoit si grande, que
» le Mercure a baissé de 4 lignes dans la jauge.

» 13. Le Vinaigre sur la pierre bleue de *Namur*, a
» causé les mêmes effets dans l'air & dans le vuide.

» 14. Trois dragmes d'esprit de Sel Marin sur une
» dragme de limaille de Fer, n'ont produit qu'une
» petite effervescence; mais une chaleur de 47. à 57.

» 15. Dans le vuide, l'effervescence a été grande,
» écumeuse & durable, le dissolvant a beaucoup plus
» agi que dans l'air: la chaleur a augmenté de 47 à
» 70: le Mercure dans la jauge n'a pas bougé.

» 16. Une dragme d'esprit de Sel Marin sur autant
» de Bismuth, a produit une très-grande efferves-
» cence, beaucoup d'écume, de vapeurs blanches,
» & une chaleur si grande que le Thermométre a
» haussé de 47 à 115. Dans le vuide, l'effervescence
» a été aussi fort grande, & accompagnée de beaucoup

APPENDICE.

d'écume & de vapeurs ; mais la chaleur n'a été que «
de 47 à 94 : le Mercure dans la jauge est tombé de «
4 pouces. «

17. Trois dragmes d'esprit de Sel, sur une drag- «
me de Marcassite d'or, n'ont point fait d'effervef- «
cence, & presque point de dissolution dans un «
mois : la chaleur n'a augmenté que de 47 à 48 $\frac{1}{4}$. «

18. Dans le vuide, l'effervescence a été sensible, «
écumeuse & froide ; car le Thermométre a baissé «
d'un dégré : le Mercure dans la jauge n'a pas bou- «
gé : le dissolvant avoit plus agi que dans l'air. «

19. Trois dragmes d'esprit de Sel sur une drag- «
me de Corail rouge, ont causé une violente effer- «
vescence accompagnée de beaucoup d'écume, & «
d'une chaleur de 47 à 56. «

20. Dans le vuide, l'effervescence, l'écume & «
la chaleur ont été les mêmes : le Mercure a baissé «
dans la jauge de trois puces $\frac{1}{12}$. «

21. Trois dragmes d'esprit de Sel sur une dragme «
de marbre pulverisé, ont produit une grande effer- «
vescence, accompagnée d'écume, & qui a duré «
long-tems avec une chaleur de 47 à 57. degrés. «

22. Dans le vuide, elles ont fait une très grande «
effervescence, mais qui a peu duré, & dont la cha- «
leur n'a été que de 47 à 52 : le Mercure dans la jauge «
a baissé de trois pouces $\frac{1}{4}$, à cause de la matiere éla- «
stique qui se produisoit dans le récipient. «

23. Trois dragmes d'esprit de Sel sur une drag- «
me d'os de Bœuf, ont causé une grande effervef- «
cence écumeuse, & qui a duré quelque tems avec «

" une chaleur de quarante-sept à cinquante-sept
" degrés.

" 24. Dans le vuide, l'effervescence a été plus
" grande, mais moins longue, & la chaleur moindre
" de deux degrés; c'est-à-dire, de 47 à 55.

*Par tout où la quantité d'esprit de Nitre n'est pas désignée, on doit en supposer trois dragmes. Voy. M. Musscienbroek part. 2. p. 157. de ses Tentamina.

" 25.* L'esprit de Nitre sur autant d'eau de pluie,
" a produit une chaleur de 45 à 53.

" L'esprit de Nitre avec autant d'eau de Sureau di-
" stilée, une chaleur de 47 à 51.

" Dans le vuide, ce dernier mélange a fait une ef-
" fervescence sensible, accompagnée de quelques
" vapeurs & d'une chaleur de 41 à 55.

" 26. L'esprit de Nitre sur autant d'eau de *Cochlearia*,
" a causé dans l'instant un petit mouvement qui a
" peu duré, & une chaleur de 46 $\frac{1}{2}$ à 55.

" 27. Dans le vuide il s'est fait une espéce d'effer-
" vescence accompagnée de quelques vapeurs, &
" d'une chaleur de 46 $\frac{1}{2}$ à 55.

" 28. L'esprit de Nitre, sur une dragme de Céruze
" a causé une grande effervescence, & une chaleur
" de 46 à 58.

" 29. Dans le vuide, l'effervescence a été considé-
" rable, avec écume & chaleur de 46 à 72 : le Mer-
" cure n'a pas bougé dans la jauge.

" 30. L'esprit de Nitre, sur une dragme de sucre de
" Saturne, n'a point causé de mouvement sensible,
" mais il a produit une chaleur de 46. à 52.

" 31. Dans le vuide, il a fait une effervescence con-
" sidérable, mais de peu de durée ; elle étoit accom-
" pagnée d'écume & d'une chaleur de 46 à 54.

APPENDICE.

32. Une dragme de *Minium* jettée dans l'esprit de «
Nitre, a fait une effervescence sensible, quoique «
legere & presque sans écume & sans vapeur. «

33. Dans le vuide, elle a fait une effervescence «
remarquable d'une longue durée & avec écume ; en «
un mot, dix fois plus grande que l'effervescence «
dans l'air : la chaleur a augmenté de 46 à 88. «

34. Une dragme de Litarge a fait dans l'esprit de «
Nitre une effervescence considérable & avec écu- «
me, mais qui a peu duré : la chaleur a augmenté «
de $46\frac{1}{2}$ à 62. «

35. Dans le vuide, elle a fait une effervescence «
durable, & une chaleur de $46\frac{1}{2}$ à 60. «

36. Une dragme d'Etain projettée sur l'esprit de «
Nitre, a causé dans l'instant une effervescence ter- «
rible : la chaleur a augmenté de $46\frac{1}{2}$ à 250, les fu- «
mées se sont élevées en si grande quantité, qu'elles «
ont rempli toute la maison, tout l'étain a été dans «
un moment transformé dans une poussiere blan- «
che, séche & très-fine, qui ressembloit à de la vraie «
chaux d'étain. Il faut prendre garde à sa poitrine en «
faisant cette expérience. L'étain avec l'eau-forte «
n'ont produit une chaleur que de 46 à 163. «

37. Dans le vuide, une dragme d'étain projettée «
sur l'esprit de Nitre, a aussi causé une violente ef- «
fervescence, mais moins que la précédente, & une «
chaleur de $46\frac{1}{2}$ à 180. Quelques-unes des vapeurs se «
sont trouvées élastiques ; car le Mercure dans la «
jauge a baissé de trois pouces $\frac{1}{3}$. «

38. De la limaille de fer & de l'esprit de Nitre «

" ont produit une très-grande effervescence, beau-
" coup d'écume, & de grandes fumées jaunes & fé-
" tides, avec une chaleur de 46 à 145.

" 39. Dans le vuide, ces matieres ont bien bouil-
" lonné, elles ont produit des vapeurs jaunes &
" épaisses, & une chaleur de 46 à 120 : le Mercure
" dans la jauge a baissé de quatre pouces & demi. Si
" l'on fait cette expérience avec de l'esprit de Nitre
" fumant *, la chaleur est si subite & si grande, qu'elle
" fait casser les Thermométres.

*A la façon de M. Geoffroy, ou de Glauber.

" 40. L'esprit de Nitre, sur un dragme de limaille
" de cuivre rouge, a produit une grande effervef-
" cence avec des vapeurs jaunes, & une chaleur de
" 46 à 106 : il n'y a eu que peu de cuivre de dissous;
" mais qui a suffi pour teindre le mélange en beau
" verd.

" 41. Dans le vuide, l'effervescence a été grande, la
" chaleur de 46 à 100, & le Mercure est descendu
" dans la jauge de trois pouces & demi.

" 42. L'esprit de Nitre, sur une dragme de cuivre
" jaune, a fait une très grande effervescence accom-
" pagnée de beaucoup de vapeurs rouges & chaudes,
" & d'une chaleur de 48 à 180 : le métail a été entie-
" rement dissous, & a donné un beau verd.

" 43. Dans le vuide, il s'est fait une très grande effer-
" vescence avec beaucoup de vapeurs & une chaleur
" de 48 à 100, le métail a été aussi entierement dissous,
" & la couleur a été la même : le Mercure dans la
" jauge a baissé d'un pouce $\frac{1}{12}$. L'effet de l'esprit de
" Nitre sur le cuivre jaune & sur le cuivre rouge, est

APPENDICE.

donc à peu près le même dans le vuide, quoiqu'il «
soit très-different dans l'air. «

44. L'esprit de Nitre, sur une dragme de limaille «
d'argent, n'a pas fait grande effervescence, & n'a «
produit que peu de fumées; la chaleur a été de 48 «
à 57. «

45. Dans le vuide, il y a eu effervescence, mais «
avec peu d'écume, & à peu près comme de l'eau «
qui bout; mais ce qui est étonnant, c'est qu'elle n'a «
produit aucune chaleur, le Thermométre a de- «
meuré où il étoit, à 48 degrés. «

46. L'esprit de Nitre, sur une dragme de Bis- «
muth, a fait une effervescence plus violente que «
l'on ne peut l'exprimer ; les fumées s'en sont éle- «
vées en si grande abondance, qu'elles ont rempli «
toute la maison comme avoient déja fait celles de «
l'étain : la chaleur a augmenté de 48 à 253, après «
l'ébullition il s'est précipité une chaux séche & jau- «
nâtre. «

47. Dans le vuide, il s'est fait une très-grande «
effervescence avec beaucoup de vapeurs qui cou- «
loient comme des gouttes de rosée le long des «
parois du récipient : la chaleur a été de 48 à 150 ; le «
Mercure dans la jauge est descendu de deux pou- «
ces $\frac{2}{3}$; il ne s'est pas précipité en chaux autant de «
métail que dans l'air. «

48. Une dragme de Marcassite d'or projettée sur «
l'esprit de Nitre, a fait une grande ébullition, beau- «
coup d'écumes & de fumées épaisses & jaunes ; elle «
été presque entierement dissoute. «

" 49. L'esprit de Nitre, sur une dragme d'Anti-
" moine crû, a fait une ébullition semblable à celle
" de l'eau bouillante; il s'est élevé quelques vapeurs,
" & la chaleur a été de 46 à 73. La plus grande par-
" tie de l'Antimoine restoit, & n'avoit pas été dif-
" soute.

" 50. Dans le vuide, il s'est fait une ébullition & une
" écume considérable avec beaucoup de vapeurs, &
" une chaleur aussi de 46 à 73, l'acide avoit encore
" moins agi que dans l'air; car il restoit plus d'anti-
" moine; le Mercure dans la jauge est descendu de
" deux pouces & demi.

" 51. Une dragme de pierre calaminaire, projettée
" sur l'esprit de Nitre, a causé une émotion visible &
" une chaleur de 46 à 60.

" 52. Dans le vuide, il s'est fait une ébullition très-
" remarquable, beaucoup de fumées qui obscurcis-
" soient les parois du récipient, & une chaleur de
" 46 à 102.

" 53. L'esprit de Nitre, avec une dragme de tutie,
" n'ont produit aucun mouvement sensible; mais la
" chaleur a été de 46 à 69.

" 54. Dans le vuide, il s'est fait une effervescence
" remarquable avec écume & chaleur de 46 à 80. L'a-
" cide a plus agi que dans l'air. Le Mercure dans la
" jauge est descendu de deux lignes.

" 55. Une lessive de cendres gravelées, & autant
" d'esprit de Nitre, ont fait une violente efferves-
" cence, beaucoup d'écume & de fumées, & une
" chaleur de $46\frac{1}{2}$ à 85.

APPENDICE.

56. Dans le vuide, l'effervescence a été encore plus «
grande ; mais la chaleur moindre & de $46\frac{1}{2}$ à 74 : le «
Mercure dans la jauge a baissé de sept pouces. «

57. L'esprit de Nitre, avec autant de lait frais, n'a «
fait aucun mouvement sensible, & cependant la «
chaleur a été de 47 à $55\frac{1}{2}$. «

58. Trois dragmes d'esprit de sel Ammoniac, sur «
autant d'esprit de Nitre, ont causé quelque ébulli- «
tion, & une chaleur de 47 à 83 ; mais sans colorer «
la liqueur & sans lui ôter la transparence. «

59. Ces deux liqueurs mises dans des vaisseaux «
séparés sous le récipient de la machine pneumati- «
que, ont toutes deux fumé, tandis que l'on pom- «
poit & après qu'on a eu pompé l'air ; aussi-tôt que «
l'on versoit l'esprit de Nitre sur celui de sel ammo- «
niac, il se faisoit dans l'instant une explosion qui «
dispersoit une partie de la liqueur. Mais si l'on mê- «
loit ces deux liqueurs plus doucement & par degrés, «
les explosions étoient moins violentes, & la cha- «
leur étoit de 47 à 63 : le Mercure dans la jauge «
descendoit de 4 pouces. «

60. L'urine récente, avec autant d'esprit de «
Nitre, a produit une chaleur de 47 à 52 ; mais sans «
effervescence sensible. «

61. Dans le vuide, il ne s'est fait aucun mouve- «
ment sensible, quoique la chaleur ait été de 47 à «
57. «

62. L'esprit de Vinaigre avec autant d'esprit de «
Nitre, a produit un mouvement qui n'étoit pres- «
que pas sensible, mais une chaleur de 46 à 54. «

APPENDICE.

» 63. Le même mélange dans le vuide a été agité
» d'un petit mouvement, & a acquis une chaleur de
» 46 à 56 : le Mercure est demeuré au même point
» dans la jauge.

» 64. Une demie dragme d'yeux de Cancre projet-
» tée sur l'esprit de Nitre, a fait une effervescence &
» une écume considérable avec une chaleur de 46
» à 54.

» 65. Dans le vuide, il s'est fait beaucoup d'écume,
» & une effervescence quatre fois plus grande que la
» précédente : la chaleur a été de 46 à 56 : dans l'air, &
» dans le vuide la dissolution a été parfaite.

» 66. L'esprit de Nitre, avec autant de jus de Citron,
» n'a pas produit une émotion sensible ; l'esprit de
» Nitre, comme plus pesant, a été au fond dans un
» instant, & le jus de Citron a surnagé ; malgré tous
» ces mouvemens, la chaleur n'a augmenté que de
» 46 à $52\frac{1}{2}$.

» 67. Dans le vuide, il ne s'est pas fait non plus de
» mouvement sensible ; cependant la chaleur a été
» de 46 à 56 : le Mercure dans la jauge est demeuré au
» même point.

» 68. Le Vin blanc de France, & l'esprit de Nitre en
» quantité égale, ont produit une chaleur de 46 à
» 53, sans aucun mouvement sensible.

» 69. L'huile de Sassafras, avec autant d'esprit de
» Nitre, a fait une violente effervescence accompa-
» gnée de fumée & de chaleur.

» Mais l'esprit de Nitre sur deux dragmes d'huile
» d'Anis, n'a produit ni mouvement ni chaleur.

APPENDICE.

70. On doit obferver que l'efprit de Nitre dont «
je me fuis fervi, étoit fait avec l'argile ; il n'en for- «
toit que peu de bulles d'air dans le vuide ; au lieu «
que l'efprit fumant de Nitre & l'efprit de Sel con- «
tiennent une grande quantité d'air : il faut donc «
avant que de les mêler dans le vuide, attendre «
quelque tems, & voir s'il ne s'éleve plus de bulles «
d'air ; afin qu'on ne prenne pas ces bulles pour des «
effervefcences. «

71. L'efprit fumant de Nitre de M. Geoffroy mêlé «
avec l'huile de Thérébentine ou avec d'autres huiles «
effentielles des Plantes, caufe à l'inftant une grande «
flamme. Cet efprit de Nitre fe fait en diftilant au «
feu de réverbere, deux livres de Nitre avec une li- «
vre d'huile de Vitriol. «

72. Vingt gouttes de cet efprit de Nitre, mêlées «
dans le vuide avec autant d'huile de Carvi, firent «
une grande effervefcence, mais fans flamme : le «
Thermométre eft monté jufqu'à 216 : lorfque tous «
les mouvemens inteftins me parurent calmés, je «
laiffai entrer l'air dans le récipient, il s'éleva fubi- «
tement une flamme qui s'éteignit dans l'inftant, «
tant par fa propre fumée, que par le défaut d'air. «
L'huile de Thérébentine, l'huile de Romarin, & «
l'huile d'Anis ne s'enflamerent point fous le réci- «
pient, foit qu'il fût vuide, ou qu'on y laiffât en- «
trer l'air; mais en y ajoûtant un peu d'huile de «
Vitriol, ces deux premieres huiles s'enflamerent, «
ce que ne fit pas l'huile d'Anis. «

73. Trois dragmes d'huile de Vitriol, & trois «

" dragmes d'eau de pluie, n'ont produit aucun mou-
" vement sensible, mais une chaleur de 48 à 92.

" 74. Trois dragmes d'huile de Vitriol, & autant
" d'eau de *Cochlearia* distilée, ont produit une chaleur
" de 48 à 98 sans aucun mouvement sensible.

" 75. Trois dragmes d'huile de Vitriol, & autant
" d'eau de Sureau, ont produit une chaleur de 48 à
" 70. ainsi l'eau de Sureau contient des parties qui
" la rendent moins propre à produire de la chaleur
" que l'eau commune ou l'eau de Cochlearia.

" 76. Trois dragmes d'huile de Vitriol sur autant de
" Vin du Rhin, ont produit une chaleur de 59 à $99\frac{1}{2}$;
" & si l'on y mêloit plus ou moins de vin, la chaleur
" étoit toûjours moindre.

" 77. Deux dragmes de sel Ammoniac, projettées
" sur trois dragmes d'huile de Vitriol, ont produit à
" l'instant une grande effervescence, beaucoup d'é-
" cume & de fumées âcres & si chaudes, qu'elles ont
" fait monter un Thermométre qui étoit placé au
" dessus d'elles, à dix degrés, tandis que le Thermo-
" métre qui étoit placé dans le mélange, a baissé de
" 60 à 48. La plus grande partie du sel a été dissoute.
" Si pendant l'effervescence on jettoit de l'eau sur les
" matieres, le Thermométre remontoit à l'instant,
" le froid qui s'étoit produit se changeant subitement
" en chaud.

" 78. Voici comme M. Musccenbroek a fait dans le
" vuide cette expérience remarquable : Il a suspendu
" dans le récipient un Thermométre à cinq ou six li-
" gnes au dessus de l'écume que devoit produire le mé-

APPENDICE.

lange, & il a placé l'autre Thermométre dans le vaif- «
feau même où étoit une dragme de fel Ammoniac, «
après avoir fufpendu au deffus de ce vaiffeau une «
phiole mobile, qui contenoit trois dragmes d'huile «
de Vitriol ; enfuite il a tiré l'air du récipient avec «
foin, & a laiffé le tout dans cette fituation pendant «
une heure, afin que le dégré de chaleur fût le mê- «
me ; puis il a verfé l'huile de Vitriol fur le fel Am- «
moniac : il s'eft fait à l'inftant une grande effervef- «
cence qui a produit beaucoup de vapeurs, elles ont «
rempli le récipient de telle façon, qu'il ne pouvoit «
prefque pas diftinguer les dégrés des Thermomé- «
tres : cette grande obfcurité n'a duré qu'une demie «
minute ; le Thermométre placé dans le mélange «
a baiffé de 67 à 46 dans une minute, après quoi il «
a commencé à remonter ; lorfqu'il étoit à 58, l'autre «
Thermométre étoit à 69 ; lorfqu'il étoit à 60, l'autre «
étoit à $69\frac{1}{4}$; deux minutes après, le Thermométre «
placé dans le mélange étoit à 68, & l'autre à 70 ; «
une minute enfuite, les deux Thermométres étoient «
à 70 ; mais cinq minutes après, le Thermométre «
placé dans le mélange étoit à 72, & l'autre avoit «
demeuré à 70. Au bout d'un quart-d'heure ce pre- «
mier avoit monté à 74, quoique l'effervefcence «
eût ceffé, le fecond a toûjours demeuré à 70 ; l'ef- «
fervefcence a duré au moins vingt minutes. M. Mufc- «
cenbroek a répété deux fois cette expérience pour «
plus de certitude : l'effet a toûjours été le même ; «
ainfi les vapeurs qui fe font élevées de ce mélange «
dans le vuide, ont acquis trois degrés de chaleur, «

„ tandis que le mélange lui-même s'est refroidi de 21
„ degrés ; d'abord le froid alloit en augmentant, mais
„ dès que l'effervescence a commencé de baisser, la
„ chaleur a commencé à croître ; car tant que l'effer-
„ vescence a été grande, le froid a continué. Il se
„ trouve une différence remarquable entre cette ex-
„ périence faite dans le vuide, & cette même expé-
„ rience faite dans l'air, puisque les vapeurs ont pro-
„ duit une chaleur très-sensible dans l'air, au lieu que
„ dans le vuide elles n'en ont point du tout produit ;
„ car le Thermométre qui étoit au dessus n'a monté
„ que quand l'effervescence a cessé ; c'est-à-dire,
„ quand les vapeurs ont discontinué de monter. „
Cela me fait soupçonner que la chaleur que ce Thermométre avoit acquise, pouvoit bien lui venir par
communication de celle du mélange qui en avoit
74 degrés, ce qu'il ne pouvoit pas communiquer
en entier, puisque ce Thermométre en étoit éloigné.
Cela peut aussi nous faire juger que l'effervescence,
& par conséquent la chaleur des vapeurs s'augmente
beaucoup par l'action & la réaction de l'air.

79. L'ingénieux Auteur de ces expériences fait ensuite des réflexions sur les différens effets que ces effervescences nous présentent.

„ 80. Il observe que les effervescence des mêmes
„ matieres produisent quelquefois la même chaleur à
„ l'air libre, & dans le vuide comme l'Antimoine crû
„ & l'esprit de Nitre, nombre 48. & 49.

„ 81. Quelquefois les effervescences sont plus chau-
„ des dans l'air que dans le vuide ; car le bismuth

APPENDICE.

& l'esprit de sel, nombre 16, ont fait une plus « grande effervescence, & acquis une plus grande « chaleur dans l'air libre que dans le vuide, ce qu'ont « aussi fait les matieres des nombres 33 & 34, 35 & 36, « 37 & 38, & 45 & 46. «

82. Quelquefois au contraire, les effervescences « sont plus chaudes dans le vuide que dans l'air, com- « me dans les nombres 14 & 15, où l'esprit de sel & « la limaille de fer, ont fait une plus violente effer- « vescence dans le vuide que dans l'air; car dans le « vuide la chaleur a augmenté de 47 à 70, & dans « l'air de 47 à 57 seulement. Les nombres 24, 27 & « 28, 31 & 32, 50 & 51, 52 & 53, 63 & 64, nous don- « nent tous cette même chaleur plus grande dans le « le vuide que dans l'air. «

83. Avec quelques matieres, l'effervescence n'é- « toit pas sensible dans l'air, tandis qu'elle étoit fort « grande dans le vuide, comme dans les nombres « 1 & 2, 50 & 51, 52 & 53. «

84. Quelques effervescences dans l'air produisent « de la chaleur, & n'en produisent point dans le « vuide, comme dans les nombres 43 & 44. «

85. D'autres produisent un plus grand degré de « froid dans le vuide que dans l'air, comme l'esprit « de Vin & l'huile de Fenouil, nombre 5. «

86. D'autres produisent de la chaleur dans l'air, « & du froid dans le vuide, comme le Vinaigre & les « yeux de Cancre, nombre 9. & 10. «

87. Quelquefois la chaleur est grande, & le mou- « vement insensible, comme avec l'huile de Vitriol «

APPENDICE.

„ & l'eau, nombres 72, 73, & 74.

„ 88. Il y a des effervescences qui ne produisent ni
„ chaud ni froid, comme l'esprit de sel avec le plomb
„ dans le vuide.

„ 89. De grandes effervescences produisent quel-
„ quefois du froid comme l'huile de Vitriol & le sel
„ Ammoniac, nombres 76 & 77; & l'huile de Vitriol
„ avec le sel volatil d'urine.

90. M. Musccenbroek infere de là, que ce froid est produit par l'absence des particules de feu qui s'envolent avec les vapeurs pendant l'effervescence, & que l'on ne doit pas attribuer la chaleur au mouvement intestin des parties, mais à un feu élémentaire, réellement inherent dans les matieres.

91. Mais si nous faisons attention à la grande force d'attraction & de répulsion de certaines particules de matiere, lorsqu'elles sont près de se toucher, nous pouvons avec assez de vraisemblance attribuer la chaleur de ces effervescences au mouvement intestin que produisent toutes ces puissances en action & réaction; ces puissances étant variées par des combinaisons infinies, leurs effets doivent varier de même; en sorte que certaines combinaisons augmenteront la force de vibration des particules en effervescence, & que d'autres combinaisons diminueront cette force; mais comme nous ne verrons jamais la position de toutes ces particules dans toutes les combinaisons, dont dépendent leurs effets, il sera toûjours très-difficile de les déduire d'un principe assez sûr pour les bien expliquer.

APPENDICE.

92. M. Muſccenbroek obſerve encore que « les diſ-
ſolvans agiſſent plus ſur certains corps dans le vuide
que dans l'air, comme l'eſprit de ſel ſur le plomb
& ſur la limaille de fer, ou l'eſprit de Nitre ſur la
tutie, nomb. 53. »

93. Et qu'ils agiſſent cependant ſur d'autres corps
plus dans l'air que dans le vuide, comme l'eau-forte
ſur le cuivre jaune. »

94. Il obſerve auſſi, que dans les efferveſcences,
ſoit dans l'air ou dans le vuide, il ſe produit ſouvent une matiere élaſtique ſemblable à de l'air. »
Pour moi, je ne doute pas un inſtant que ce ne ſoit
de véritable air ; car j'ai gardé ces airs *factices* pendant ſix ans, que j'ai enſuite comprimés comme dans
l'Expérience LXXVII. *pag. 164.* & j'ai trouvé qu'ils
ſe comprimoient tout de même & dans la même proportion que l'air ordinaire. J'ai fait le même eſſai ſur
de l'air produit la veille par le tartre du vin du Rhin,
& je l'ai répété huit jours après ; le quart de cet air
avoit perdu dans ce tems ſon élaſticité, comme je
m'en apperçûs par l'aſcenſion de l'eau dans le tuyau
renverſé, où il étoit contenu.

Pour me mieux aſſurer des dégrés de compreſſion
de ces differens airs, j'ai diviſé les capacités de deux
tuyaux égaux en quarts de pouce cubique, en verſant à pluſieurs fois un quart de pouce cubique d'eau
dans les tuyaux ; & faiſant avec une lime déliée des
petits crans ſur les tuyaux au deſſus de la ſurface de
l'eau. Par ce moyen je voyois aiſément l'eau comprimée monter dans les tuyaux, & je pouvois juger

A A a

sûrement de la compression de l'air *factice* & de l'air commun, & des proportions qu'elle suivoit dans tous les degrés & sous toutes les charges, depuis le *zero* jusqu'à une charge égale au poids de trois athmospheres ; car je n'en ai pas essayé de plus fortes, de peur de faire crever le récipient.

95. La mauvaise qualité de cet air produit par la fermentation, l'effervescence ou la distilation ne doit pas faire douter que ce soit de véritable air ; puisque l'on sçait bien que l'air ordinaire est souvent imprégné de vapeurs dangereuses & mortelles : celles qui s'élevent de la vendange & des Vins lorsqu'ils fermentent, sont à craindre ; & celles qui s'élevent du souffre enflammé, sont pernicieuses. D'ailleurs M. Hawksbée a trouvé que l'air ordinaire se gâte en passant dans des tuyaux échauffés de fer ou de cuivre, & qu'il est pur & bon à respirer, après avoir passé par un canal échauffé de verre : l'air chaud n'est donc pas mauvais par lui même, mais par les vapeurs qui s'y mêlent, comme celles de fer ou de cuivre. La plûpart de ces vapeurs non élastiques qui s'élevoient dans le vuide des matieres dans les Expériences de M. Muscenbroek, étoient sans doute bien mauvaises, & cela sans contenir de matiere élastique, comme on le reconnoissoit par l'immobilité du Mercure dans la jauge : il est donc probable que la mauvaise qualité de l'air *factice*, soit qu'il soit produit par le feu ou par la fermentation, ou &c. & même celle de l'air ordinaire, doit s'attribuer aux vapeurs qui s'y mêlent, (*Voyez* Expérience CXVI.) & non pas à la diminu-

tion de son élasticité, puisque la même chose arrive dans l'air ordinaire, qui n'est pas sujet à diminuer d'élasticité comme l'autre.

96. On doit observer que plusieurs matieres, qui dans le vuide faisoient de grandes effervescences, ne produisoient cependant que peu ou point du tout d'air; & sans doute elles en produisoient moins qu'elles n'auroient fait dans le récipient, (fig. 34.) où les mêmes matieres ont produit beaucoup plus d'air que dans le vuide de M. Musccenbroek; ce qui me paroît assez naturel; car l'action & la réaction de l'air ordinaire avec les matieres dans le tems de l'effervescence, doivent en faire sortir plus d'air élastique sous ce récipient, que sous le récipient vuide, où cette action & réaction ne se trouve pas.

EXPÉRIENCE VI.

1°. DANS l'Expérience CXVI, pag. 121. j'ai donné le résultat de plusieurs Expériences faites sur l'air en le respirant dans des vessies; mais comme les vapeurs qui s'elevoient de ces vessies infectoient l'air, je me suis servi de la méthode suivante pour essayer plus à mon aise, & avec plus d'exactitude, combien de tems je pourrois respirer avec la même quantité d'air; & voir en même tems combien il perdroit de son élasticité.

2°. A un trou pratiqué au sommet du récipient d'une machine pneumatique, j'ai mastiqué un robinet de bois; ce récipient avoit neuf pouces de diamé-

A A a ij

tre; j'ai pris un grand vaisseau, au fond duquel il y avoit deux pouces d'eau, & j'y ai placé le récipient, l'orifice en bas, de sorte que l'eau pouvoit passer par dessous en liberté. Dans cette situation, la quantité de l'air contenu dans le récipient étoit de 522 pouces cubiques. J'ai fermé mes narines, & j'ai fait sortir de mes poumons, par une longue expiration, tout l'air que j'ai pû, & tout de suite j'ai porté ma bouche au robinet, & j'ai respiré les 522 pouces cubiques d'air pendant deux minutes & demie; après quoi, comme j'ai senti que la respiration devenoit fort difficile, j'ai fait sortir comme la premiere fois de mes poumons, tout l'air que j'ai pû, & au même instant j'ai fait signe à une personne qui étoit auprès de moi, de marquer la hauteur de l'eau dans le récipient avec un morceau de craie, & ayant mesuré, j'ai trouvé que 18 pouces cubiques d'air, c'est-à-dire, la vingt-neuviéme partie du tout avoit perdu son élasticité, à quoi même on doit ajouter quelque chose, à cause de l'expansion de l'air par la chaleur qu'il conservoit après être sorti du poumon.

3°. Cette Expérience nous montre, que huit pintes d'air renfermé dans un récipient, dont il ne s'éleve aucune vapeur, ne suffisent à la respiration que pendant deux minutes & demie : il n'est donc pas étonnant que l'air s'altere & cause par son infection plusieurs maladies dans les lieux où on le tient renfermé, comme dans les prisons, où non seulement la respiration, mais la transpiration de plusieurs personnes renfermées infectent l'air, & causent une

APPENDICE.

espece de scorbut dangereux. On pourroit éviter en partie cet inconvenient si l'on construisoit ces lieux de façon à laisser passer l'air avec liberté, & l'on préviendroit par ce petit soin les maladies, & souvent la mort des malheureux qui les habitent.

4°. J'ai appris d'un vieux Marin, que quand l'air qui est entre les ponts du vaisseau devient mauvais, & qu'il est alteré par les vapeurs qui s'élevent continuellement du corps de ceux qui y demeurent, on le purifie en lavant les parois des ponts, & en arrosant par tout avec du Vinaigre : ceci s'accorde avec l'Expérience CXVI. où j'ai trouvé qu'en respirant l'air à travers plusieurs diaphragmes de flanelle trempés dans du Vinaigre, il se purifioit de telle sorte, qu'il pouvoit servir à la respiration pendant une fois autant de tems que l'air qui ne passoit pas par ces diaphragmes. Je ne doute donc pas qu'un arrosement de Vinaigre entre les ponts d'un vaisseau n'en rafraîchisse un peu l'air ; mais si l'infection est grande, cela ne peut pas être d'un grand secours ; & même je pense que l'effet ne peut s'en faire sentir que pendant un tems fort court ; il faut du nouvel air & chasser l'ancien, c'est le remede le plus sûr. Il y a long-tems qu'on regarde le Vinaigre comme un spécifique contre la Peste ; on peut conjecturer qu'il se fait une fermentation entre cet acide & l'air, peut-être trop alkalin, qui le rend neutre & plus salubre; car souvent un acide & un alkali produisent un troisiéme, qui n'est ni l'un ni l'autre.

5°. Voici comment j'ai trouvé la quantité d'humidité, dont les 522 pouces cubiques d'air s'étoient chargés en les respirant. J'ai pris le col d'une bouteille de *Florence*, dont l'orifice inférieur avoit ¾ de pouce de diamétre ; je l'ai rempli jusqu'à un pouce du dessus de cendres de bois bien brûlées ; puis j'ai fait passer à travers & jusqu'au fond des cendres un tuyau de verre, & j'ai recouvert le tout par dessous avec un linge fin, pour empêcher les cendres d'être soufflées hors du col de la bouteille par mon haleine ; ensuite j'ai serré mes narrines, & j'ai respiré par le tuyau de verre qui conduisoit mon haleine au fond des cendres ; comme elles étoient fort séches, & à peine refroidies, leur sel lixiviel a attiré l'humidité de mon haleine ; j'avois auparavant pesé avec soin les cendres & les tuyaux ; j'ai trouvé en les pesant une seconde fois, que le poids des cendres avoit augmenté de dix-sept grains après cinquante respirations. L'air que j'inspirois étoit fort sec ; car il y avoit depuis long-tems beaucoup de feu dans la chambre, ainsi cette augmentation de poids ne pouvoit venir que de l'humidité dont l'air se chargeoit dans mes poumons ; or ceci est à très-peu près la quantité d'humidité, dont les 522 pouces cubiques d'air se trouvent chargés lorsqu'ils ne sont plus propres à pouvoir être respirés ; car nous respirons cinquante fois en deux minutes & demie ; mais un pouce cubique d'eau pesant 254 grains, 522 pouces cubiques pesent 132588 grains ; un pareil volume d'air qui est huit cens fois plus leger, pesera donc $165 \frac{7}{10}$ de grain, les dix-sept grains d'humidité ci-dessus n'en font que la neuvié-

APPENDICE. 375

me partie, ce qui n'est pas assez considérable pour gâter l'air, & lui enlever ce qui le rend respirable; car l'air ordinaire contient souvent beaucoup plus d'humidité, souvent un tiers, & quelquefois une moitié de son poids, comme on l'a trouvé en faisant passer l'air à travers des cendres brûlées dans un récipient vuide; tandis qu'en Été il est quelquefois si sec, que l'on n'en tire aucune humidité par ce moyen, comme nous l'apprend M. Muscenbroek, qui a fait l'expérience, & qui la rapporte dans son *Oratio de methodo instituendi Experimenta Physica*, pag. 28. Vide *Tentamina Experimentorum Naturalium captorum in Academia del Cimento*. Nous pouvons donc raisonnablement conclure que 522 pouces cubiques d'air avoient perdu la qualité qui les rendoit respirables, non seulement par l'addition de cette humidité, mais aussi par quelque mauvaise qualité de cette même humidité ; par exemple, par la grossiereté des exhalaisons des poumons, qui en se mêlant avec l'air, l'empêchent de pouvoir entrer dans des petites vésicules, &c. Car dans cette Expérience les poumons presque suffoqués, à la fin pouvoient à peine se dilater un tant soit peu.

6°. Cette Expérience sur les cendres peut aussi nous faire connoître la quantité d'humidité que la respiration emporte ; car puisque dans cinquante expirations il s'en trouve dix-sept grains, l'on en trouvera quatre cens huit pour les douze cens expirations que l'on fait en une heure ; c'est-à-dire, 9792 grains ou une livre & $\frac{32}{100}$ dans vingt-quatre heures ; d'où en supposant, comme nous l'avons trouvé, la surface des poumons égale à 41635 pouces quarrés, la quantité d'humidité qui s'éleve de cette surface, sera égale à un solide d'eau aussi étendu que cette surface, & de $\frac{1}{3074}$ partie d'un pouce de hauteur.

Experience VII.

En réfléchissant sur la nécessité d'une succession d'air frais pour entretenir le feu, & sur l'intensité de la chaleur qu'un bon soufflet lui donne, j'ai été tenté de connoître la vîtesse & la force de l'air au sortir du soufflet; j'ai appliqué pour cela une jauge convenable & pleine de Mercure au tuyau d'un double soufflet de forge, & j'ai reconnu que la force de l'air comprimé dans le soufflet élevoit le Mercure dans la jauge à un pouce de hauteur, quelquefois un peu plus haut, & quelquefois un peu plus bas, ainsi la force avec laquelle le soufflet pousse l'air dans le feu, est à peu près égale à une trentiéme partie du poids de l'athmosphere, cette force doit donc faire sortir l'air avec une grande vîtesse.

2°. Voici comment j'ai déterminé cette vîtesse. J'ai mesuré la surface de l'aîle supérieure du soufflet, j'ai mesuré l'espace qu'elle parcouroit dans une seconde en descendant, ce qui m'a donné la quantité de l'air qui sortoit du soufflet dans cette seconde, cette quantité s'est trouvée de 495 pouces cubiques; je l'ai divisée par l'aire du trou du tuyau, & j'ai eu 825 pouces ou 68 pieds & $\frac{73}{100}$ de pied : cette longueur est celle
du

APPENDICE.

du cylindre d'air qui sortoit par le trou du soufflet dans ue seconde; mais l'air comprimé dans le soufflet par un poids plus grand que la trentiéme partie de celui de l'athmosphere, occupe d'autant moins d'espace, & par conséquent doit être augmenté de cette trentiéme partie; c'est-à-dire, qu'au lieu de 495 pouces nous devons compter 511 pouces cubiques d'air dans le soufflet, qui sont chassés avec une vîtesse de 68 $\frac{73}{100}$ pieds dans une seconde; ce qui suffit pour augmenter l'action & la réaction entre l'air & la matiere élastique qui cause le feu, jusqu'au point de causer la plus grande chaleur, & même celle de fusion pour les métaux.

3°. On peut déterminer ainsi la vîtesse de l'air dans les tuyaux d'Orgue, & peut-être pourroit-on aussi estimer assez juste la vîtesse des ondulations de l'air nécessaire pour former tels & tels sons. On sçait que la vîtesse de l'air en ondulation est à celle de l'eau en ondulation, comme 865 sont à un, à peu près comme leurs gravités spécifiques.

DESCRIPTION
D'UN INSTRUMENT

Pour sonder les profondeurs de la Mer.

1°. Dans l'Expérience LXXXIX. *pag. 180.* j'ai donné le projet d'une méthode pour connoître la profondeur de la Mer aux endroits où l'on ne peut la sonder ; M. Desaguliers l'a exécutée & mise en pratique sous les yeux de la Societé Royale, au moyen d'une machine qu'il a trouvée, & dont il a donné la description dans les Transactions Philosophiques, nombre 405. Je vais détailler ici ma méthode & les moyens de bien graduer cet instrument que l'on peut appeller une *Jauge de Mer*.

2°. Figurez-vous un tuyau de fer ou de cuivre, par exemple, un canon de mousquet d'environ 50 pouces de longueur, bien fermé par l'un des bouts ; & supposez pour un instant, que vous laissez descendre ce tuyau l'orifice en bas à 33 pieds dans la Mer ; la colomne d'eau de Mer de 33 pieds, pese à très peu près autant qu'une colomne aussi grosse de notre athmosphere, & est au poids d'une pareille colomne d'eau douce, comme 41 sont à 40 : & comme l'air se comprime à proportion des poids dont il est chargé, quand le tuyau sera descendu à 33 pieds, il n'occupera dans

APPENDICE. 379

ce tuyau que la moitié de l'espace qu'il y occupoit d'abord, & l'eau en montant dans ce tuyau remplira l'autre moitié; ensuite si vous le laissez descendre encore 33 pieds, l'air n'occupera que le tiers du tuyau, & ensuite $\frac{1}{4}, \frac{1}{5}, \frac{1}{6}$, &c. connoissant donc la hauteur à laquelle l'eau monte dans le tuyau, vous connoîtrez aussi la profondeur à laquelle ce même tuyau est descendu.

3°. Pour mesurer donc une grande profondeur; c'est-à-dire, la hauteur de plusieurs colomnes de 33 pieds les unes sur les autres, il faut d'abord laisser descendre le tuyau chargé d'un poids, à 33 pieds en le tenant suspendu par une ficelle, puis retirer & observer jusqu'où l'eau est monté; car si le poids de 33 pieds d'eau est égal à celui de l'athmosphere, l'eau aura monté précisément à la moitié du tuyau; mais si l'eau monte plus haut ou plus bas que la moitié, on fera une régle de trois, & l'on dira le nombre qui marque le dégré de la hauteur à laquelle l'eau monte, est à l'unité, comme 33 pieds sont au nombre cherché, qui marque la vraie hauteur de la colomne pour faire monter l'eau jusqu'à moitié : supposons, par exemple, que le tuyau étant descendu à 33 pieds, l'eau n'est montée qu'à $\frac{2}{10}$ de la moitié du tuyau. Pour sçavoir à combien de pieds je dois descendre mon tuyau pour faire monter l'eau jusqu'à moitié, je dis $\frac{2}{10}$ sont à 1, ou ce qui revient au même 9 sont à 10 comme 33 sont au nombre cherché qui exprimera la hauteur de la colomne pour faire élever l'eau jusqu'à la moitié dans le tuyau, & faisant la regle de trois, ce nombre sera $36\frac{1}{2}$; ainsi

BBb ij

il faut dans ce cas descendre le tuyau à 36 $\frac{1}{2}$ pieds pour que l'eau comprime l'air jusqu'à moitié dans le tuyau; & cela étant une fois déterminé, il faudra toûjours compter 36 pieds $\frac{1}{2}$ au lieu de 33 pour la hauteur de chaque colomne d'eau, dont le poids est égal à celui de l'athmosphere.

4°. Lorsque le tuyau sera descendu à la profondeur de quatre-vingt-dix-neuf colomnes; c'est-à-dire, de quatre-vingt-dix-neuf fois trente trois pieds, l'air se trouvera comprimé dans un espace égal à la centiéme partie de la longueur du tuyau; c'est-à-dire, dans l'espace d'un demi pouce, l'intervalle des divisions deviendra donc si petit, que la différence de quelques colomnes d'eau de plus ne seroit pas sensible, à peine pourroit-on prendre avec ce tuyau de 50 pouces, la profondeur de quatre-vingt colomnes, 2640 pieds, environ un demi *mille*. Il faudroit donc faire le tuyau quatre, cinq & même dix fois plus long; a *fin* de rendre les dernieres divisions plus sensibles; mais comme il est très-difficile de faire un tuyau de métail de cette longueur, & que quand même on le feroit, il se romproit aisément, voici comment il faut prévenir cet inconvénient.

5°. Faites faire une sphere de cuivre, dont la capacité soit égale à neuf fois la capacité du tuyau de 50 pouces, joignez le tuyau & la sphere par une bonne vis, & couvrez la jointure le plus exactement que vous pourrez avec un morceau de cuir bien humecté de quelque matiere huileuse.

6°. La sphere de cuivre doit avoir une autre ouver-

APPENDICE. 381

ture vis à-vis la premiere à laquelle vous ferez fouder un autre tuyau de métail ouvert des deux bouts & de trois ou quatre pouces de longueur, qu'il faudra plonger dans une cuvette de métail pleine d'huile ou d'une matiere huileuse colorée fpecifiquement plus legere que l'eau, afin qu'elle puiffe furnager dans l'inftrument, & s'élever à mefure que l'eau y entrera : & pour reconnoître la hauteur à laquelle cette huile colorée aura monté, il faut fixer dans le premier tuyau une verge de fer, de cuivre ou de bois qui l'enfile par le milieu & d'un bout à l'autre, & qui foit maintenue dans ce milieu par un petit cylindre de bois qui doit être au fond du tuyau de fer, & dans lequel la verge doit être infixée, afin qu'étant toûjours dans le milieu du tuyau, elle ne puiffe fe barbouiller contre les parois en la retirant.

7°. Il faut mefurer la capacité du tuyau en y verfant de l'eau après que la verge & les autres piéces font placées.

8°. Nous avons dit que la fphere de cuivre doit contenir neuf fois autant d'air que le tuyau de fer ; cela fait la même chofe que fi le tuyau étoit neuf fois plus long ; ainfi l'air de la fphere ne fe retirera tout entier dans le tuyau de fer, que quand l'inftrument fera defcendu à la profondeur de neuf colomnes ou neuf fois 33 pieds ; car alors l'air n'occupera plus que la dixiéme partie de l'efpace qu'il occupoit d'abord.

9°. En fuppofant donc que l'inftrument foit defcendu à la profondeur de quatre-vingt-dix neuf colomnes ; c'eft-à-dire, à quatre-vingt-dix neuf fois 33 pieds, ou 3267 pieds, l'air fe trouvera comprimé dans un efpace égal à la centiéme partie de cinq cens pouces; (la fphere ayant 450 pouces & le tuyau 50) c'eſt-à-dire, dans un efpace de cinq pouces au deſſus du tuyau de fer, & l'huile colorera la verge à cette hauteur; c'eſt-à-dire, à cinq pouces du fommet.

10. De même, fi l'inſtrument eſt defcendu à la profondeur de cent quatre-vingt-dix-neuf colomnes de 33 pieds chacune; c'eſt-à-dire, à 6567 pieds, l'air fe trouvera comprimé dans un efpace de deux pouces & demi.

11. De même encore, lorfque l'inſtrument fera defcendu à la profondeur de trois cens quatre-vingt-dix-neuf colomnes de 33 pieds chacune; c'eſt-à-dire, à deux mille & demi, moins 53 pieds, l'air n'occupera plus qu'un efpace d'un pouce un quart: il eſt à croire que c'eſt ici la plus grande profondeur.

12. Mais au cas qu'il s'en trouve de plus grandes à fonder, il n'y aura qu'à augmenter la capacité de la fphere, & cela fe peut faire fans rendre l'inſtrument trop difficile à manier; car fuppofons que le diamétre du tuyau foit de $\frac{3}{4}$ de pouce, fa longueur de 50 pouces, faifons la fphere dix-neuf fois auſſi ample, elle ne contiendra que douze pintes de Paris: au reſte plus cette fphere eſt groſſe, & plus il faut avoir d'exactitude à bien boucher l'endroit qui la joint au tuyau, pour empêcher l'air de s'échaper par-là.

13. Un autre avantage de la groſſeur de la fphere, c'eſt qu'étant plus pefante, elle eſt par confequent plus en état de tenir la partie inférieure de l'inſtru-

ment toûjours la plus baſſe ; car autrement l'air contenu dans la ſphere la rendant plus legere, la pourroit faire monter plus haut que la partie ſupérieure de l'inſtrument, ce qui y feroit entrer l'eau & gâteroit tout. Je ne dois pas oublier de dire, qu'il faut bien eſſuyer le tuyau & la verge après chaque expérience.

14. Cet inſtrument étant ainſi préparé, vous y attacherez une grande *bouée* faite d'un gros morceau de ſapin bien godronné, pour que l'eau ne puiſſe le pénétrer ; car j'ai trouvé en comprimant de l'eau, dans laquelle il y avoit du bois bien plus leger qu'elle, que ce bois devenoit à l'inſtant ſpécifiquement plus peſant que l'eau par cette compreſſion qui la forçoit d'entrer dans les vaiſſeaux & dans les pores du bois, dont les parties conſtituantes, auſſi bien que celles de tous les Végétaux, ſont plus peſantes que l'eau. Si l'on faiſoit la bouée d'une veſſie ou d'un globe creux, l'orifice en bas, l'air en deſcendant à de grandes profondeurs y ſeroit tellement comprimé, que la bouée deviendroit ſpecifiquement plus peſante que l'eau de la Mer, & par conſequent ne pourroit jamais remonter, & c'eſt pour cela qu'il faut encore que notre bouée ſoit aſſez forte pour tenir l'inſtrument au deſſus de l'eau, lors même qu'il en eſt rempli. Outre cela, il faut que la bouée ſoit aſſez groſſe & aſſez élevée au deſſus du niveau de l'eau, pour qu'on puiſſe l'appercevoir de loin ; car il eſt très-probable qu'après avoir deſcendu & remonté une grande hauteur d'eau, elle ſe trouvera même dans un tems calme fort éloignée du vaiſſeau :

ainſi pour qu'on l'apperçoive de plus loin, il faut y clouer des feuilles de fer blanc, peintes de noir ou de blanc, ou bien telle autre choſe voyante que l'on jugera à propos.

15. Il faut, pour une plus grande exactitude, eſſayer d'abord cet inſtrument pour differentes profondeurs, toutes connues par la ſonde, afin de découvrir ſi le reſſort de l'air n'eſt point alteré, ſoit par la grande preſſion de l'eau, ſoit par le chaud ou le froid qui ſe trouve à ces profondeurs; examiner enſuite dans quelle proportion ſe font ces alterations, & dans quels tems; afin d'avoir égard à toutes ces choſes en meſurant une profondeur inacceſſible.

16. Et comme il eſt à croire que l'air libre eſt plus chaud ou plus froid que l'air contenu dans le tuyau, lorſqu'il eſt deſcendu à de grandes profondeurs, il convient de laiſſer deſcendre, par le moyen d'une corde, l'inſtrument à une profondeur aſſez conſiderable, & de le tenir là pendant quelque tems, afin que l'air qu'il contient devienne auſſi chaud ou auſſi froid que l'eau de la Mer; après quoi il faut le retirer & l'élever au deſſus de l'eau, afin de laiſſer entrer l'air extérieur dans l'inſtrument, ou ſortir l'air intérieur, ſelon que ce dernier ſe trouvera ou condenſé ou raréfié.

17. Alors dans le moment, il faut obliger toute la machine à aller au fond de la Mer par un poids qu'on y attachera par un anneau à un crochet; enſorte que le poids en touchant le fond de la Mer, ſoit, au moyen d'un reſſort, obligé de ſe ſeparer du reſte de la machine

que

APPENDICE.

que la bouée ne manquera pas de ramener au dessus de l'eau.

18. Ce poids que l'on attache à la machine doit être de pierre de sable, en un mot du *lest* du vaisseau, & il doit être tel, qu'il emporte seulement un tant soit peu la machine; car comme elle devient plus pesante à mesure qu'elle descend, parce que l'air se comprime au dedans, & que d'ailleurs la gravité en accéléte à mesure le mouvement, elle pourroit se briser en frappant le fond de la Mer, peut-être avec trop de violence.

19. Il ne seroit donc pas mal, avant que de faire l'expérience avec la machine, d'en prendre la bouée, de l'attacher par une verge de fer à quelque chose, dont le poids seroit égal à celui de la machine, ensuite de laisser aller le tout au fond de l'eau, pour deviner par la courbure de la verge de fer, la force avec laquelle toute la machine aura frappé contre le fond de la Mer; car la verge de fer pliera à proportion du coup. S'il étoit violent, & qu'il y eût à craindre pour la machine, on pourroit fixer une perche entre le poids & la machine, qui seroit telle, que sa plus grande résistance ne seroit pas assez forte pour pouvoir rien endommager, mais qui ne laisseroit pas, en se cassant, de bien rompre le coup, & de sauver ainsi la machine.

L'on auroit du sable ou de la terre du fond de la Mer, tout comme par les sondes ordinaires, en mettant du suif au bas.

20. Il seroit bien aussi de remarquer le tems que la

machine demeureroit sous l'eau, ce qu'il est aisé de faire avec une montre à secondes, ou à son défaut, avec un pendule qui batte les secondes; c'est-à-dire, avec un plomb suspendu par un fil de * trois pieds trois pouces, un cinquième de pouce, y compris le demi diamètre de la balle.

*C'est-à-dire, 3 pieds 8 lignes $\frac{1}{2}$ de France.

21. M. Hook, dans les Transactions Philosophiques, abregé de Lowtorp, vol. 2. pag. 258. a trouvé qu'une balle de plomb de deux livres, attachée à un globe de bois de la même pesanteur, tomboient ensemble dans l'eau à quatorze brasses * en 17 secondes, & que le globe de bois remontoit lui seul dans le même tems de 17 secondes. Si donc la machine décrite ci-dessus, descendoit & remontoit avec une vitesse égale, elle seroit 17 minutes à parcourir un mille en descendant, & autant de tems à le parcourir en remontant; mais comme la bouée peut remonter plus vite qu'elle ne descend, le tems que la machine restera sous l'eau, ne nous donnera que très-incertainement celui de la descente & celui de la montée; cependant, à force de comparaisons du tems & de la hauteur de l'eau dans le tuyau de l'instrument, on pourroit peut-être en tirer une régle certaine, surtout si la machine étoit toûjours la même, & le lest toûjours de la même grosseur & du même poids, ce que l'on peut faire aisément en le mettant dans des vaisseaux sphériques de terre, tous du même diamétre.

* Cette brasse est d'environ 6 pieds de Roi.

22. Les Isles répandues dans toutes les parties du vaste Océan, me portent à croire que sa profondeur

APPENDICE. 387

n'est pas fort grande : l'on a observé avec la sonde, qu'à quelques inégalités près, la profondeur augmente à mesure qu'on s'éloigne des Côtes; on peut donc dire qu'elle seroit bien plus grande sans les Isles.

23. Si nous voulons supposer que la profondeur des cavités de la Mer, est égale à la hauteur des éminences de la terre, à les prendre les unes & les autres depuis les Côtes, nous trouverons que la plus grande profondeur de la Mer, ne sera que de cinq ou six milles, hauteur des plus hautes montagnes au dessus du niveau de la Mer; car si nous supputons cette hauteur par le cours & la rapidité des fleuves qui y prennent leur source, nous trouverons que le Niger, par exemple, l'une des plus longues rivieres du monde, puisque son cours est d'environ 2460. milles, doit avoir quatre pieds par mille de pente pour venir d'une montagne de $1\frac{81}{100}$ mille de hauteur; ce qui est déja beaucoup plus que la pente des rivieres qui coulent lentement, qui n'est que d'un pied par mille ; mais même en lui donnant six pieds par mille de pente, il ne viendra que d'une montagne de $2\frac{72}{100}$ de mille de hauteur : en lui donnant huit pieds de pente par mille, il viendra d'une hauteur de $3\frac{72}{100}$ de mille; & enfin en lui donnant dix pieds de pente par mille, qui est tout ce qu'il peut avoir, la montagne où il prendra sa source dans cette supposition, n'aura encore que $4\frac{54}{100}$ de mille, & cette hauteur est plus grande que celle des montagnes les plus élevées, qui n'ont environ de hauteur que la 859me partie du demi diametre de la terre.

APPENDICE.

Mais si nous supposons que la somme des cavités de la Mer est égale à celle des éminences de la terre, toutes deux prises depuis les côtes, nous trouverons que la profondeur de la Mer doit être moindre que la hauteur des montagnes, parce que la superficie de la Mer est plus grande que celle de la terre.

24. On peut faire une objection fort raisonnable contre la machine décrite ci-dessus, ou plûtôt contre le principe sur lequel elle est fondée; c'est qu'à de grandes profondeurs la compression de l'air ne suit peut-être pas la même proportion que d'abord, à cause des particules acqueuses & hétérogenes qui sont dans l'air, & qui en s'approchant de plus près, peuvent changer sa compressibilité, ou du moins en empêcher l'uniformité: cela peut être; mais puisque nous ne connoissons jusqu'à présent rien de semblable, il faut toûjours essayer l'instrument à la plus grande profondeur que la sonde puisse atteindre, qui est de 400 brasses; car alors l'air ne laissera pas d'être chargé par soixante & douze colomnes d'eau de 33 pieds chacune, & par conséquent comprimé dans un espace de soixante & treize fois plus petit, & alors sa densité est à celle de l'eau comme 1 est à $11\frac{64}{100}$. Quand l'air est comprimé par le poids de quatre-vingt-dix-neuf colomnes; c'est-à-dire par 3267 pieds d'eau, ou un demi mille, & 627 pieds, sa densité est alors $\frac{1}{8}$ de celle de l'eau; à cent quatre-vingt-dix-neuf colomnes de profondeur, c'est-à-dire, à un mille un quart & 132 pieds, sa densité sera à celle de l'eau comme $\frac{1}{4}$ est à 1, & à trois cens quatre-vingt-dix-neuf colomnes de profondeur,

APPENDICE.

c'est-à-dire, à deux milles & demi moins 53 pieds, il ne sera que la moitié moins dense que l'eau.

25. Voici comment j'ai comprimé l'air par un poids égal à celui de $37\frac{44}{100}$ athmospheres. J'ai pris un tuyau de verre, scellé hermétiquement à l'un des bouts: la longueur de sa cavité étoit de $4\frac{6}{100}$ pouces, son diametre de $\frac{16}{100}$ de pouce; le poids de l'eau qu'il contenoit étoit d'une dragme & six grains. J'ai plongé l'orifice de ce tuyau dans une petite phiole, au fond de laquelle il y avoit du Mercure avec un peu d'esprit de Thérébentine coloré d'indigo: j'ai mis le tuyau & la phiole dans une grosse bombe, que j'avois auparavant rempli d'eau. J'ai mis la bombe sous un pressoir à Cidre, & ayant mis dans l'ouverture de la bombe un tampon de bois de houx bien tourné, je l'ai fait entrer de force dans la bombe, par le moyen de la vis du pressoir; l'eau suintoit à travers les pores du tampon, quoiqu'il fût enduit d'un mastic de cire & de thérébentine: j'ai retiré alors ma phiole & mon tuyau, & j'ai trouvé que la thérébentine avoit coloré le verre à $\frac{12}{100}$ de pouce près du sommet, & qu'ainsi l'air avoit été comprimé dans un espace $38\frac{44}{100}$ plus petit que celui qu'il occupoit naturellement; ainsi il étoit comprimé par $37\frac{44}{100}$ athmospheres, pression égale à celle de $1235\frac{1}{2}$ pieds d'eau de Mer: la densité de cet air étoit à celle de l'eau, comme l'unité est à $22\frac{7}{100}$.

26. L'on n'a pas remarqué dans ces grandes compressions de l'air, qu'il ait jamais passé à travers le verre où le Mercure, & l'on n'a jamais pû rompre

le ressort de l'air, ou autrement le fixer par aucune force connue, soit de compression immédiate, soit de l'action du froid par condensation. Nous ne pouvons donc connoître que par expérience ce qu'un poids de deux ou trois milles de hauteur d'eau de Mer peut faire sur lui, & cela est assez curieux pour l'essayer par la méthode ci-dessus, qui n'est pas fort difficile à mettre en pratique.

27. Je n'ai jamais pû donner à l'air une compression plus grande que par ce moyen ci. J'ai pris mon tuyau, ma phiole & ma bombe pleine d'eau, tout comme la premiere fois, & j'ai placé la bombe sous le pressoir à cidre dans un tems de forte gelée, ensuite j'ai entouré & couvert la bombe avec une grande quantité de glace pulvérisée, dans laquelle il y avoit un tiers de sel Marin : après un petit tems, ce grand froid fit crever la bombe, elle se divisa en trois morceaux du dessus au dessous ; ces trois morceaux se touchoient toûjours par le bas après la rupture, & ne s'étoient éloignez dans leur dessus qu'en tombant doucement : preuve évidente que l'eau, quoique assez comprimée pour faire crever une bombe, n'a même alors que très-peu d'élasticité.

28. La bombe étoit tapissée en dedans d'une glace épaisse d'environ $\frac{3}{4}$ de pouce, pleine de bulles d'air.

29. La phiole & le tuyau étoient cassés en plusieurs morceaux, qui tous étoient en dedans barbouillés de Thérébentine & de Mercure jusqu'au sommet du tuyau, dont les deux extrémités étoient engagées dans la glace qui tapissoit la bombe : l'eau du centre de

APPENDICE.

la bombe n'étoit pas gelée; on pourroit donc répéter cette expérience, sans courir risque de casser le tuyau & la phiole, en les tenant suspendus dans le milieu de la bombe, par le moyen d'un petit bâton aussi long que le diamétre de la bombe auquel ils seroient attachés.

30. En supputant la force qu'il faut pour faire crever la bombe, nous trouverons celle qui a comprimé l'air dans le tuyau. Le diamétre intérieur de la bombe étoit de six pouces & demi; son épaisseur à son orifice étoit de 1 pouce $\frac{2}{10}$, à son fond elle étoit de 1 pouce $\frac{8}{10}$; mais supposant que l'épaisseur fût par tout la même de $1 \frac{2}{10}$ de pouce, l'aire de la couppe massive de cette sphére creuse par un grand cercle, sera de $29 \frac{72}{100}$ de pouce quarrés: il s'agit donc de connoître le degré de *coherence* de la bombe dans toute cette superficie, & pour cela je fonderai mon calcul sur l'Expérience LXXVII. de M. Muscenbroek dans son *Introductio ad cohærentiam corporum*, pag. 505. où il a trouvé, qu'un fil-de-fer, dont le diamétre étoit $\frac{1}{10}$ de pouce du Rhin, étant tiré perpendiculairement en bas, a soutenu avant que de rompre, un poids de 450 livres d'Amsterdam. Le fil-de-fer étoit, il est vrai, de fer battu, & ma bombe n'étoit que de fer fondu; mais aussi ai-je supposé la bombe bien plus mince que je ne devois la supposer effectivement. Un pouce du Rhin est à un pouce Anglois, comme $\frac{752}{1000}$ sont à 1; la dixiéme partie d'un pouce du Rhin est donc égale à $\frac{752}{10000}$, ce qui est égal à $\frac{33}{1000}$ d'un pouce Anglois, diamétre du fil-de-fer; l'aire de sa

section transversale sera donc $\frac{12}{1000}$, ce qui étant divisé par $29\frac{72}{100}$ aire de la couppe de l'orbe ci-dessus, le quotient sera 2286, ce qui multiplié par 450 poids qu'il falloit pour rompre le fil, le produit est 1028700, poids ou force qu'il faut pour faire crever la bombe, & la séparer en deux moitiés. Or la livre d'Amsterdam est à la livre ordinaire de seize onces, comme 93 sont à 100 ; ainsi il faut 956690 de nos livres pour rompre la bombe : & l'aire du plus grand cercle intérieur de la bombe étant de $33\frac{16}{100}$ pouces quarrés, & la pesanteur de l'athmosphere, sur un pouce quarré étant à peu près de 15 livres 5 onces, j'aurai en les multipliant par $33\frac{16}{100}$, j'aurai, dis-je, $504\frac{8}{10}$ livres pour la pesanteur de l'athmosphere sur cette aire toute entiere du grand cercle, par lequel nombre $504\frac{8}{10}$ divisant celui de 956690, le quotient 1837 donne le nombre des athmospheres qui pressoient sur l'air renfermé dans mon tuyau ; ainsi l'air a été comprimé dans cette expérience dans $\frac{1}{1838}$ partie de l'espace qu'il occupe naturellement, ce qui est égal au poids d'une colomne d'eau de Mer de 60654 pieds de hauteur, environ de 11 mille ; & toute la cavité du tuyau n'ayant que $4\frac{6}{100}$ de pouce de longueur, l'air n'occupoit plus que la $\frac{22}{10000}$ partie de la cavité, en supposant qu'il se soit comprimé proportionnellement aux poids dont il étoit chargé ; ce qui fait environ la 500me partie d'un pouce cubique, espace trop petit pour être vû.

Remarque du Traducteur. J'avoue que je n'ai rien entendu à ce calcul ; c'est apparemment la faute de l'Imprimeur ; mais comme il est fondé sur

APPENDICE.

sur des principes aussi clairs que sûrs, je l'ai fait d'après ces principes, & je suis persuadé que l'auteur ne me sçaura pas mauvais gré de l'avoir mis ici.

On suppose que le diametre est à la circonference d'un cercle, comme 7 à 22.

Le diametre intérieur de la bombe étoit de six pouces & demi, son épaisseur de $1\frac{1}{10}$ de pouce: l'aire de la coupe transversale de cette épaisseur sera donc $\frac{209188}{15620}$; c'est-à-dire, à peu près $13\frac{2}{5}$ pouces quarrés, ce que l'on trouve en ôtant la superficie $\frac{1859}{56}$ du cercle intérieur qui a 6 pouces $\frac{1}{2}$ de diametre, de la superficie $\frac{13041}{280}$ du cercle extérieur, dont le diametre est de 7 pouces $\frac{7}{10}$.

Le pied du Rhin, est au pied de Londres, comme 139 sont à 135, le fil-de-fer n'avoit que $\frac{1}{10}$ de pouce du Rhin de diametre; c'est-à-dire, $\frac{139}{1350}$ de pouce Anglois; l'aire de la coupe transversale sera donc de $\frac{21251}{2151500}$ à peu près $\frac{12}{551}$ de pouce quarré. Je dis donc, puisqu'il a fallu 450 livres d'Amsterdam pour rompre une épaisseur de fer égale à $\frac{12}{551}$ de pouce, combien faudra-t-il de pareilles livres pour rompre une épaisseur égale à $13\frac{2}{5}$ pouces ? & par la regle de trois je trouve qu'il faut 732501 livres d'Amsterdam pour rompre la bombe, c'est-à-dire, $787635\frac{1}{2}$ livres Angloises, la livre d'Amsterdam étant à celle de Londres, comme 93 sont à 100.

Or l'aire du cercle intérieur de la bombe est de $33\frac{11}{14}$ pouces quarrés, & le poids d'une colomne de l'athmosphere sur un pouce quarré est de 15 livres 5 onces environ; donc le poids de l'athmosphere sur l'aire totale du cercle, est à peu près de 508 livres 6 onces; je divise donc 787635 par 508, & j'ai $1550\frac{235}{508}$, environ $1550\frac{1}{2}$; c'est-à-dire, que l'air contenu dans le tuyau a été comprimé par une force égale au poids de $1550\frac{1}{2}$ athmospheres, & que par conséquent il a été réduit dans un espace 1551 fois plus petit que celui qu'il occupe naturellement. Ceci n'est vrai qu'en supposant le fer de la bombe aussi fort que celui du fil : mais comme le fer battu dont il étoit fait, est plus fort que le fer fondu, dont étoit faite la bombe, il faut diminuer en même raison le nombre

DDd

1551; cette diminution est nécessaire, & ne peut se compenser par la plus grande épaisseur de la bombe; car il suffit qu'il y ait dans un vaisseau un endroit moins épais que le reste, pour qu'on doive le supposer par tout de cette épaisseur, lorsqu'il s'agit de résistance à un fluide qui pousse également en tout sens.

31. L'on a observé dans l'Expérience III. *nom. 13*. que l'air pressé par le poids de l'athmosphere parcourt un espace de 1305 pieds dans une seconde en entrant dans le vuide; si nous supposons qu'il soit pressé par 1837 athmotpheres, il aura assez de vîtesse en entrant dans le vuide pour parcourir quatre cens cinquante-quatre milles dans une seconde; vîtesse encore bien moindre que celle de l'expansion de la poudre à canon, dont la force paroît invincible.

32. Pour connoître combien le grand froid auroit contracté la bombe dans cette expérience, si elle eût été vuide; j'ai pris une plaque de fer fondu, que j'ai entourrée & couverte de glace pulvérisée, mêlée de sel, le froid la fit diminuer d'une huitiéme partie d'un pouce, ce qui faisoit la cent vingtiéme partie de sa longueur. Sur ce fondement j'ai calculé que la capacité de la bombe auroit diminué par la contraction d'une cinq cens quarante-septiéme partie, si elle eût été vuide; mais comme dans l'expérience elle étoit pleine & tapissée d'une glace, dont la dilatation étoit d'environ $\frac{1}{10}$ de son volume, il n'est pas étonnant que la bombe ait crevé.

33. Avant que d'avoir rompu cette bombe, je m'en étois servi pour connoître si l'eau pouvoit se comprimer; je l'ai remplie d'eau de fontaine, dont j'avois

APPENDICE.

pompé l'air avec soin : cette eau avoit environ six degrés & demi de froid au dessus du point de la congellation, je l'ai ensuite placée sous un pressoir à Cidre, pour faire entrer de force dans son ouverture un tampon percé du dessus au dessous par un trou d'environ $\frac{1}{2}$ pouce de diamétre : dans ce trou, j'ai fait entrer, à coups de marteau, une forte & solide cheville de bois de Fresne, enduite de mastic. Après l'avoir coignée, l'eau qui ne pouvoit plus passer entre elle & le tampon, faisoit une résistance si grande, qu'il me sembloit sentir celle d'une pierre ou d'une enclume, sur laquelle la cheville auroit appuyé ; enfin en frappant de très-grands coups de marteau, la cheville se brisa entre le coup du marteau & la résistance de l'eau, le diamétre de la bombe étoit comme nous l'avons dit de $6\frac{1}{2}$ pouces, & l'aire d'un de ses grands cercles de $33\frac{16}{100}$, la surface intérieure de la bombe étoit donc quatre fois $33\frac{16}{100}$, c'est-à-dire, $132\frac{64}{100}$ pouces quarrés, ce qui étant divisé par $\frac{196}{1000}$ de pouce quarré, aire du dessous la cheville, donne $674\frac{7}{8}$, nombre qui exprime le rapport de la superficie intérieure de la sphere à celle du bas de la cheville, & qui par conséquent exprime aussi le nombre des coups que la sphere recevoit en tout sens à chaque coup de marteau sur la cheville ; car les fluides pressent & réagissent également en tout sens : or il est certain que ces coups auroient bien tôt fait crever la sphere d'argent de l'*Académie del Cimento*, & qu'ainsi l'eau a été plus comprimée dans cette bombe que dans cette sphere.

DD dij

APPENDICE.
Observation XII.

M. Plot, dans son Histoire de la Province d'Oxford, observe que les Rivieres commencent à se glacer par le fond ; les Pêcheurs & les gens qui habitent la Tamise ont remarqué la même chose, aussi-bien dans la partie de son cours, qui est sujette au mouvement des marées, que dans le reste de son cours où ces marées ne sont plus sensibles : ils sentent & touchent avec leurs perches la glace au fond de l'eau, quelques jours avant que la surface de la Tamise ne se glace, & ils la voyent monter en présentant le côté, avec une telle vîtesse, qu'elle se casse & s'éleve d'un demi pied, & souvent d'un pied au dessus de l'eau, toûjours en présentant le côté ; elle demeure pendant un peu de tems dans cette situation, après quoi elle se tourne & se met à plat sur la surface de l'eau qui l'entraîne, & c'est pour lors que la riviere *charie*. & si la gelée continue, tous ces glaçons & ceux qui s'élevent continuellement du fond, se réunissent & ne forment plus qu'une glace sur toute la surface du fleuve.

2°. Le 30. Janvier 1730. le Thermométre qui étoit exposé à l'air libre, étoit à sept heures du matin à 12 degrés au dessous du point de la congellation, & il étoit tombé environ un pouce de nége pendant la nuit. Je fus à la Tamise dans un endroit qui sert d'abreuvoir à la Ville de *Teddington*, où le courant est presque insensible ; la surface de l'eau étoit glacée d'un tiers de pouce d'épaisseur ; à travers cette glace, j'en appercevois un autre lit au dessous : je

APPENDICE. 397

rompis la glace du deſſus avec une rame, & ayant pêché de la glace du deſſous, je vis qu'elle avoit près d'un demi pouce d'épaiſſeur; mais elle avoit plus de cavités, & elle étoit plus ſpongieuſe & moins ſolide que la premiere: cette glace du deſſous ſe joignoit à celle de deſſus au bord de l'eau, & ces deux lits de glace s'éloignoient l'un de l'autre à meſure que l'eau étoit plus profonde, & réellement le ſecond lit ſuivoit la profondeur de la riviere; car il étoit adhérent au fond, & même mêlé de ſable & de pierres, que les glaçons emmenent & élevent quelquefois avec eux, lorſqu'il géle aſſez fort pour les rendre plus legers que l'eau, quoique mêlés de ces matieres étrangeres, plus peſantes que l'eau; & même lorſqu'il géle bien fort, & que la glace eſt fort épaiſſe, l'on a vû quelquefois ces glaçons élever avec eux les engins des Pêcheurs, quoique retenus au fond de l'eau par des pierres & des briques qui leur ſont attachées.

3º. Le 28. Décembre 1731. à huit heures du matin, le Thermométre étant à 12 degrés au deſſous du point de la congellation, j'ai trouvé de même cet endroit de la Tamiſe gelé, à la ſurface & au fond de l'eau par-tout, excepté dans le courant de la riviere dont la viteſſe empêchoit la congellation; car il n'étoit glacé au deſſus ni au fond: auſſi les Pêcheurs ont-ils obſervé que le fond des courans géle toujours le premier, comme ayant apparemment moins de mouvement que le reſte; & j'ai obſervé ſur la ſurface d'un étang, qu'il glace plûtôt dans les endroits où il ne fait qu'un peu de vent, que dans ceux qui ſont expoſés à de plus grands vents.

4°. La nége, dans le tems de gelée, hâte la congellation de l'eau: on pourroit donc dire, qu'en se fondant sur l'eau, & tombant au fond de la riviere, elle en augmenteroit le froid, & par conséquent la feroit geler plutôt dans cet endroit; mais la Tamise commence à se glacer par le fond, lors même qu'il n'y a point de nége, & qu'il n'en est pas tombé depuis longtems; ce n'est donc pas à cette cause qu'il faut attribuer cette congellation antérieure du fond.

5°. Mais comme l'on n'a jamais vû les étangs, les mares, & toutes les eaux calmes, commencer à se glacer par le fond, il faut nécessairement que le courant de l'eau en soit la cause dans les Rivieres; car il est sûr que dans les eaux calmes, aussi bien que dans la terre, la surface est bien plus froide que le dessous, au lieu que dans les eaux courantes, le dessus & le dessous se mêlant ensemble, ils deviennent à peu près aussi froids l'un que l'autre; & le dessus ayant toûjours plus de vitesse que le dessous, & pas plus de froid, il ne se glace que le dernier. Dans l'endroit où j'ai fait cette observation, il n'y avoit qu'un courant peu sensible, aussi le fond & la superficie étoient glacés en même tems, quoique d'une glace un peu moins épaisse à la surface qu'au fond, tandis que dans la même riviere, mais dans un endroit où le mouvement étoit plus grand, la surface n'étoit pas glacée, quoique refroidie à tout instant par un grand nombre de glaçons qui s'élevoient du fond de l'eau.

6. Tout le monde sçait, que le froid est bien plus sensible & bien plus grand, lorsqu'on demeure exposé au vent que lorsqu'on est à l'abri de ce vent,

APPENDICE.

quoique l'air soit réellement aussi froid à cet abri, qu'à l'exposition du vent: en mettant la main dans l'eau froide, ce froid sera plus sensible & plus grand lorsqu'on remuera la main, que lorsqu'on la tiendra dans la même place; & cela parce que le fluide environnant participe à la chaleur du corps qu'il environne, d'autant plus qu'il l'environne de plus près & plus long-tems, au lieu que la succession continuelle d'un fluide également froid par tout, partage cette chaleur dans tout le fluide qui se succede, & par conséquent augmente beaucoup le froid relatif du fluide; cela peut s'appliquer aux eaux calmes & courantes, & c'est une autre cause de la congellation antérieure du fond dans les eaux courantes; car le fond d'une riviere doit devenir bien plus froid que celui d'un étang, par la succession continuelle de l'eau; & en effet on a observé, que quoiqu'il commence à geler d'abord au fond des courants, il ne gele pas dans les trous qui s'y trouvent, sans doute parce que l'eau y est calme, & ne participe point au mouvement du courant, & c'est dans ces trous que les Poissons cherchent un abri contre la rigueur de la saison.

7°. Cela se prouve encore par l'observation que je fis dans le même endroit d'un petit espace dans la riviere, large comme deux petits bateaux, & long comme trois ou environ, séparé du reste de la riviere par une petite langue de terre d'environ six pieds de largeur; cet espace étoit une petite baye calme, le courant ne lui communiquoit aucun mouvement, je vis que cet endroit n'étoit point du tout glacé au fond, quoique sa surface le fût, & même d'une plus grande paisseur que celle des autres endroits de la riviere.

Observation XIII.

L'observation suivante m'a montré que la chaleur que la terre conserve à certaine profondeur, est une des causes du dégel, aussi-bien que le changement de tems.

Le 29. Novembre 1731. il tomba un peu de nége pendant la nuit, le lendemain matin à onze heures, elle étoit presque toute fondue sur la surface de la terre, excepté sur celle de plusieurs endroits d'un parc, sous lesquels on avoit fait des saignées pour l'écoulement des eaux, & qu'on avoit ensuite recouvertes de terre, la nége ne fondit point au dessus de ces saignées, soit qu'elles fussent à sec ou pleines d'eau; elle ne fondit point non plus sur les corps ou canaux d'Orme qui servoient à conduire les eaux, & qui étoient enterrés: preuve évidente que ces saignées interceptoient la chaleur du sein de la terre; car la nége ne fondoit pas même sur les endroits où ces tuyaux étoient à quatre pieds sous terre.

J'observai aussi que la nége demeuroit de même, & par la même raison sur le chaume, sur les thuilles, & au dessus des murailles.

FIN.

TABLE DES MATIERES

Contenues dans ce Volume.

A

A Cides. Voyez *Esprits.*
Air respiré par les Végétaux, pag. 100. &c.
Son analyse, 140. &c.
Le distiler, 141. &c. & 163
Sa gravité spécifique, 150
Flamme de l'air distilé, 153
Distilé de la pierre de la vessie est du véritable air, dont l'élasticité est permanente, 163. & 164
Air *factice* a la même élasticité que l'air ordinaire, 164. 180. 181. 248
L'air n'est pas composé de particules branchues, 184
Sa grande quantité dans les Végétaux, 186. 187. &c.
La quantité que l'homme en respire à la fois, 208
Ne contient point d'esprit vivifiant ou vital, 213. 220. 233. 234
S'absorbe dans plusieurs parties du corps humain, 214
Comment il entretient le feu, & combien il lui sert, 235, 236
Attire le souffre, 253. 256. & 257
Il y a plus d'air dans les parties solides que dans les parties fluides des Animaux & des Végétaux, 254. 255. 261. 262. 265. 266. 338. 339
Ne peut pas tout perdre son élasticité, 262. 263. 334. 369
Celui de la Bierre perd son élasticité, 334
Combien ses proprietés sont merveilleuses & importantes, 264. 265. 266
Il excite la fermentation, 265. 266
L'élasticité n'est pas une proprieté essentielle de l'air, 266. 267. 338. 339. 345. 371
Factice se conserve & demeure dans le même état, 369. &c.
Il se comprime autant, & en même proportion que l'autre air, 369. &c.
Doit être mis au nombre des principes chimiques, 267
Fait partie de la nourriture des Plantes, 275
Il y a des vaisseaux pour l'air dans les Plantes.
L'usage des fibres spirales qui sont au dedans de ces vaisseaux, 330
La quantité d'air contenue dans

EEe

TABLE

l'eau, 335. 336. &c.
N'est pas comprimé dans la glace, 336
Sort dans un état d'élasticité permanente & durable des corps, qui sont spécifiquement plus pesans que l'eau, 339. 340
L'air rempli de fumées ou vapeurs sulphureuses fermente avec l'air pur, 342
D'où vient sa chaleur accablante dans des tems couverts, 345
Se produit & se détruit en même tems dans les effervescences, 349. 350
Il s'en produit moins dans le vuide que dans l'air, 369. 380
Celui des prisons devient pernicieux, & a besoin d'être renouvellé, 382
Le vinaigre change & chasse le mauvais air, 382, 383
Ambre ; son air, 153, 154
Animaux ; végétation des Animaux, 288
Anis ; l'huile de semence d'Anis ; son air, 155
Antimoine ; son air, 158
   Avec l'eau régale, 187. 261
   Avec l'eau-forte, 188. 261
   Son huile avec l'eau-forte, 189
Attraction des cendres du minium, 90. & suiv.
Arbres ; la meilleure façon & la meilleure saison de tailler, avec plusieurs idées nouvelles à ce sujet, 313. 314
Pourquoi il faut ébrancher & arroser les Arbres nouvellement transplantés, 14. &c.
Leur force de succion, 37. 72. &c.
Manière de greffer un arbre entre deux autres arbres ; de sorte qu'il soit nourri & soûtenu par eux, sans que la racine soit en terre, 115
Arbres qui poussent des feuilles, & croissent également des deux bouts, *ibid.*
Nouvellement transplantés, il faut en arroser les troncs, 116. 117
Il faut recouvrir les plaies des arbres quand on vient de les faire, soit dans le tems de la taille ou dans un autre tems, 315

B

Bath ; eau de Bath ne contient que très-peu de matiere élastique, 332
Bled ; il faudroit examiner ses racines, 307. &c.
Bierre ; son air, 177
   Comment elle se tourne, 178
Bigarades. Voyez *Oranges.*
Brouy. Voyez *Nielles.*
Branches ; leur force de succion, 35. 36
On les fait périr en leur faisant tirer des liqueurs spiritueuses, 36
Elles succent avec force à leurs deux extrémités ; ce qui en arrive, 82. 83. 114.
Ecorcées ; ce qui en arrive, 120. 129. &c. & 326
Comment croissent les branches de Vignes ou les sarmens, 280
Bristol ; eau de Bristol ; son air, 157.
où l'on doit mettre une virgule après *puits,*
Brouillards, 71

C

Calcul. Voyez *Pierre.*
Cendres. Voyez *Attraction.*
Camphre distilé, 155.

DES MATIERES.

Chancres des Végétaux, 329
Chandelle; sa flamme détruit l'élasticité de l'air, 200
Ciment, fait avec la Chaux, est le meilleur, 75
Charbon fossile de Newcastle; son air, 157
   Avec l'eau-forte absorbe l'air, 193
   Son fraisil absorbe l'air, 196
Chien: Expériences sur la poitrine d'un Chien, 216
   Sur la respiration, 217. 218. &c.
Chaleur; la plus grande que les Végétaux peuvent souffrir, 50
   Relative de plusieurs corps, 51. 52. &c.
   Degrés de chaleur qui conviennent à différentes Plantes, 53
   Chaleur de la terre assez grande pour faire monter l'eau en forme de vapeur, 55. & 324
   Effet de la chaleur du Soleil sur la terre, les arbres & les Animaux, 325. 326
Chaux avec l'huile de Vitriol, 195. 261
   Avec le Vinaigre, 261
   Avec le sel Ammoniac, *ibid.*
   Feu de la Chaux, 243. 244
Chesne; son air, 152
Cire; son air, 155
Corne de Cerf; son air, 149. 150

D

Distilation; comment se doit faire celle des corps qui contiennent beaucoup d'air ou de vapeurs explosives, 341

E

Eclair; détruit l'élasticité, 221. 222
   C'est par-là qu'il tue, *ibid.*
   Son effet sur les liqueurs, *ibid.*
   Comment il s'enflamme, 346
Eau; son évaporation pendant une année, 48
   Les Eaux minérales perdent toute leur qualité lorsqu'elles perdent leur esprit élastique, 331. 335
   Les Eaux d'Ebsham & d'Acton, n'ont que peu de cette matiere élastique, 331
   Celles de Bath en ont beaucoup moins, 232
   Comment l'eau de Bath guérit les coliques venteuses, 232. 233
   Air de l'eau commune, de l'eau de Pierremont, de l'eau de pluie, de l'eau de Holt, & de l'eau de Bristol, 156. 157
Eau-de-Vie; son air, 156
Eau de Bristol. Voyez *Bristol*.
Eau-Regale; son air, 187
Eau-forte absorbe l'air, 162
   Avec l'huile de Carvi, 245
Effervescences dans le vuide, 352. & *suiv.*
   Si leur chaleur vient du mouvement intestin, 368
Esprits acides contiennent de l'air, 162. 250. 251
   Les vapeurs de l'esprit de corne de Cerf, de l'esprit de Vin, de l'Eau-forte, ne produisent ni ne détruisent l'air lorsqu'elles sont refroidies, 147. 175
Estomach; vents qui s'elevent dans l'estomach, 261. 262
Etamines; poussiere des étamines, 301. 302

TABLE

F

Fer; limaille de fer avec l'Eau-forte, 189. 258
  Avec l'huile de Vitriol, 190
  Avec le jus de Citron, 191
  Avec l'esprit de corne de Cerf, *ib.*
  Avec le souffre, *ibid.*
  Le Charbon de Newcastle, *ibid. & suiv.*
  Le souffre brûlant, 198. 199
  Avec l'esprit de Nitre, 258
Fermentation; comment on doit estimer ses effets sur l'air, 144
  On la prévient en gardant dans des lieux frais les liqueurs spiritueuses & fermentatives, 178. & par le moyen du souffre, 222. Le tonnerre nous en donne un exemple, 222
  D'où vient la fermentation, 246. *& suiv.*
  L'air augmente la fermentation, 266
Feu; l'air est nécessaire au feu, 235. 236. &c.
  La force & la vîtesse avec lesquelles l'air frappe le feu en sortant d'un soufflet, 376
  Pourquoi le feu est plus ardent pendant la gelée, 235
  Particules de feu dans la Chaux; ce que l'on doit entendre par-là, 243. 244
  Le feu n'est pas la cause de la chaleur dans les effervescences, 368
Fiévre, se gagne en demeurant au Soleil, 325
Fleurs des arbres; leur usage, 301
Feuilles; servent à la transpiration des arbres, & la causent, 26
  Sont très-utiles au fruit, 26. 27
  Elles tirent l'humidité, 115. 116. 126
  Leurs usages, 274. 282. 300
  La façon dont elles croissent & se développent, 292
  Il faut prendre garde d'en trop ôter, 313
Fontaines; c'est la pluie qui les forme, 49. 323
Fumées. Voyez *Vapeurs.*

G

Glace; les bulles d'air qu'elle contient ne sont pas comprimées, 337. 338
Graines; comment elles poussent & sortent de terre, 296. &c.
Greffes, 314. &c.

H

Houblons; leur transpiration, 27. &c. & 49
  Pourquoi ils ne viennent pas si bien dans les lieux découverts, 28
  Ce qui engendre la moisissure; quand & comment elle se produit, 29. &c.
  En quel tems & comment les nielles brûlantes & le miellat les attaquent, 31. &c.
  Leur histoire pendant l'année 1725. 60. 61
Huile; son air, 154. 155. 245. 246
  Les graines & semences en contiennent beaucoup, 272
  Son usage, 272. 273
Huîtres; écailles d'Huîtres; leur air, 151
  Les écailles d'Huîtres avec le Vinaigre, 175. 176
  Avec l'huile de Vitriol, 176
  Avec la pressure, *ibid.*

DES MATIERES.

Avec le fiel de Bœuf, 176
Avec l'urine & la salive, ibid.
Avec le jus d'Orange, ibid.
Avec le lait, ibid.

I

Auge, espéce de jauge avec du Mercure & de l'eau; sa description, 74.&c.

L

Ait; le Lait avec les écailles d'Huître, 176

M

Enthe; la Menthe renfermée sous un vaisseau de verre, croît & absorbe de l'air, 278
Ses racines poussent à l'air humide, ibid.
Mer; Maniere de mesurer les profondeurs inaccessibles de la Mer, 378.&c.
Mercure; le Mercure se dilate par la chaleur, sans cependant faire une grande expansion, 171
Il ne contient point d'eau, 172
Miel; son air, 156
Minéral de Walton, 158
Ce Minéral avec l'Eau-forte, 192. 255
Ce Minéral avec de l'huile de Vitriol, 255
Mines; vapeurs des Mines, comment elles suffoquent, 223
Essais pour tacher de prévenir cette suffocation, 224
Explosion des Mines, comment elle tue, 222
Minium. Voyez *Attraction*.
Son augmentation en poids; d'où elle vient, 245.

Moelle des Arbres; son usage, 285.&c.
Moutarde; graine de Moutarde, son air, 153. 154

N

Ielles; cause des nielles brûlantes, &c. 30. &c.
Autre espéce de nielle; sa cause, 310. 311. 327. 331
Nitre; son air, 159. & 197

O

Deur; maniere de donner de l'odeur ou de parfumer les branches & les feuilles des arbres, 37. & 315
Essai pour en donner aux fruits, 37
Or; il se produit de l'air dans sa dissolution; la quantité de cet air, 187
Orange; jus d'Orange avec les écailles d'Huître, 176
Os, comment ils croissent, 288
Ouragans; cause des ouragans, 347

P

Arfum. Voyez *Odeur*.
Phosfore de M. Homberg, 196
Phosphore, absorbe de l'air, 151
Pierremont. Voyez *Eau*.
Pierres; Expériences curieuses sur les pierres de la vessie, 167
Pluie; sa quantité, 49
Plumes; comment elles croissent, 286. 287
Pois; leur force de succion, 87. & 88.
Leur air, 153
L'air qu'on en tire par la fermentation, 180
Pommes; transpirent à proportion de leur surface, 25. 26
Leur force de succion, quand

elles sont accompagnées ou dé-
pouillées de feuilles, 85. 86
Leur air, 179
Poussiere. Voyez *Etamines.*
Poudre à Canon; son expansion, d'où
elle vient, 160. 161
Poulmons; mesure de la surface inté-
rieure des poulmons d'un Veau, 205
L'air perd son élasticité dans
les poulmons, 212. 213. 217.
218. &c.
Combien la chaleur des poulmons
dilate l'air qui y entre, 205. &c.
D'où vient la suffocation, 206
L'air entre très-aisément dans
leurs vésicules, 204. &c.
Estimation de la force qui les obli-
ge à se dilater, 217. 218
Pressure avec les écailles d'Huître, 176
Putréfaction, ne vient pas du feu, 246

R

R Acines; la proportion de leur
surface à celle de la plante, de-
puis la *pag.* 5. jusqu'à 13
Comment elles tirent l'humidité
de la terre, 56. 324
Leur force de succion, 73
Ce qu'il arrive lorsqu'on ne les
couvre pas, 122
Raisins; leur air, 178
Rat; son haleine détruit l'élasticité
de l'air, 203
Respiration. Voyez *Poulmons.*
La respiration de l'homme détruit
l'air, 204. 205
Expérience sur celle des Chiens,
217. 218
Comment elle peut être incom-
modée, 220. 221. 231

Essai pour en prévenir les incom-
modités, 220. *& suiv.*
La quantité d'humidité qui sort
du corps par la respiration, 228.
&c. 371. 372. &c.
Mesure de la force de la respiration, 229. &c.
Rivieres; le rivage méridional n'est
pas plus mal sain que le septentrional, 321
Rosée; sa quantité, 46
Son grand & principal usage, 56. &c.

S

S Aisons; comment elles se sont
gouvernées depuis l'année 1722.
jusqu'à l'année 1728. *pag.* 58. *&*
suiv. jusqu'à 71
Salive avec les écailles d'Huître, 176
Sang; sa force dans plusieurs ani-
maux, 99
Son air par la distilation, 149
Son air par la fermentation, 174
Sel volatil ammoniac, absorbe l'air, 151
Les vapeurs du sel ammoniac n'ab-
sorbent pas l'air lorsqu'elles sont
refroidies, 174
Sel commun ou marin; son air, 158
L'air hâte sa crystallisation, & y
sert, 161. 250. &c.
Le sel ammoniac, le sel de tartre,
& l'esprit de Vin mêlés, produi-
sent de l'air, 175
Les sels attirent le soufre, 226.
227. &c.
Sel de tartre; son air par la disti-
lation, 159. 160
Son air par la fermentation, 194
Serres; les Plantes en tirent l'humi-
dité, 20. &c.

DES MATIERES.

Comment il faut prévenir cet inconvénient, 316
Séve; sa vîtesse, 5. 6. 7. &c. 13. 14. 15. 16. 17. &c.
Les tuyaux capillaires qui la contiennent, n'ont pas la force de la chasser au dehors, 39
Elle se retire dans de certains tems, 125. 126. &c.
Elle a ses vaisseaux propres, 289
La chaleur du Soleil la fait monter, 55. 56. &c.
Elle monte en Hiver, 41
Sa force dans la Vigne, 94. 95. &c.
Elle ne peut sortir de ses vaisseaux propres, 110
Son mouvement latéral, 111. 112. &c. 326
Elle ne circule point, 115. 116. &c. 327. 328. 329
Ce qui arrive quand on interromp le mouvement de la séve, ou qu'on l'arrête en partie, 121.
Soleil; sa chaleur a différentes profondeurs en terre, 50. & *suiv.*
Soleil, fleur; pourquoi il tourne du côté du Soleil, 33. & 34
Soufflets; force avec laquelle ils chassent l'air,
Soufre, absorbe l'air, 163
Se fait avec de l'huile de Vitriol, & une matiere inflammable quelconque, 175
Ses vapeurs enflammées absorbent l'air, 198
Absorbe l'air quand il est mêlé avec de la limaille de fer, 199
Ou avec l'antimoine, *ibid.*
Sources. Voyez *Fontaines.*
Spa. Voyez *Eau de Spa.*
Sucre; son air par la distilation, 156
Son air par la fermentation, 179
Suif; son air, 149

T

Tabac; son air, 154
Tartre; son air, 159
Sel de tartre; son air, *ibid.*
Huile de tartre; son air, 194
Les petits Vins en produisent plus que les Vins forts, 273
Ses principes chymiques, 165. 166. 341
Le distiler, 341. 342
Terre; estimation de la quantité d'eau qu'elle contient, 44
Comment, & en quelle quantité se fait l'évaporation de l'humidité de la terre, 45. & *suiv.*
Chaleur de la terre a différentes profondeurs, 54. 55. &c.
L'humidité du sein de la terre s'éleve en forme de vapeurs pour nourrir les Plantes, 55. 57
Air de la terre, 157
Maniere de fertiliser la terre, 307. 308
Thermométre; maniere de les graduer, 50
Placés en différentes profondeurs en terre, 53. 54. &c.
Transpiration des Plantes, depuis la pag. 3. jusqu'à 50
De l'homme, comparée avec celle d'une Plante, depuis 8. jusqu'à 13
Ses limites, pour que l'homme & la plante soient en santé, *ibid.*
Des Plantes toûjours vertes, est moindre que celle des autres Plantes, 20. & 25
Est inégale dans les serres, 21
Est arrêtée par la pluie & la gelée, 24. 25. &c.
Augmente à mesure que les feuilles croissent, & est aidée par les feuilles, 25. &c.

Ne se fait pas par une force de trusion de la séve ou du sang, 35
Sa grande puissance, 36. 37. &c.
Maniere de recueillir la matiere qui s'exhale par la transpiration, 42. & 43
Tumbrigde. Voyez *Eau de Tumbrigde.*
Turquie; Bled de Turquie, son air, 152

V

*V*apeurs sulphureuses, produisent & absorbent de l'air dans les effervescences & les fermentations, 186. & suiv. 252. & suiv.
Vapeurs des corps enflammés absorbent l'air, 197. &c.
Vapeur de l'eau bouillante; son degré de raréfaction, 324. 325
Végétation, 269. & suiv.
Force que la nature exerce dans l'ouvrage de la Végétation, 293.
Le Soleil lui aide infiniment, 293. 294
D'un arbre, expliquée depuis la graine jusqu'au développement entier, 295
Végétaux; la quantité de leur transpiration, 3. jusqu'à 50
Leur surface; comment elle s'étend, 5. &c.
Ils augmentent en poids pendant la nuit, 21. & 22
Ils tirent l'air, 134
Leurs parties solides contiennent beaucoup d'air, 254
Leur analyse, 270. &c.
Ils reçoivent de la nourriture par les feuilles, 275
Quand & pourquoi ils sont stériles, 274. 276. 309. 310
Leur maniere de croître, 279. 280
Pourquoi les uns croissent tôt, & les autres tard, 306. 307. &c.
Leurs fumiers convenables, 309
Vignes; comment les saisons influent sur la Vigne, 63. 64.
La force de la séve du sarment, 94. 95. &c.
Il en sort beaucoup d'air, 96. 97. &c.
Leur grande force, 133
Vin; Arrêter la fermentation du Vin, 178
Vinaigre avec les écailles d'Huître, 175. 176
Avec la Chaux, 195
Vitriol; huile de Vitriol avec le sel ammoniac, 175
Huile de Vitriol avec la Thérébentine, 176
Huile de Vitriol avec l'huile de Thérébentine fait du Souffre, *ibid.*
Huile de Vitriol & huile de Tartre, 194
Avec le sel Marin, *ibid.*
Avec la Chaux, 195
Avec la Craie, *ibid.*
Avec la Belemnite, 196
Volcans, absorbent l'air, 199
Urine, avec les écailles d'Huître, 175

W

Walton. Voyez *Mineral de Walton.*

De l'Imprimerie de JACQUES VINCENT.

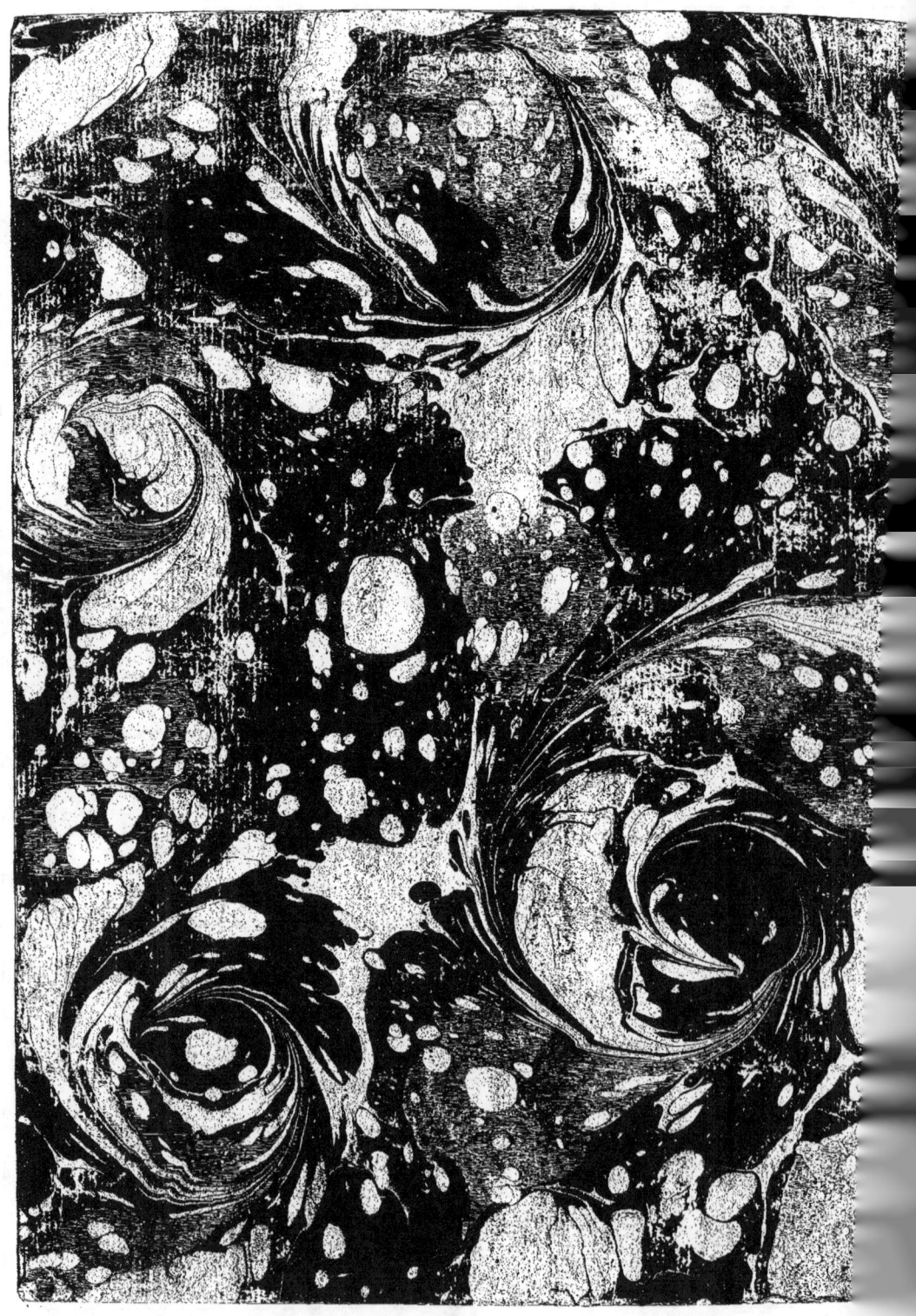

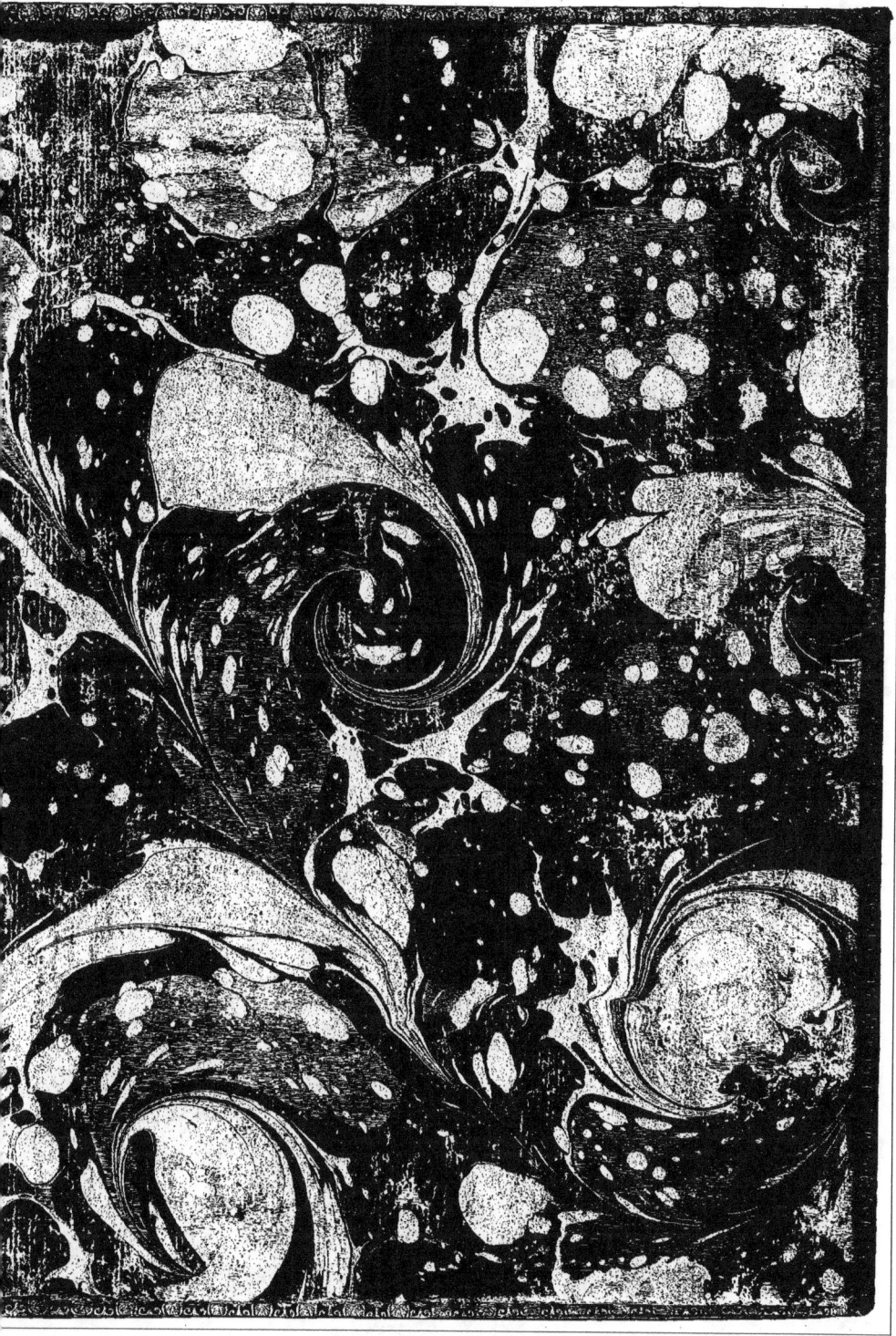

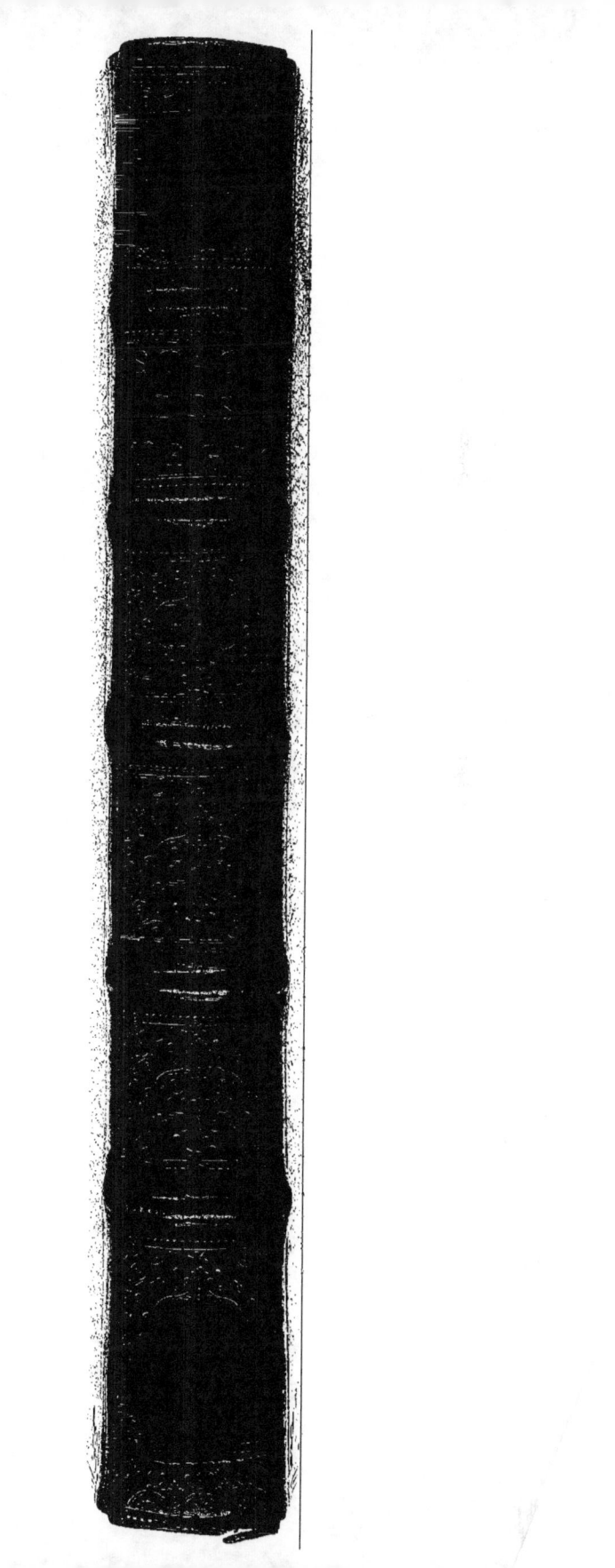

www.ingramcontent.com/pod-product-compliance
Lightning Source LLC
Chambersburg PA
CBHW052133230426
43671CB00009B/1232